智慧树经管书系

汉译创新管理丛书

创新突围

美国著名企业的创新策略与案例

【美】马克·斯特菲克 巴巴拉·斯特菲克 著

吴金希 等 译

知识产权出版社

责任编辑：刘　忠　王　俊　　　**责任出版**：杨宝林
装帧设计：鞠洪深　段维东

图书在版编目(CIP)数据

创新突围：美国著名企业的创新策略与案例 /［美］斯特菲克（Stefik, M.),［美］斯特菲（Stefik, B.）著；吴金希等译. —北京：知识产权出版社，2008.1
书名原文：Breakthrough
ISBN 978-7-80198-776-1
Ⅰ. 创…　Ⅱ. ①斯…②斯…③吴…　Ⅲ. 企业管理－案例－美国　Ⅳ. F279.712.3

中国版本图书馆 CIP 数据核字 (2007) 第 179700 号

创新突围——美国著名企业的创新策略与案例
CHUANGXIN TUWEI——
MEIGUO ZHUMING QIYE DE CHUANGXIN CELUE YU ANLI
[美] 马克·斯特菲克　巴巴拉·斯特菲克　著　吴金希等　译

出版发行：知识产权出版社
社　　址：北京市海淀区马甸南村 1 号　　　**邮　　编**：100088
网　　址：http://www.ipph.cn　　　**邮　　箱**：bjb@cnipr.com
发行电话：010-82000893　82000860-8101　　　**传　　真**：010-82000893
责编电话：010-82000860-8026　　　**责编邮箱**：wangjun@cnipr.com
印　　刷：北京市兴怀印刷厂　　　**经　　销**：新华书店及相关销售网点
开　　本：720mm × 960mm　1/16　　　**印　　张**：23.75
版　　次：2008 年 1 月第 1 版　　　**印　　次**：2008 年 1 月第 1 次印刷
字　　数：260 千字　　　**定　　价**：40.00 元
京权图字：01-2005-6420
ISBN 978-7-80198-776-1／F·134

总　序

增强创新学识　推进自主创新

在全球经济一体化的今天，国际竞争不断加剧。而在世界高新技术革命和产业革命日新月异的机遇面前，我国不少行业和企业在核心技术上还受制于人，凸显出我国企业自主创新能力不足的现状，这不仅大大降低了我国企业的国际竞争力，而且将严重影响我国企业的生存和长远发展。

为此，胡锦涛总书记多次强调："提高自主创新能力是推进结构调整、转变增长方式的关键环节"；"在实践中走出一条具有中国特色科技创新的新路子"。温家宝总理也明确指出："自主创新是支撑一个国家崛起的筋骨"。实施自主创新战略，就是牢固树立"以我为主"的思想，以掌握核心技术、发展壮大知识产权储备为宗旨，正确处理引进先进技术和自主创新的关系，把原始创新、集成创新和引进技术基础上的消化吸收再创新有机结合起来，有效整合创新资源，全面提高自主创新能力。

中国企业欲获得高水平的创新能力，必须进一步重视并提升自主技术创新能力。以持续变革、整合思考、非线性为主要特征的创新管理，将成为中国企业家的"第六项修炼"。为了提高中国企业的自主创新能力，我们需要加强对技术创

Breakthrough

新理论的学习，掌握相关创新经济、管理与政策知识及一整套管理技巧。我们深知，若想在如今知识化、国际化的环境中游刃有余，我们需要建设一种适合自主创新的新型战略管理方式、新型组织结构与流程，以及新型的资源支持，它们共同构成了企业创新“道－则－源”三角区。有效的创新管理与政策设计，将使组织具有勃勃的生命活力，使知识得以穿越“达尔文之海”，实现从发明到创新的转换，持续为社会创造不间断的价值。

首先，我们需要凭借优质的创业精神，去面对高度不确定和动态变化的环境，步步推进的组织战略将演变成一种组织成员的随机表演和用户的“全面即时体验”，实现知识向应用化的即时转换。建立基于精算的风险决策机制和基于动态能力的战略管理能力，建构组织的战略、市场、产品、技术互联战略思考逻辑，是中国各级组织急需发展的新领域！

在组织结构与营运流程上，我们要征服制度化领域和创造性领域，使两者达到一种完美的平衡。制度化领域指组织结构化的、规范化的、受控制的和受评估的行为，它是一种约束机制，将员工圈在安全地带，不做出过度创新之事；创造性领域则包括自发的、创造性的、动态的和实验性的活动，它是一种激励机制，为员工搭设舞台，让他们在上面尽情展示各自的才华。这两个领域水乳交融就能孕育出适合非线性文化的、刚柔兼备的和谐组织。开展如此重要的组织设计与变革，以及不断地“荣格”式结构联络，将对当代领导者与管理工作者提出新的挑战！

组织的创新还取决于多样性的资源。多样化的人才、信息使得人们能适应不断变化的条件。因此，企业急需创造性与纪律性并重、感性与理性俱佳的人才。创造性、纪律性及理性对于一个组织成员的重要性是不言自明的，而感性凭着自身独有的柔性特质发挥着不可替代的作用。本质上讲，创新管理的悖论是潜伏在人们心灵深处的非理性的表现，创新管理努力实现的是创造性与纪律性、感性与理性结成的“菱形思考”佳境，它以这种方式支配着创新资源的优化与企业文化的再建。

本丛书基于上述思考，在知识产权出版社一批富有远见和责任感的优秀编辑的策划与组织下，团结中国优秀的技术创新研究者，持续地选择国际上技术创新经济学、管理学和政策科学等经典与前沿论著，向我国的政府、企业及非营利部门提供技术创新的新理念、新观点、新方法，共同探寻创新之道、创新之则、创新之源，以中华民族独特的新产品、新工艺、新标准，实现更多的自主创新，使中华民族进一步屹立于国际竞争的前列。

陈　劲　柳卸林

译者序

本书主要论述了在工业实验室中如何通过根本性创新(radical innovation)活动来实现突破(breakthrough)的重要问题。

本书的作者之一马克·斯特菲克先生是美国帕洛·阿尔托研究中心(PARC)的一名高级技术管理人员，而PARC则曾经是美国著名IT企业施乐公司的研发中心，历史上，它曾经是个人电脑、以太网和激光打印机的发源地，苹果电脑公司、adobe公司和3com公司等著名高技术公司也大都分蘖于此。可以说，PARC的杰出成就推动了世界信息产业的发展。

众所周知，工业实验室并不是一个新鲜名词，它指的是在企业中，尤其是实力比较大的企业中设立的、专门从事研发活动的实验室。它已有一百多年的发展历史，最早的工业实验室可以溯源到美国发明大王爱迪生在19世纪末设立的实验室。爱迪生通过实验室组织了一批专门人才，利用团队的力量获得1 000多项发明专利，被后人传为佳话。整个20世纪，美国的很多工业实验室都引领了产业技术创新的潮流，像IBM中心实验室、贝尔实验室、杜邦公司实验室等都曾经创造了举世闻名的科技成就。可以肯定地说，工业实验室制度是人类文明的一大进步，它是科技体制的重大创新，甚至有人说，工业实验室是区分近代科技和现代科技的分水岭。100多年来，这项发源于美国的重大科技体制创新促使美国由一个新兴的移民国家迅速崛起、进而发展成为科技、经济实力强大的超级大国。

但是在世纪之交，技术创新的模式在全球范围内发生了深刻的变化，传统工业实验室模式遇到极大的挑战。硅谷的兴起、因特网的热潮促进了开放式创新的形成和商业模式的诸多创新，许多有经验的人才离开工业实验室去自立门户、开设公司，工业实验室受到较大的冲击。PARC也不例外，首先是PARC的母公司施乐公司陷入严重的经营困境，施乐PARC被看作是这个衰败公司中的一个奢侈机构，最后，PARC不得不从一个公司下属的研究机构转变为一个独立运作的研究公司。在改制的过程中，人才在大量流失，人们忧心忡忡、不知所措。

作为PARC的一名高级技术管理人员，本书作者对这种纷乱的现象进行了深刻反思和剖析，他结合自己的切身体会和经验对工业实验室的作用和管理规律进行了总结和思考。作者不仅回顾了自身经历和经验，还采访了数十位处于创新一线的同事、同行及专家，他们有的是PARC内部的发明家，有的则属于其他著名研发机构的顶尖高手。通过总结和反思，作者强调了工业实验室区别于大学和风险型中小企业的地方，说明了工业实验室在进行根本性创新、实现产业技术突破中所起到的不可或缺的重要作用。

本书分为三个部分，共十二章。第一部分主要对什么是

“突破”、什么是“根本性创新”及其特点作了分析说明。其中，第一章作者说明了什么是“突破”，认为突破有时候往往是两难的。作者还介绍了“根本性创新”的概念，它既不是基础研究，也不是应用研究，而是对关键问题进行的一种追根溯源式的系统研究，根本性创新比较适合对涉及多学科的复杂问题进行长期的综合集成研究，而工业实验室恰好比较适合担当根本性创新的重任。在第二章中，作者认为，任何一个成功的创新都需要解决两个问题：“什么是可能的？”，以及“什么是需要的？”，这两个问题是发明和创新的核心。“什么是可能的？”涉及研究、发现和发明；“什么是需要的？”则涉及商业和社会的需求。有时候，为了实现一个突破性创新，必须同时考虑并回答这两个问题。第三章讨论了发明的4种主要模式，包括理论驱使型发明、数据驱使型发明、方法驱使型发明和需求驱使型发明。第四章论述了技术发明商业化的艰难过程，认为，新发明并不必然导致成功的创新。

第二部分主要对个人的创造力培养问题进行了总结和分析。在第五章中，作者着重讨论了对研发人员的培养方式问题。作者认为，除了正规的教育体系以外，想像力的培养更加重要。作者还强调了导师和团队在一个人培养过程中所起到的重要作用，通过与导师一起工作，学生们获得的不仅是知识和方法，而且还有价值观和工作态度；通过在团队中进行工作和学习，学生们学到了研究的基本技能。第六章论述了创新的灵感和平时积累之间的辩证关系。第七章认为，人们的经验往往会妨碍创新，研究人员时常保持一种"新手心态"反而会为突破提供心智上的准备。第八章建议，善于发明的人，要学会在黑暗中摸索的技巧。

在第三部分，作者论述了培养组织创新能力的几个重要方面。其中，第九章论述了创新型研究团队的管理特点。第十章分析了实现根本性创新所面对的经济和社会各方面的挑战。第十一章从市场导向和技术导向两个方面论证了组织创新文化的不同特点及其融合问题。第十二章再次强调了工业实验室的重要性，并呼吁人们用长远的眼光看待工业实验室的角色和作用。

本书观点新颖、思想独到，资料翔实、内容广泛，语言流畅、结构清晰。本人多年来一直在创新与战略管理领域从事教学和科研工作，我认为，本书是一本非常有价值的著作，其价值主要表现在如下三个方面：

第一，本书提醒人们，像PARC这样的工业实验室在整个国家的创新体系中具有举足轻重的作用。

如前所述，在美国，工业实验室的兴旺发达是其国家创新体系的重要特色，尤其是那些领军型大企业的实验室更是人才济济、实力雄厚，是产业技术标准和重大突破性创新的发源地。20世纪的若干重大发明，如晶体管、集成电路、IBM360

计算机、人造纤维、人造橡胶等无不是工业实验室的结晶，这些重大发明不仅为它们所在的公司带来了巨额财富，还带动了整个产业的迅速发展。可以毫不夸张地说，工业实验室是美国在整个20世纪科技、经济领先世界的根本保证之一。

但是，由于网络、风险投资等在20世纪90年代的大量兴起，工业实验室的重要作用曾一度被人们所忽视，硅谷的成功似乎宣判了大型企业及其实验室的死刑，很多人误认为，风险公司可以做任何事情，大企业也纷纷缩小实验室的规模和裁减研究经费。

本书作者对这种现象的反思是对人们这种误解的及时纠正。正如作者所认为的那样，从长远来看，工业实验室是整个国家创新体系不可或缺的一部分。大学是基础研究的主要阵地，是产生新知识的重要源泉。但是，大学的首要功能是教学，而且受到学生周期性毕业的影响、学科边界限制等因素的制约，大学往往不能将更多的资源长时间聚焦于开发一项多学科集成的技术。而那些风险公司和正在成长的中小企业则受困于财力和研究实力，它们更倾向于开发当前市场所需要的产品和技术。在大学基础研究所创造的知识与风险投资企业的产品创新之间仍会存在知识和技术的缺口，这个缺口需要工业实验室来弥补。因此，工业实验室仍然有存在的价值，它是实现突破性创新的重要源泉。

这无疑是重要的思想，本人认为，工业实验室仍将在复杂性创新和集成创新方面发挥重要作用。如果把一国的国家创新体系比喻为一个人的话，那么，工业实验室则是这个人的“腰”，它一头联系着大学的基础研究和高素质毕业生，一头又客观地为整个产业提供了平台技术、共性技术和技术标准。没有工业实验室这个“腰”，整个国家创新体系的各个部分就会失去联络的枢纽，知识流动和技术转化的效率就会大大降低。

在中国，企业技术创新能力薄弱一直是国家创新体系明显的软肋，能拥有像PARC一样实力雄厚的工业实验室的企业尚不多见。过去十年，风险投资、创业、经济技术开发区等概念在我国也曾一度成为创新的代名词。本书作者的观点确实是值得我们深思的事情，对于中国而言，创业、风险投资固然很重要，但是在关键行业重点发展一批有足够实力和重要影响的工业实验室，不仅是企业增强国际竞争力的关键，更是完善国家创新体系的必要环节，有着极其重要的意义。

第二，本书提出的若干概念具有很强的启发性和理论指导意义。本书系统研究了“突破”、“根本性创新”以及若干相关概念，尤其是对根本性创新的有关论述具有很重要的价值。作者认为，根本性研究关注的是重要问题，喜欢打破沙锅问到底，它适合解决交叉学科、边缘领域的复杂关键技术的突破性问题，这种创新模式往往能有效处理“什么是需要的？”、“什么是可能的？”这两个问题之间的关系。作者对如何实现根本性创新作了系统论述。

另外，作者对创新型人才的培养模式、创新型团队的组织文化建设等方面的论述也都颇具启发性，凸显其价值所在。

第三，本书作者是一位长期战斗在科研一线的高级技术管理人才。书中的素材大多来自于作者的亲身体验和数十位同行的第一手资料，这些专家中有大学校长，有知名发明家，有高层次管理人才，这些高级人才讲述了他们成功创新的生动故事和案例。

本人认为，这是本书最值得推崇的地方。它不是单纯地从理论到理论的演绎，而是对科研第一线实践中涌现出来的真知灼见的归纳和总结。书中所述的成功的创新故事不仅对实践具有重要指导意义，而且是学术研究的极好素材。

因此，本书不仅适合政策制定者、企业管理人员、企业研发人员阅读，而且值得创新领域的学者们好好地研读和学习。政策制定者可以通过本书了解工业实验室在国家创新体系中的重要作用；高技术企业管理人员可以获得研发管理的先进做法，了解如何管理一个高层次研发团队、如何打造创新型组织文化、如何培养创新型的人才；技术创新人才可以向本书中所介绍成功者学习高效率研发的经验；创新和管理学领域的学者可以从书中获得鲜活的研究素材，了解当今世界最先进工业

Breakthrough

实验室的管理方法和运行机制。

本书在翻译过程中，得到知识产权出版社刘忠、王俊等同志的大力协助。清华大学科技与社会研究所研究生田小飞、李静静、王娜、关健等同学进行了初译，具体分工如下：田小飞：第一章至第四章；李静静：第五章和第六章；王娜：第七章至第九章；关健：第十章至第十二章。本人最后进行了系统的翻译和全面校核。

由于本书内容涉及当代诸多高技术领域，很多专业术语遍布书中，要透彻理解和准确翻译它们，需要非常广的知识面，这是一个非常大的挑战。限于译者学识和能力，书中可能有很多错谬之处，希望读者批评指正。

当全国人民在党的领导下正努力实现自主创新、创建创新型国家的时候，译者真诚希望通过本书的出版使得国内读者能够全面了解突破性创新的实现方式及其特点，全面了解工业实验室的功能和重要作用，全面了解国家创新体系，以此为创建创新型国家尽一份绵薄之力。

吴金希

2007 年秋于清华大学新斋

前 言

创新是微妙、复杂，而又充满惊奇的事情。它不仅依赖于个人的才华，也同样依赖于组织文化及其实践。本书是为那些对创新，尤其是对突破性创新（breakthroughs）感兴趣的人所写的，它解释了那些领先的公司如何在开创未来的过程中，不断取得成功。

开放式创新（open innovation）是指这样一些战略，即一些公司善于从别的公司那里获得技术，并为自己的技术开拓市场。开放式创新具有很好的经济学意义。然而，这仅仅是事情的一半。**开放式发明**（open invention）指的是产生发明和突破的战略。新世纪带来的挑战不仅需要开放式创新，也需要开放式发明。如果组织没有一个以突破为荣的创新文化，那么，只能导致一种倾向，即仅仅是优化日常工作，仅仅是寻求渐进性改良，这种倾向其实阻碍了真正的创新。

本书是有关发明和创新的一个路线图，它介绍了创新型组织中的发明大师、企业家和管理者的有关理念和实践，其目的之一是阐明创新是如何运作的，以及突破是如何产生的。

本书第一部分的各章节，介绍了所有成功的创新都必须回答的两个问题：什么是可能的？什么是需要的？

第二部分各章节重点介绍发明，以及创造性研究者、发明家的亲身经历。没有发明，也就没有创新。第二部分探讨了如下问题：所有的发明者都用同样的方法工作吗？研发人员是单打独斗还是集体作战？突破性创新在哪些地方有别于渐进性的产品改良？当灵机一动，发出一声“啊哈”的时候是怎样的感觉？多产的发明者（repeat inventors）是如何培养不断产生奇思妙想的氛围的？什么样的教育方式会培育发明和创新？

本书的第三部分聚焦于组织，以及如何培育创新等方面。创新不仅仅涉及单独的发明者和工程团队。创新的整个过程发生在创新生态中，这一创新生态包括：发明家、企业家、科研管理者、风险资本家、大学以及政府资金管理者。这一部分的各章节讨论了在新世纪创新所面临的挑战和机遇，提出了如下问题：根本性创新（radical innovation）为何如此艰难？创立并管理一个优秀的研发组织的核心因素是什么？在对研发组织进行管理时，为什么有的机构运用资助人导向的模式（a patron model），而有的机构却运用客户导向模式（a client model）？有利于创新的科学和商业实践是如何变化的，它们的前景怎样？在新的世纪，有利于创新的商业战略将发生怎样的变化？正在浮现的培育开放式创新和开放式发明的战略是什么？

我们的研究方法是，深入到一线工作人员当中，并了解在他们身边发生的事迹。我们访问了一些直接扎根在创新生态中的发明家和其他人。我们将重点集中于那些**多产的**发明家和管理者身上，而不是那些仅仅有一项发明或者已经不再从事发明工作的人。书中大约有一半的案例来自于帕洛·阿尔托研究中心［Palo Alto Research Center(PARC)，其前身是施乐PARC］。这些案例——关于研究文化、商业周期、根本性创新的障碍等——根据我们讨论的主题进行了有机的编排。

本书融不同的观点于一体。作者马克·斯特菲克（Mark Stefik）是PARC的一位发明家和研究人员，在那里，他领导着信息科学与技术实验室。他为本书贡献了关于研究的问题和视角。作者巴巴拉·斯特菲克（Barbara Stefik）拥有超个人心理学（transpersonal psychology）博士学位，目前是私人执业。她为我们带来了一种勇于质疑的精神、一种对于创造力中的神秘现象的洞察，以及一种探究经验本质的实践。

马克·斯特菲克
巴巴拉·斯特菲克
2004年

致　谢

非常感谢以下的发明家、研究人员、研究管理者和商业开发专业人员，正是他们与我们共同分享了他们的动人故事，他们是：玛丽贝丝·巴克（Maribeth Back），亨利·白尔德（Henry Baird），本·贝德森（Ben Bederson），丹尼尔·鲍勃罗（Daniel Bobrow），约翰·西利·布朗（John Seely Brown），斯图尔特·卡德（Stuart Card），戴维·福克（David Fork），里奇·戈德（Rich Gold），戴维·哥德堡（David Goldberg），约翰·亨内希（John Hennessy），杰里·霍布斯（Jerry Hobbs），鲍勃·卡恩（Bob Kahn），罗思·卡普兰（Ron Kaplan），木原信敏（Nobutoshi Kihara），约舒亚·莱德伯格（Joshua Lederberg），拉里·莱弗（Larry Leifer），佐克·麦金莱（Jock Mackinlay），帕蒂·麦厄斯（Pattie Maes），约翰·里德尔（John Riedl），戴夫·罗布森（Dave Robson），丹尼尔·拉塞尔（Daniel Russell），保罗·萨弗（Paul Saffo），特德·塞尔克（Ted Selker），尼克·谢里登（Nick Sheridon），本·施内德曼（Ben Shneiderman），戴安娜·斯迈特斯（Diana Smetters），贝蒂·斯泰格（Bettie Steiger），鲍勃·泰勒（Bob Taylor），查克·塔克（Chuck Thacker），以及马克·尹（Mark Yim）。

特别要感谢史蒂夫·斯莫莱尔（Steve Smoliar）。他对这本书的几稿都进行了尖锐的批评，并提出了建议，他的这些批评和建议揭示了许多我们需要加以理解的问题。特别感谢埃德·费根鲍姆 (Ed Feigenbaum)，他在第三稿的末尾作了评注，这些评注恰当地使我们回到思考的起点，进而重新去阐明和提供主要的故事。特别感谢约翰·西利·布朗，他帮助我们更为清晰地认识清楚那些我们已经熟视无睹的事物，也帮助我们发现将故事中的一些小的观点联成串。感谢我所有的同事，他们阅读了这本书的草稿，并提出了各种各样的建议，他们是：本·贝德森，马克·伯恩斯坦 (Mark Bernstein)，达纳·布鲁姆伯格 (Dana Bloomberg)，丹尼尔·鲍勃罗，罗丝·布林甘斯 (Ross Bringans)，史蒂夫·卡岑斯 (Steve Cousins)，吉姆·吉本斯 (Jim Gibbons)，梅格·格拉汉姆 (Meg Graham)，戴维·赫希特 (David Hecht)，约翰·德·克莱尔 (Johan de Kleer)，里奇·多明戈 (Rich Domingo)，比尔·杨森 (Bill Janssen)，劳里·卡图宁 (Lauri Karttunen)，特蕾莎·伦特 (Teresa Lunt)，鲍勃·普莱尔 (Bob Prior)，戴夫·罗布森，丹·拉塞尔以及帕格·特纳 (Paige Turner)。感谢詹姆斯·法迪曼 (James Fadiman)，他建议我们将焦点集中于创新事迹。对于本书的许多评审者而言，创新和突破的话题对于他们是非常亲切的，并且，他们认为从事研究工作是一种激情。向对我们提供了帮助但我们又忘了提及的所有同事表示歉意。我们对他们的慷慨和体贴表示感谢。

感谢PARC信息中心的米娅·品达尔（Maia Pindar）和卡茜·哈维斯（Kathy Jarvis），她们为我们很快找到了需要的信息。也要感谢吉乌利亚娜·拉万代尔（Giuliana Lavendel），她是十分内行的信息源。感谢布莱恩·特拉蒙塔纳（Brian Tramontana）和咪咪·加德纳（Mimi Gardner），他们为我们找到有关PARC发明的图片。感谢PARC实验室创新服务部的丹·墨菲（Dan Murphy）和马克·王（Mark Wong）为本书所做的插图。感谢索尼公司为我们与木原信敏之间的通讯交流提供了便利，并提供了翻译服务。感谢埃里克·斯特菲克（Eric Stefik）为我们传送资料，并多次帮我们发现有价值的东西。

作为作者，我们从与PARC以及别处的同事的交流中学到了很多东西。创造力和创新都是非常宽泛的主题，我们的理解不断得到深化。我们试图在每章的事例和回顾中反映出我们理解的精髓。最终，这本书的结论都是作者自己的。这些结论既不是我们所采访的人员的共识性观点，也不是PARC的官方态度。

我们利用三年的周末和假期完成了这本书的写作。三年中，我们到比较安静的地方做一些短途旅行，在那里进行写作，同时可以从我们的日常职责和工作中得以脱身。感谢这些地方的人们：太平洋山林的阿西洛玛会议中心，本·洛德蒙的夸克休养中心，阿诺德的卡拉维拉斯大树野营地，圣路易斯·奥比斯波的苹果农场，圣马特奥县的胡达特县立公园，门罗公园的波罗咖啡馆，以及半月湾凯利大道尽头的沙滩。这些地方的每一个人都慷慨地接纳了我们，提供了创造性氛围或者使环境保持清幽，甚至帮我们找到可以为笔记本电脑的电池充电的地方。

马克·斯特菲克感谢他的父母让他获得了（有关发明创新的）早期经历。除了参观纽约市的各大科学博物馆，他还想起了位于新泽西州的爱迪生实验室，这个实验室给他留下了关于发明和发明公司的第一印象。他想起了1962年在西雅图的世界商品博览会，那里有太空针塔、单轨铁路、通用电气公司的展馆及它们展示的未来家园，还有带有可视电话机的贝尔系统展馆。他想起了参观匹兹堡，看到了在公共场合闪闪发光的美铝公司大厦以及其他一些表面用铝覆盖的建筑。在那里他还参观了康宁公司，那里展示着为帕诺马山制造的有点瑕疵的200英寸反射镜。在本书的写作过程中，他意识到这些年少时的经历，以及位于波特兰的本生理工高等学校（Benson Polytechnic High School）是如何为一个人的研究和技术生涯埋下种子的。

同样感谢我们的家人——莱恩（Ryan），摩根（Morgan），尼克（Nick）和帕格（Paige）——当我们为这本书而四处奔波时，他们将家里所有的事情都照料得很好，而且悉心照顾了家里的小狗，影子（Shadow）。

目录

B R E A K T H R O U G H

第一部分

发明与创新

第一章

突破的困境

发明是花。创新为草。

——鲍勃·麦卡夫（Bob Metcalfe）

突破

本书中所说的“突破”是指令人们耳目一新的东西。它是诞生于科学或工程领域的稀有事件。之所以称其为“突破”，是因为它将那些大多数人没有意识到的事物变成了现实。突破往往创造了新事物，或者满足了一项前所未有的新需求。重大突破的作用和效果经常远远超过其发明者当初的想像。突破可以创造一项新兴产业，或者使现有产业发生革命性的变化。

很少有公司主动寻求突破。它们往往只是偶尔对突破感兴趣，只有当市场需求下降，或者产品利润下滑导致公司遇到麻烦时，寻求突破的兴趣才变得浓厚起来。所有的技术最终都会遇到这样的衰退。创造这种突破的研究需要资金，对其进行资助的兴趣的浓厚程度会有所不同。这通常与公司产品在技术采用曲线（technology-adoption curve）上所处的位置相关。

技术采用曲线

高科技产业一般要经历清晰可辨的产业循环。经历了脆弱而娇嫩的开端后，这些产业便会迅速地茁壮成长起来。当它们成熟后就慢慢停止了增长。最终进入衰退期。

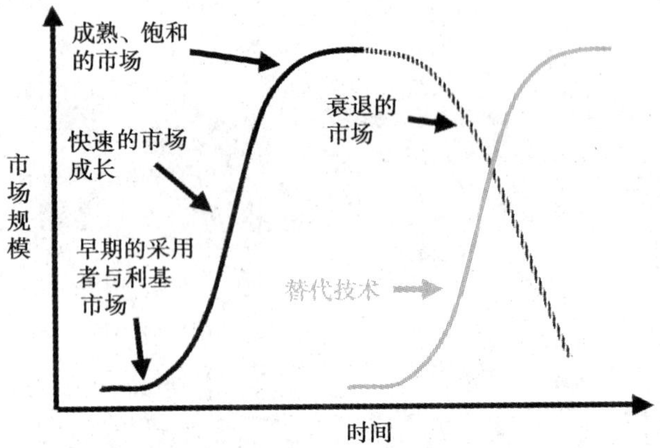

图 1.1　技术的采用呈一条 S 形的曲线。第二条曲线代表了新技术的兴起，并在市场上替代第一种技术

保罗·萨弗是未来研究院[1]的资深研究员。当萨弗观察企业发展和技术发展的趋势时，他往往用长远的观点看问题。他很熟悉 S 曲线。对他而言，技术采用曲线是可预见趋势的一部分。这些曲线解释了创新生态运作方式的深刻真理。萨弗说[2]：

科学取得进步并产生新技术往往存在一种模式。这项技术首先开始成长并逐渐影响人们的生活。最终它停滞不前，然后这项技术的主要部分变成了常识。最终为了降低成本，企业将生产体系转移到海外。

你可以从S曲线中推导出这一结论。第一个阶段是单个发明家，比如道格·恩格尔巴特（Doug Engelbart），[3]他的研究工作比其他人要早几十年。当你离转折点越来越近时，你就拥有团队与你一同作战了，就像苹果公司(Apple)和它的

[1] 位于加利福尼亚州门罗公园的未来研究院是一家独立的、非营利研究组织，致力于对关键技术、人口，以及商业趋势进行预测和描绘。它帮助客户了解这些趋势的复杂性及其社会和商业意义。

[2] 保罗·萨弗的意见引自2002年10月10日的访谈。

[3] 恩格尔巴特最早推出了一个带有鼠标、超文本和多窗口的计算机系统，这一成就激励了其他的研究者，并为他自己赢得了荣誉。

Macintosh电脑团队。当S曲线成熟、向顶部挺进时，业务就越做越大。制度也越来越官僚化。“创造性的毁灭（creative destvuction）”[1]由此发端，因为随着越来越多的事物变得官僚化，留给处于底部的个人和异质小团体以新方式重新定义游戏的空间就越来越大。当一项技术越来越官僚化时，创新的成本便会随之上升。

技术采用S曲线[2]（图1.1）始于一项发明。在曲线开始阶段，该项技术新颖但是不很成熟，市场也不大。它往往只局限于一些早期采用者和小利基市场。随着一项技术逐渐成熟变为主流，相关的企业也进入快速发展阶段。因此它们也将注意力集中在与其他企业的竞争上，它们通过改进产品来满足不断变化的市场需求，不断增大市场份额。在该项技术到达市场的顶峰时，常常伴随着市场份额和规模经济的巩固。而当市场一旦饱和的时候，企业就会转而寻求其他增长机遇。

关于技术的成长和衰退，录像机产业和录像带租赁业是一个很典型的例子。磁带式录像机发明于20世纪50年代，但是第一台家用录像机（VCR）是由索尼公司在1964年研制成功的[3]。

---

[1] 术语“创造性的毁灭”由约瑟夫·熊彼特（Joseph Schumpeter）发明。在他1942年的著作《资本主义、社会主义与民主（Capitalism, Socialism, and Democracy）》中，他提到资本主义是一种经济变革的方法，它不是静止的。汹涌的创新大潮不可避免的会将已有的企业破坏，并建立新的企业。熊彼特将资本主义看作是新商品、新的生产和运输方法、新市场，以及新的企业组织形式的代名词。在技术采用曲线的术语中，创造性的毁灭是一种技术的市场随着另一种技术的兴起而衰退的过程。

[2] 从增长的市场份额的角度对技术采用曲线进行的讨论请参见杰弗里·摩尔（Geoffrey Moore）的《跨越鸿沟（Crossing the Chasm）》一书。摩尔讨论了市场战略和在新市场中创造“猩猩”的过程。在《创新者的解决方案（The Innovator’s Solution）》中，克莱顿·克里斯滕森（Clayton Christensen）和迈克尔·雷诺尔（Michael Raynor）考察了公司在快速发展时的商业轨迹。在这个时期，公司关注他们最重要的客户，改进产品以满足他们的需求。经过不断改进，产品的性能最终会超过这些用户的需要。这就达到了市场饱和的顶点，产品变成了一种“日用品”，竞争也随之改变。这时的创新就以低成本破坏者的形式出现，大幅度降低成本或者缩小产品的利润空间。

[3] CV-2000由以木原信敏为首的团队开发。它大概有录音机那么大。和电视台使用的那些机器相比，它要便宜得多。它能够自动翻转，只能记录黑白信号。它销售了数百台。第一台可用的录像机原型由木原信敏和他的团队于1968年研制成功。第一台可供家庭使用的录像机是飞利浦1500型，于1972年在英格兰投入商业销售。

一开始围绕着版权问题存在法律争端，而且在两种制式（Beta和VHS）之间还存在着标准化的斗争。20世纪80年代，租赁市场渐渐活跃，催生了许多租赁商店。最终，租赁市场得以巩固。Blockbuster的占据大约40%的市场份额。在20世纪90年代，VCR产业开始衰退，这是因为其他技术领域，包括有线电视和卫星电视的发展，带来了激烈的竞争。DVD出现后，应运而生的是网络激活的DVD邮购服务业（例如Netflix[1]）；到2002年，这一行业所拥有的客户达到了60万。所以，高科技产业的典型模式就是：缓慢的开端、迅速的成长、到达市场高峰并加以巩固、来自新技术的竞争，周而复始。

有时候公司通过扩张进入新的地域来扩大其市场。只要一有可能，它们就会将生产体系或业务的其他部分移到海外以寻求较低廉的劳动力。新业务最终会取代原来的业务，进入高速发展期并吞噬原有技术的市场。

几个因素影响了S曲线的形成。在一个完整的S曲线过程中，市场不断成长，企业逐渐膨胀，技术知识得以传播。随之产生了一些可预见的副作用，并且影响着商业决策。竞争开始出现，市场日趋饱和，生产成本被迫降低，边际利润消失，等等。英特尔的创始人安迪·葛鲁夫（Andy Grove）在《只有偏执狂才能生存》一书中这样写道：

“商业的成功孕育着自我毁灭的种子。你越成功，越多的人就想要从你的产业中分一杯羹，一杯又一杯，直到一滴不剩……战略转折点往往是产业生命周期中根本要素将会改变的时刻。这种改变可能意味着出现上升到新发展高度的机遇，但也可能是死亡开始的信号。”

另外一个因素（同样也是让技术成为第一位要素的因素）是新创意的产生。新技术必然取代旧技术。产业发展需

[1] 截至2002年6月，Netflix占有了98%的在线DVD租赁市场。企业的收入从2002年一季度的3 000万美元增长到2003年一季度的5 600万美元。

要新途经来更新换代。保罗·萨弗继续说道：

“一般情况是这样的：投资者开始质询在哪里投入一美元能获得更高的回报。你是在S曲线的顶部进行投资、试图使S曲线维持在顶端？还是你开始在下一条S曲线的底部投资以便与新技术共同成长？从这种意义上而言，成熟领域的官僚化为下一轮的创新搭建了平台。”

在这种有关创新循环的长远观点中，技术成熟并留给底部更多的空间。**没有一个企业或国家能够永远控制某一种技术**。技术要么被转移到其他区域，要么被下一个新生事物所取代。在底部创造新机遇的就是对下一轮发明进行的投资。

技术采用曲线揭示了影响一个企业如何觉察自己创新需求的商业条件。通常而言，企业不会预见到它们市场的萎缩。有时候，在下滑趋势的开始与企业觉察到这一趋势并做出回应之间存在着显著的延迟。为了平缓地应对不断变化的形势，一些公司往往采用多元化发展战略进入不同的产品领域。处于收入顶峰的产品可以作为处于循环过程其他位置的产品的“现金牛”。通过这样的管理方式，公司可以跳出单一技术或产品的波浪式循环。这是消费电子企业往往采用的模式，它们每隔几年就会创造新的设备和媒体。

尽管S曲线有助于解释在产品和技术从成长到衰退的过程中究竟发生了什么，但是，它们本身并不是“问题”所在。它们是技术和创新更新循环中的一个自然而然的部分。只有当企业未曾对其给予足够地关注时才让管理者大吃一惊并引发企业的危机。

处于顶端的烦恼

今天，信息和通信产业的许多产品同时达到产品发展的顶峰。计算机、电话、视频游戏、视频投影仪、数码相机和打印机都是基于集成电路和软件包技术而发展起来的。这些产品都受到利润减少、生产制造外包的影响，因为这些产品所蕴涵的科学技术——半导体、计算、模块化生产——在本质上都是一样的[1]。这些技术并没有过时，但是它们高利润和快速发展的时期似乎将要结束。

同时，在半导体以外的其他生产领域中，日益增加的外包使不同公司的产品越来越趋同，因为它们越来越多地由同一家工厂所生产的标准部件制造而成。随着技术的同时成熟、全球化和不断的产品替代，许多变化正同时发生。

创新生态

未来不是由一个英雄式的独行侠创造的，也不是由拥有伟大产品的单个公司创造的，未来是由融合科学、想像力以及商业三方面的能力所创造的。**创新生态**由教育、研发组织、政府资助机构、技术型公司、投资者和消费者组成。一个社会的创新能力取决于其创新生态。（信息技术产业提供了一个强有力的佐证。根据摩尔定律[2]，计算机的功率、速度和能力在长达30年中以每18个月就会翻一番的速度发展。）今天，基因学和蛋白质学正在酝酿着重大发现。发现、发明和创新在接下来的数十年中将会意味着什么？确切而言，我们还不知道，但是我们知道很有可能发生许多事情。雄心勃勃的科学家和工程师们都醉心于对这些事情的探究。他们都想成为一个拥有重大发现或者伟大发明的人物。然而要在这一角逐中取胜需要昂贵的设备、一流的同事和持续的支持。从历史上看，能够将这些资源整合起来的主要是企业的研究机构。

突破区

创新所需的科学知识来自于基础研究，主要由高效进行，但是新技术主要由企业的研究中心创造出来。例如，经

[1] 在半导体产业中，设备成本（资本）在逐代增加。在信息部门的行话中，摩尔定律（Moore's Law）指出计算机的速度和存储器的容量每18个月翻一番。这种倍增效应依赖于芯片制造技术的进步，尤其是光刻术，所引发的计算价格的下跌。1995年，64芯片的制造成本是每百万比特数据17美分。1998年，同样的芯片的成本就减少到7美分，2001年则只有3美分。预计到2010年这一成本将降低至0.2美分。但是紧跟技术潮流也需要更昂贵的制造设施。1980年，制造64M芯片的工厂的建设成本约为1亿美元。1985年，256K芯片工厂的成本为2亿美元。随着存储器芯片的代际更新，成本节节上升。1993年，工厂的建设成本为7 000亿美元。

[2] 戈登·摩尔（Gordon Moore）因为他对半导体产业的预测而闻名，他提出半导体的性能每隔18个月就会翻一番。由于这一预测符合了多年来计算机速度和存储器容量的发展，因此被称为摩尔定律。

过材料和电子领域数十年的基础研究，贝尔实验室发明了晶体管。贝尔实验室还创造了许多通信技术。在科学界对于光学设备和玻璃进行了数十年基础研究之后，康宁玻璃产品公司（Corning Glassworks）的实验室开发出了光导纤维。德州仪器和飞兆半导体的实验室发明了第一个集成电路[1]，这是现代计算机的一项关键性技术。IBM研究中心创造了几代磁性存储技术和实用数据库。施乐PARC帕洛阿尔托研究中心创造了个人计算机、以太网和激光打印机。

通往新技术之路类似于生物技术领域的创新路径。美国和英国的大学发现了限制酶（restriction enzyme）并开发了DNA的排序方法[2]。接下来，工业实验室改进了排序方法，建成了DNA自动排序机。Cetus公司发现了放大或复制DNA的聚合链式反应[3]。在发明药品的竞争中，对于有效药物的系统搜索往往紧随基础研究。伴随着科技的进步，这种搜寻正在加速，但是药品和医疗设备仍需经过多年的开发，以及更长时间的临床试验。由于在生化

[1] 两位彼此并不了解对方工作的发明家大约在同时分别发明了几乎完全相同的集成电路。杰克·基尔比（Jack Kilby）在德州仪器工作，罗伯特·诺伊斯（Robert Noyce）则为飞兆半导体服务。1959年，双方都申请了专利。

[2] 1974年初，弗雷德里克·桑格（Frederick Sanger）在英格兰开发了DNA测序技术的基础。几乎在同一时间，阿兰·麦可林（Alan Maxam）和沃尔特·吉尔伯特（Walte Gilbert）在美国创造了一种有所不同的方法。实践证明桑格的方法更为有效。但是，桑格的方法相对较慢而且冗长，还需要使用X射线以读出DNA序列。技术在不断进步。随后引入了使用萤光标记的方法。20世纪80年代末期，加州理工学院的黎若伊·胡德(Leroy Hood)研制了第一台半自动DNA序列测定机。1991年，塞莱拉公司(Celera)的克雷格·温特(Craig Venter)发明了“霰弹枪（shotgunning）”技术以便将大块的DNA序列切割成若干小片，通过DNA测定器就可以一次读出数以百计的碱基（base），接着利用计算机配对技术将结果重新组装成一副完整的基因图谱。

[3] 阿瑟·科恩伯格（Arthur Kornberg）在20世纪50年代末期发现了DNA聚合酶。但是直到20世纪80年代末，凯利·穆利斯（Kary Mullis）才引入了PCR方法。随着各种DNA芯片，以及控制和测定生化活性液体的显微设备的出现，技术也在不断进步。在本书写作的同时，有报告指出PCR的管道芯片可以在万分之一秒内完成少量液体的热力循环，可以在5分钟内完成20次DNA放大循环。通过这种方法，生化产业能够按照下列的方式进行产业循环，首先由大学的基础研究机构进行初始的开发，随后行业研究实验室进行技术开发，最后则由生产企业进行产品开发。

技术[1]中存在着许多未知因素和阻碍因素，成功往往需要真正的突破。

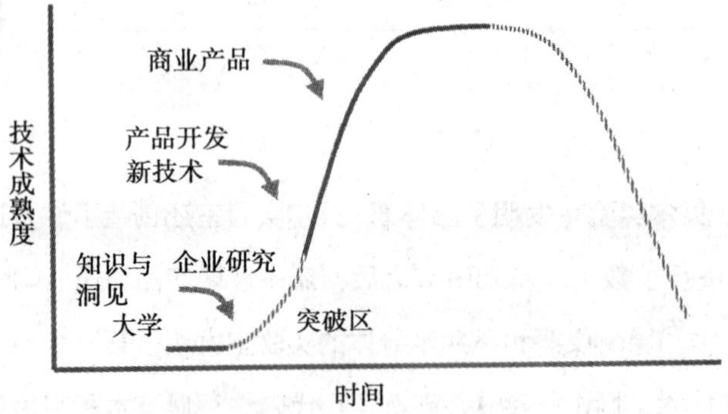

图1.2　突破区是位于基础研究和实用新技术开发之间的地带

建立知识库的基础研究大部分发生在高校。然而，高校只能将研究进展到这一步。在那里，教学始终占据着首要地位，因而无法集中足够的资源超越基础研究以获得技术。在研究过程中，高校严重依赖研究生。当这些学生真正掌握这一领域的知识时，他们也就该毕业了。他们当中的许多人会到企业的研发实验室工作。在历史上，这些实验室一直是能够将新技术带入应用，并创造新产品的主要机构。这些实验室从每一代人中挑选出最聪明的人组成研究团队来解决难题。这就是突破区的中心。

创新的阶段模型

通过研究化学和铝业一百年的发展历程，玛格丽特·格拉汉姆和贝蒂耶·普鲁伊特(Bettye Pruitt)依据五个具体的阶段界定了一个产业中的创新[2]：第一个是**借用**(borrowing)阶段，在这一阶段，公司从高校借用原始知识和实践；在**内部化**(internalization)阶段，公司从高校聘请科学家和工程师，并

[1] 大部分生化技术的研究都是应用在医疗和农业领域。这些领域的产品不仅面临了解未知事物的挑战，还要面对种种有关安全、有效性的测试的考验，有时甚至还要应对有关道德伦理的质疑。举例来说，耗费数年心血所开发的一种新药有可能在得到批准投入生产前的最后一刻由于意外的原因而被迫放弃。

[2] 参见格拉汉姆和普鲁伊特的著作《产业研发(R & D for Industry)》，第3～4页。

对研究进行投资，以期望在其即将开发的产品的技术诀窍和知识产权方面获取优势；第三个是所谓的**规范化**（institutionalization）阶段，产业会建立自己的中心实验室；随着产业的成熟，其研究人员不再像以往那样依赖外部知识资源，这就到了**专业化**(specialization)阶段；在第五个阶段，技术得以成熟，公司致力于改善它们现有的产品。这一阶段被称为**常规化**(routinization)阶段，因为创新结果逐渐变得具有可以预见并且呈现出渐进趋势。

有时候，当某一技术的市场饱和时，技术型公司就会意识到突破的需求。为达到下一个层次，公司必须进入**更新**（renewal）阶段，其实质是重复循环中的早期阶段。它们或者重新启动内部的研究，或者走出去寻求大学或其他资源的帮助。如果一个公司不能主动更新其业务，那么，它很可能从外包制造和进行顾客导向的常规创新中节省开支，以应对业务从顶峰的逐渐衰落。

图1.3概括了格拉汉姆和普鲁伊特提出的各个研发阶段在技术采用S曲线上的位置。它展示了对技术进行创新的重心如何随时间而转移。通常情况下，创新发端于大学，通过基础研究产生发现和洞察。接下来，研究被转移到企业实验室，在那里，适用技术被创造出来。最后，技术进入产品开发组织。

作为创新第一阶段的基础研究一般会持续许多年。基础研究大部分在高校完成，它往往由政府部门和企业资助。第二阶段的创新往往发生在工业研究实验室中，稍后也在产品开发机构中发生，这个阶段在很大程度上依赖于各个公司的私营投资。创新过程的这一部分很容易受到资金不稳定的影响，而资金的不稳定性受公司财富波动和投资重点变动的左右。

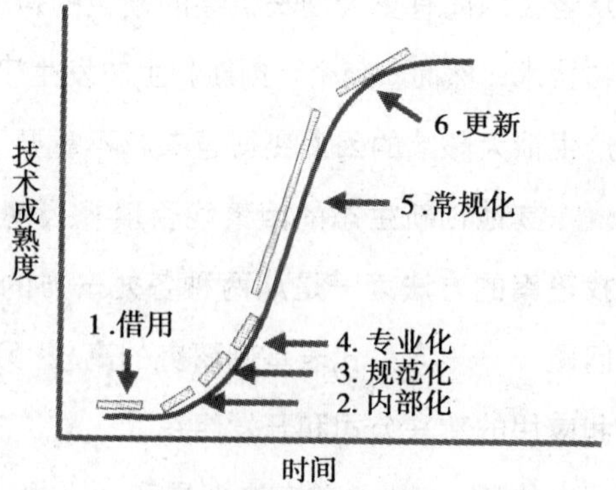

图1.3　覆盖在技术采用S曲线上的企业研发的各个阶段

缺乏突破性研究的眼光

尽管在研发方面的投入在1980～2000年期间增加了，但是，人们关注的焦点逐渐转向了开发和短期（效应）[1]。由于对长期发展缺乏关注，20世纪，在能够产生突破的很多领域的投资都减少了。

在私营工业部门，对短期利润的需求和季度收入报告的关注使得人们从长期发展的视角转移开来，由此导致了经济的泡沫。在20世纪80年代，泡沫表现为公司的兼并收购。公司通过购买其他公司而非通过对新技术开发进行投资的方式获得技术和市场份额。20世纪90年代见证了“新经济”和新兴公司的起起落落。更多的注意力再一次地转向了怎样更快地获得效益而非通过突破性创新取得长久的优势。人们的注意力从长期研究转向了短期研究和渐进改良。在公共部门，诸如桑迪亚国家光伏实验室、劳伦斯·利弗莫尔国家实验室以及橡树岭国家实验室，也开始缩小自身规模并且重新界定它们的目标。在私营部门，研究机构的规模也开始缩小，有些甚至破产[2]。另外，信息技术部门的研究都改变了方向。从某种程度上说，这些变化反映了资源的一种良性转移，即从老技术向有更大增长机会的领域的转移，如生命科学和生物技术。然而，整个（创新）生态发生了变化，曾经对成功产生很大影响的因素变得越来越不重要了。

其他创新生态的因素能否填补公司研究的空白呢？寻找答案的方法之一是从两种各处一方的机构的视角来看待问题——一方是代表基础研究的高校，另一方则是代表产品和应用的新兴公司和开发组织。

约翰·亨内希兼有商业界和学术界的背景。他与其他人一起共同创办了MIPS电脑系统公司（现在是MIPS技术有限公

[1] 根据美国《科学与工程指南2002》，对研发的资助从1994年的1 692亿美元增加到2000年的2 650亿美元。根据通货膨胀进行调整后，以1966年美元水平计，约增加了710亿美元。在经济合作组织（OECD）国家中，美国是最大的单一研发实体。美国的研发开支占到OECD全部5 180亿美元开支的44%（1998年）。但是这个数字包括了研究和开发。在基础研究方面，历史上一直对长期研究和技术进行资助的政府机构的资助份额从1980年的70.5%下降到50%。根据美国国家科学委员会（National Science Board）的《科学与工程指南2002》，“联邦政府对基础研究支持份额的下降并不意味着联邦资助实际数额的下降，从1980年到2000年，这一数额实际每年上升3.5%……它反映了其他渠道对基础研究的支持力度的上升。”根据《IEEE Spectrum》对研发的调查，顶尖的100家公司一直在增加私营研发投资。2001年的预算开支平均增加5.21%。由于这一数字包括了对基础研究和开发的资助，它并没有直接表示哪种投资能带来新技术。目前大部分投入的费用和开支主要用于对产品的渐进性改良而不是开发新的技术。企业研发经费的71%用于产品开发而不是研究。不同机构间的定义和报告不尽相同，但是有一点可以确定，即使在那些仅从事研究而不从事开发的组织中，仅有20%～30%的研究是“基础”研究，这些研究的意义要么不甚明显，要么在5年之内无法应用。解释研究投资意义方面的更大困难在于不是所有对于基础研究的投资都有相同的意义。某些领域正在进入快速发现和发明的时期，而其他领域可能相对成熟，不大可能取得新的突破。大企业私营研究预算的很大一部分集中在那些企业的主要业务领域，从更广泛的角度看，那些大的突破可能已经实现了。

[2] 贝尔实验室和Interval公司可能是最常被提及例子了。贝尔实验室和Interval公司在成立的时间、规模和目标上都非常不同。贝尔实验室1999年拥有24 000名研究人员。数十年来一直为在科技领域取得突破而对基础与应用研究进行不懈的投资。Interval公司是一家相对较小的研究组织，作为一项试验仅仅存在了10年。它的目的是尽快为应用研究带来商业价值。由于缺乏固定的客户和引人注目的项目案例，试验已于多年前中止。

司）。在他成为斯坦福大学的校长之前，他是该校的学院院长、工程系主任和电子工程教授。亨内希认为，长期研究是公共利益的基础，但是现在让公司去支持这样的长期性研究是越来越困难了，他说[1]：

大学在创新过程中要做那些位于产业界视野之外的事情。随着越来越多的大型工业研究实验室倒闭或者重新定位，这一角色越来越重要。你看像施乐PARC、贝尔实验室和IBM这样的研究机构,他们对自己的发展方向都有10～20年的规划。但是，在当今的企业环境下，你没办法这么干了。基础研究基本上属于公共物品。特别是在当今美国商业环境中，难以支持这样的研究。没有人愿意去做基础研究，尽管基础研究是工业领域持续创新的保证，这就导致在下一个五年计划内无法给他们带来技术优势。

在工业领域曾经发生过一件绝对令人敬仰的事情，就是他们有能力对一个概念进行大规模长期的探索。你可以从施乐PARC、贝尔实验室、IBM研究中心以及类似阿尔托（Alto）计算机(图1.4)、晶体管和磁盘这样的创新中看到这一点。在大学中很难激发集体的热情和注意力。很难去获得一种持续多年的承诺，无法召集足够的人去做出这种集体性的突破。

图1.4　一台阿尔托个人计算机，由PARC在20世纪70年代开发（感谢PARC提供图片）

[1] 约翰·亨内希的意见引自2002年10月10日的访谈。

大学非常善于做间断性（discontinuous）研究，但是我不知道他们是否能够以那样一种规模去进行这种研究。这取决于我们怎样看待自己。我们依赖政府的研究资助，但这些资助越来越集中在短期研究上，并且不像以往那样允许获得目标以外的成果。

产业界中的很多人已经意识到了具有风险的长期研究的必要性。我想他们宁愿在大学中投入部分资金并共享研究收益，而不是自己独立承担全部开支而让大家受益。

此外，我担心在大学里是否能够有足够数量和规模的（资源）去攻克非常大规模的难题。这将依赖于资助模式，这种模式需要把有创造性和对研究感兴趣的慈善家、政府和产业结合在一起。

亨内希的分析指出了创新生态面临的一个非常重要的挑战。涉及公共利益的基础研究将继续在大学中进行。企业正越来越多地关注产品开发和超短期研究。基础研究与应用之间的桥梁——突破区的关键工作——正在消失。这导致了一条创新鸿沟，并引起了人们对创新生态健康状况的关注。

在20世纪90年代的“.com”热潮中，看起来新兴公司能包打天下。查克·塔克是一名多产的发明家，他以在历史上第一台个人电脑发明过程中所起的重要作用而声名远播。塔克对他在DEG（美国数字设备公司）系统研究中心所观察到的“.com”热潮中的情况非常担心。精明强干的人离开研究实验室和大学去自己创业。当然很多这样的公司马上就倒闭了，但是新的公司很快又建立起来而且有些人做的似乎还不错[1]。塔克回忆道，“至少到最近为止，一旦你有了一个很好的想法，你就可以拿着你的主意去桑德山路[2]。我一直担心新兴公司所做的那些事情会导致工业研究实验室的覆

[1] 查克·塔克的意见引自2002年9月6日的访谈。

[2] 门罗公园的桑德山路旁有许多风险投资公司。

灭，从而造成技术的大规模崩溃。现在可以肯定地说，这种情况不大可能发生了。”塔克的意见反映了20世纪90年代研究界对新兴公司的困惑和担心。（新兴公司做的不是研究高端技术和研究界做的一样的事情吗？他们能否比研究实验室和大学想出更好的主意呢？）

企业研究实验室能够得到持续的资助来允许他们去探索问题，而大学和新兴公司却往往不能为长期研究小组提供足够的支持。

突破的困境

技术化的社会依赖于（技术）突破。未来总是会给我们带来很多惊奇。不断增长的人口、越来越稀缺的资源以及受到破坏的生态环境都会带来挑战。更加高级的知识和技术是我们应对这些挑战的最好希望。

人们可能期待企业、教育机构和政府机构能够为社会所需的突破性创新做好充分的准备。然而，突破本身并不常见，创造突破是一项难以琢磨的事情。尽管企业、教育机构和政府资助机构都参与了突破性创新，但他们的大部分注意力却集中在日常事务而非突破性创新上。埋头于优化他们的日常工作阻碍了突破的创造。我们把这些阻碍叫做**突破的困境**❶。

企业的突破困境

企业往往面对两种突破困境：第一种困境出现在公司停止资助突破性创新研究的时候；第二种出现在虽然企业能够维持这种资助，但是不能开发利用这些创新时。在这两种情况下，企业都会遭受损失。

---

❶ 尽管狭义“困境（dilemma）”意味着**双向选择**，我们沿用了克莱顿·克里斯滕森在他的著作《创新者的困境（The Innovator’s Dilemma）》中的用法。它意味着有**冲突的选择**，特别是当冲突可能导致错误的决策时。

耽于安逸　疏于研究　成功不仅孕育了一个正在不断成长的市场，而且意味着业务更加聚焦，满足于现状，无法继续研究，从而形成突破性创新。随着企业产品的成功，企业往往醉心于产品线的不断延长。为满足当前顾客的需求和不断增加市场份额所作的渐进性改进开始成为企业最重要的事。除了那些以前经历过这一循环并从中获得了经验和教训的公司之外，当公司开发了高技术产品时，它们通常就进入了常规化阶段。它们注重短期效益和改进现有产品，而不关心长期效益和创造新技术。研发组织增强了倾听当前客户需求的能力，但与此同时，突破性研究的能力却在减弱。例行的常规实验和突破性研究要求不同的，甚至几乎完全相反的创新文化[1]。

亨内希说道[2]：

破坏性（disruptive）技术给现有的公司带来了麻烦，因为它扰乱了公司的整个产品线、盈利模式以及正在从事的工作。新兴企业成功的原因之一，在于那些已有的公司不愿意接受如此巨大的改变[3]。打个比方来说，就是它们不情愿从根上攻击自己，虽然那比它们不久将要遭遇的情况要好得多。

一个公司将要进入长期的下滑趋势的标志之一，是它们开始思考维持老的顾客基础而不是想办法吸引未来客户。我在很多电脑公司看到过这种情况。这是结束的开端，因为这意味着它们在试图建立一堵将自身封闭起来的围墙，从而阻止更多的人进入它们的领地。如果公司不能够高瞻远瞩地看到新的世界并在其中进行奋斗获得成功的话，那么，这就是公司能力的欠缺。

公司达到其S曲线顶端时所发生的情况类似于军事上遭

[1] 第11章利用资助人模型和客户模型分析了创新文化。资助人模型适合突破性研究，而客户模型适合渐进性研究。

[2] 约翰·亨内希的事例引自2002年10月10日的访谈。亨内希成立了计算机公司MIPS。

[3] 对这一问题的更多讨论请参见克莱顿·克里斯滕森的著作《创新者的困境》。

遇突袭时的状况。事态的发展似乎一切正常，但是突然间要么市场就饱和了，要么竞争产品不知从何处冒了出来。斯坦利·费德尔（stanley Feder）这样描述此种情形："顾客导向是(一种)心态，这种心态可能使大公司骑着现有技术之马跳下悬崖。相反，那些小一点的竞争对手倒不受顾客心态的束缚，经常能够投资于下一代创新技术。"[1]

我们很容易忽视这种心态。当一个公司善于为某一特定类别的顾客生产某种特定类型的产品时，它的某些反应就变得自动化了。它为有效地关注和观察顾客开发了某种特殊的"镜头"。然而问题就在于它对这种镜头的依赖。当世界发生了变化时，公司也许不能以正确的方式给予关注。研究是公司在现有业务之外产生新选择的方式之一。

当研究渐行渐远时　对研究进行持续投资的公司会面临第二种困境。突破孕育着巨大的震动，这是一个公认的真理。即使发生在公司业务领域内的突破也可能阻碍或取代现有的产品。而且一项突破最大的用处也许会是在公司主要业务以外的、未被预测的领域。当这种情况发生时，公司不得不管理协调其内部资源配置的争斗[2]——一场发生在增长的主要业务与正在起步的新业务之间的争斗。现有产品有许多既得的利益，而突破几乎没有任何既得利益。

对持续研究进行投资最激烈的批评者之一是长期担任英特尔公司CEO的戈登·摩尔·摩尔极力鼓吹公司不要对研究进行投资。他相信公司无法直接从基础研究中受益，并且研究所

---

[1] 参见斯坦利·费德尔的著作《克服思维定势：企业能够从政府情报工作的失误中学到什么（Overcoming 'Mindsets':What Corporations Can Learn from Government Intelligence Failures）》。

[2] 克莱顿·克里斯滕森在《创新者的困境》中对这一困境进行了案例分析。

产生的大部分新思想也不能为公司所用。[1]

为了能从不匹配的创新中获益，公司不得不采取两种办法：或者将技术许可给其他公司，或者建立新公司（可能与合作者一起）。因为这些策略处于公司的核心业务之外，公司对此经验较少，而且要承担高风险。对于进行了研究投资的公司而言，典型的危险包括新业务运作欠佳、从事突破研究的个人离开自己创业或者加盟其他公司。所以说，资助突破研究的公司不见得一定能从中获益。

在此详细介绍的两种困境使得对突破性研究进行投资成为一种赌注，这种投资风险高，但潜在收益也大。从更广泛的社会角度来看，对突破性研究进行资助是一项非常好的投资，因为当产品被开发出来时，肯定会**有人**（经常是许多人）从中获益[2]。然而，对于市场狭小、产品系列单一的企业而言，对突破性研究进行资助可能更加类似于一场赌博。即使这种新技术获得了巨大的回报，如果没有有效的策略，得到好处的可能会是其他的公司。

两种困境的核心都是如何管理在创新和突破性研究中的成本和收益。一方面，公司一旦开发了某种成功的产品，就可能会在研究方面有所松懈，这就导致公司没有能力产生更多的突破，而公司的未来实际上需要更多的突破；另一方面，持续投资的公司可能无法从重大的突破中获得应有的收益。

如何解决这些困境是创新生态的核心挑战。

大学的突破困境

要将一个杰出的想法付诸应用需要耗费很多年的时间。依靠学生进行研究而产生新技术的想法本身就有问题，因为

[1] 摩尔对他自己在研究中的地位进行了详细论述，这篇文章收录在《创新的引擎（Engines of Innovation）》一书中，该书由罗森布鲁姆和斯潘塞（Rosenbloom and Spencer）编著。令人好奇的是，他在英特尔的成功是在他自己、诺伊斯，以及其他人离开飞兆半导体，建立这家成功的半导体企业之后取得的。

[2] 在过去的日子里，PARC被“公认”是“国家的财富”——这令施乐的公共关系部门非常遗憾。

学生在学校的时间必竟短暂。等他们学会了所需的技能，就该毕业了。即使某所大学研发出了一种能够投入应用的技术，他们也不得不去寻找一种有效的途径来将技术转让给生产组织。（大学自己没有生产组织，他们的任务是教育。）

大学的另外一个困境是创造突破，尤其是根本性创新（radical innovation），所需要的知识往往超越了单一学科的界限。例如，半导体的进展需要加工、材料科学、系统设计、光学和图像技术的密切协作。生物技术和医学上的突破不但越来越需要生物学各领域的知识，也需要工程学和计算机科学的相关知识。

大学主要由研究具体领域的各个系组成。在某一个系里寻求教职的新教授们如果采用寻根究底的方式去解决问题，那么这一方式可能会将他从本系的领域中越带越远从而无法引起自己所在的系的兴趣，其中的风险是很大的。同时，这也很容易限制那些已有教职的教授从事跨学科研究。

对那些攻读博士学位的学生而言，突破性研究的多学科性质造成了特殊的障碍。大学为了让学生攻读某个领域的学位，对学科结构进行了优化。不同的领域有不同的方法、知识以及评价标准。因此，当一个博士研究课题需要跨越或结合不同领域的知识时，如何组织有关的学位委员会和安排所需要的支持资金就落在了标准模式以外，并需要更多的协调❶。如果研究由跨学科小组中的几个学生来完成，那么将会产生协作以及学分分配这样的额外负担。最后，那些研究项目跨越和结合了不同领域的毕业生可能会发现这反而产生了麻烦。以专业领

❶ 当大学组织多领域研究机构以攻克重要难关时，他们经常面临额外的困境。为了吸引对这些研究机构的资助，他们寻求企业的支持。当这些支持涉及成立新企业时，教师自己通常在这些公司中拥有重要的职位。哈佛大学前校长德雷克·波克（Derek Bok）曾经对这种安排的制度风险发表过意见。当学生被鼓励去从事一系列特定的研究时，就带来了一个问题，究竟是去增强支持企业的商业化应用，还是追求与课题相关的知识。因此，这些研究机构的双重目的带来了模糊大学核心教育目标的风险，并削弱了学生和教师之间的信任关系。参见波克的著作《商场中的大学（Universities in Marketplace）》。

域为中心的招聘委员会将会发现这些跨学科研究的应聘者的研究项目超出了他们的专业范围，或者认定他们的资质不在引进人才部门的需求之内。

大学由不同的院系组成，这一组织结构适应了历史模式，因为大多数学术研究都是基础研究。因此，大学中大多数的培训都在院系内部。

联邦资助机构的突破困境

在美国，联邦机构在资助和管理研究项目时候，也面临突破困境。这些项目通常收到很多项目建议书，而他们不能对每一个项目都进行资助，因此需要通过公平的评价标准来选择所资助的项目。

基础研究和应用研究的评价标准很不相同。基础研究项目应该用来产生新知识。根据学术实践，基础研究通常按照学科进行组织，研究的提案通常由学科内的人员进行评判。由于突破性研究经常涉及多个学科，因此突破性研究并不能很好地符合用于资助基础研究的项目的要求。

应用研究项目的目的是解决已知和重要的问题。由于其急迫性，应用研究项目的评价标准是其能否获得快速而有效的进展。这一评价标准驱动着应用研究向低风险和渐进的方向发展。在应用研究中，几乎没有实验和理论工作存在的余地。由于突破性研究通常要求应用全新的方法的创造新知识，因此经常与应用研究的制度预期背道而驰。联邦资助机构所面临的挑战是为可能取得突破的研究寻找资助途径。

企业研究简史

据说企业研究实验室是20世纪最重要的发明之一[1]。企

[1] 这一节的材料，特别是美国前五个研究阶段的框架，引自玛格丽特·格拉汉姆1991年在PARC的讲话，该讲话由玛格丽特·格拉汉姆和马克·斯特菲克共同完成。分析的部分材料引自格拉汉姆的文章《大科学时代的工业研究（Industrial Research in the Age of Big Science）》。

业实验室推动了大量的创新，这成为20世纪的突出特征。随着全球化以及其他社会变革的推进，企业研究实验室正伴随着创新生态的其他要素而演进。

美国工业研究组织的第一个阶段(1880～1906年)正好与大企业的兴起处于同一时期。20世纪初，一些大公司(包括通用电气、美国电话电报公司、杜邦和标准石油)都建立了实验室以获得技术和商业优势。其中，由查尔斯·施坦梅兹（Charles Steinmetz）创立的通用电气实验室最为著名。这个实验室被称为“神奇之室”。1901年，它的人员只有8个，到了1906年就增加到了102人，大约1/3的人员接受过科学的培训。除了会计之外，研究是商业中第一个集中化的功能。通用电气实验室的主要任务是为公司提供科学和技术的最新进展信息。20世纪初期，基础科学领域产生了突飞猛进的发展。在企业研究实验室出现之前，大多数的科学研究是在大学中进行的。商业应用则缺乏关注。第一个企业研究实验室的创立填补了科学洞察与为工业创造技术之间的空白。

工业研究的第二个阶段(1906～1926年)受到了第一次世界大战以及国际竞争兴起的影响。在一战期间，政府资金的注入以及专利控制的暂停刺激了工业研究的发展。在此期间，联邦政府向大学提供的资金也有所增加。大学注重科学和工程的应用。在战争期间，许多公司，特别是化工以及冶金行业的公司从塑料、人工合成材料以及先进金属的开发中获得了巨大的商业优势。在此期间，全国上下都把重点放在了质量和产量上。成立于1901年的美国国家标准局[1]协调公司、研究机构以及大学的研究。在战争期间，公司形成了过度的生产能力，实验室的任务之一就是创建能够使用这些生产能力的新产品目录。许多外国研究人员被

---

[1] 作为“综合贸易竞争法案（Omnibus Trade and Competitiv-eness Act）”的一部分，1988年，美国国家标准局（National Bureau of Standards）更名为美国国家标准与技术研究院（National Institute of Standards and Technology,NIST）。

"引入"到工业实验室中。

工业研究的第三个阶段(1926～1950年)受到了大萧条以及第二次世界大战的影响。工业产量的增加在第一次世界大战期间曾经使公司受益，但在经济大萧条期间反而导致了市场饱和以及失业等后果。当时，有一个广为人知的观点，认为需要加强人文领域的研究来寻求与科学进步并驾齐驱的良方。研究的目的转向了创造新的业务。竞争的商业环境变得更加复杂了。研究所创生的新技术主宰了市场，同时专利的实施限制了竞争。反托拉斯立法被引入来对付专利过度集中的经济现象，有时候在一个产业中专利由一个公司来垄断。联邦政府的研究基金也从1940年的4 800万美元增加到了1945年的5亿美元。第二次世界大战中主要是与航空、电子商品以及仪表相关的产业从科学研究中获益。科学在结束战争上发挥的作用在公众心目中留下了难以磨灭的印象。资助科学是一件利国利民的好事。1950年，美国国家科学基金会成立，这个基金会是和平时期政府为研究提供资助的一个主要机构。

在工业研究的第四个阶段(1950～1975年)，技术在第二次世界大战中所扮演的角色提高了科学在公众心目中的威望和价值。与国防相关的机构，如美国海军研究办公室、美国原子能委员会、美国国防高级研究计划署和美国国家宇航局，获得了更多的研究资金。公司建立了新的研究设施来拓宽其活动领域，另外，也成立了秘密的国家实验室以集中研究国防技术。国家的重点在于研究的自给自足和实现制造最优化。基础研究被认为是经济增长的驱动器，因而获得了很高的地位。那时，美国人一直在挖欧洲人的墙角。

20世纪60年代，苏联发射了第一颗人造卫星，此后，政府掀起了对研究的新一轮资助热潮。与此同时，企业研究实验室也完成了几项重大的科学发现。例如，贝尔实验室的阿诺·彭齐亚斯（Arno Penzias）和其他人发现了黑体（dark matter），IBM 发现了超导现象。公司的研发部门吸引了最优秀的人才，并为那些解决棘手问题的人提供了先进的设备。新的商业竞争者面临很高的进入门槛，因为在市场份额方面拥有绝对优势的公司不断引入新技术，这一做法为竞争对手设置了障碍。

工业研究的第五个阶段（1975～1990年）是一个国际竞争日益加剧的时代。企业开始不断地将生产移向海外。企业研究转向基层，重点再次集中于应用研究，并加速了产品推向市场的进程。在这种背景下，不断有人认为，基础研究组织已经脱离了实际，与企业缺乏联系。研究的管理者在将数十年的基础研究成果及其创新推向市场时面临更多的困难。企业关注的焦点局限于在现有产品市场上增加其投资回报，在 20 世纪 90 年代初，工业研究活动有所减少[1]。

国际商业竞争的加剧和互联网泡沫催生了第六个阶段。这时，大公司的视野更加全球化，在 20 世纪 90 年代，大公司通过兼并和收购的方式不断巩固其地位。这与国际公司建立跨国研究机构相一致。伴随着国际竞争的加剧，世界上更多的企业开始开放研究实验室，商业应用的技术诀窍（Know–how）也广为扩散。而且，小公司也不断进入创新生态圈。虽然这些小公司缺乏为长期基础研究融资的能力，但其优势却是能够迅速地演化其商业模式。思科公司之所以在创新方面能超越朗讯公司，不仅因为它自己所做的研究，而是受益于它与新兴公司之间的合作，思科从这些小公司那里获得了技术。

在 20 世纪 90 年代逐渐升温的经济中，许多公司更关注立竿见影般回报创新。在此期间，

---

[1] 关于美国国内和国际研发投资的测算，请参见美国国家科学委员会出版的《科学与工程指南— 2002》。

公司的管理人员不断增加并且日趋笨重。在试图消除此种现象的各种尝试中，一种被称为"内部创业（intrepreneuring）"的理念影响很大，这一理念的基本观点是：公司内的组织要在开发新产品以及将其推向市场的过程中起领导作用。所有这些尝试的成功都受到了一定程度的阻碍，原因在于人们缺乏对所需资源或商业技能的理解。20世纪90年代中期伴随着互联网泡沫的增长，人们越来越理解大公司为什么在组织结构上不能领导或容纳创新和技术变革。这就激发了人们希望在大公司之外发挥企业家精神的兴趣。但是，随着经济的崩溃，许多人开始意识到，小公司缺乏长久的实力和资源去开发市场。

总之，工业研究机构与公司财富相伴相生，这一过程贯穿于整个20世纪。企业研究实验室产生的新技术为第一批大型技术公司带来了发展机遇。这种将科学发现进行产业化的组织运作起来效率很高。到20世纪中叶，那些拥有研究实验室的企业所具有的专利和技术决窍优势导致人们担心科学研究和专利技术正在形成垄断。人们试图在两者之间找到一种平衡以保护公共利益。

在20世纪90年代，全球化、短期收益期望和成熟的技术开始改变游戏规则。公司期望更快的回报，投资者也随之变得没有耐心。公司开始更多地依赖外部资源来开发新技术。技术越来越成熟，国际竞争也越来越激烈，公司的边际利润率却在降低，公司也更加关注短期利润。利润变少的公司开始发现自身需要突破性创新。随着21世纪的来临，我们需要新的战略来创造新技术和实现新突破。

新世纪的战略

20世纪落下了帷幕，创新生态正面临着转折。信息产业的许多大公司步履维艰。人们在激烈地争论个人电脑的时代是否将要结束。然而，潜在的问题远比“个人电脑”是否“提高了生产率”更为广泛。所有基于半导体、模块化生产和计算的产业，包括计算机产业、消费电子产业、视频游戏产业和电话系统产业，都在发生着广泛的结构性变革。所有身处这些产业的公司都在经历相同的转折。

在新的世纪，创新如何造福人类？它如何造福所有的工业部门，而不仅仅限于信息部门？不断升温的全球化和产业重组将对创新产生怎样的影响？突破困境所造成的后果是否会让我们对将要来临的挑战和突袭无所准备？

创新和创新生态的一些特质像现在一样仍将延续下去。大学将继续进行基础研究，政府和私营部门对其进行资助。政府机构将试图平衡相互竞争的不同社会需求，并迎接为长期研究提供稳定资助的挑战。风险投资家仍将对新兴企业进行投资并为其提供种子资金[1]。在基础研究所能创造的与风险投资家或生产单位所需要的之间仍会存在差距。因此，我们仍然需要突破。

根本性研究

为了更好地理解创新在如何改变，让我们把注意力集中在突破区以及发明和创新所带给我们的启示上面。图1.2中的S曲线显示，占主导地位的创新模式往往开始于创造新知识的基础研究，接下来便是创造新技术的应用研究，最后是产品开发。然而，通过更深入地观察

[1] 根据美国《科学与工程指南—2002》：“投入小规模风险资本以作为种子资金（高风险基金保证企业从事概念开发或产品早期开发）。种子资金从来没有超过过去20年风险资本投资总额的6%，通常在2%～4%之间。”

突破性研究的例子可以看出，曲线的中间部分——由突破区所代表的那部分——往往具有这样一种特征，即这种研究既不同于应用研究也不同于基础研究。

如果基础研究有一个口号的话，它可能是“跟着好奇心走。”基础研究就是创造新知识。它主要由探索自然奥秘的科学调查意识所引导。

如果应用研究有一个口号的话，它可能是“关注重要问题。不要被好奇心干扰。”应用研究是用已知的知识去解决问题。引导它的是资助者或客户所认为的重要问题。在其纯粹的形式中，应用研究并不会浪费时间去探索兴趣的“多样性”。

20世纪完成的一些最富有成效的研究既非基础研究，也非应用研究。这第三种研究形式——**根本性研究**或者“寻根究底”[1]——可能是突破的快车道。当某一研究员或研究小组开始致力于一个重要问题时，它看起来似乎有点像应用研究。此种方法的关键在于问题的重要性。重要性不仅保证找出解决方案的努力不会白费，而且激励和引导着研究人员。

[1] 对一个问题刨根问底以及在学科之间的空白地带进行工作的方法是PARC研究文化的一部分，此前约翰·西利·布朗曾对此加以介绍。参见参考文献。

如果根本性研究有一个口号的话，它就是“关注重要问题，打破沙锅问到底。”引导根本性研究的是问题以及面临的障碍。

在应用研究中，如果存在障碍，研究小组会设法绕过它。如果被一个障碍卡住，研究人员会寻求快速的修正方案或者选择放弃。应用研究不“浪费时间”去试图弄明白为什么有些方案可行而有些不可行。然而，在根本性研究中，障碍使研究聚焦。通常情况下，会组织一个跨学科小组来探讨障碍的真相。随着探讨的深入，可能需要引入更多的学科。这时的研究有些像基础研究，在这里，会集中所有精力来创造新知识。

根本性研究可能极有效率。单学科项目仅仅通过单一领域的视角去判断它们可能解决的问题。例如，一个光学专业的研究人员不会去设计治疗癌症的计划。相反，根本性研究可以解决不是一个学科所能涵盖的问题。在这个过程中，发现和洞察经常发生在学科的边缘，或者发生在被约翰·西利·布朗称之为学科交叉的空白地带。打破沙锅问到底经常可以获得以往人们并不知晓的解决方案——这就是突破。

开放式发明与开放式创新

根本性研究的核心问题有两个："什么是需要的？"和"什么是可能的？"这本书的大部分内容就是关于这两个问题的交织和互动的。

更精确地讲，根本性研究之所以产生突破，就在于其融合和交织处理这两个问题时表现出来的效率。概括地说，产品开发主要关心的是"什么是需要的？"。由于产品创新聚焦于特定的需求和特定的问题，因此它的注意力被吸引到"什么是需要的"这个问题上来。它很少关注"什么是可能的？"。相反，基础研究主要关心的是"什么是可能的？"。基础研究的注意力能够被引导到这个问题是由于好奇心以及探求新知识的特点所导致的。

上述两者之间存在一个空白。基础研究探索的新知识（什么是可能的？）并不能够为产品开发（什么是需要的？）做好准备。相应地，关注顾客需求和新兴市场的人的见解也往往不为搞研究的人所认可。管理创新和创造突破所面临的挑战往往就在于这个空白地带。根本性创新则填补了这个空白。它将摆在桌面上的这两个问题联系起来，如同短路一样迸发出灿烂的火花和激情。

联邦资助机构和大学聚焦于"什么是可能的？"这个问题，并且试图发现新的知识。正在成长的公司和风险资本家聚焦于"什么是需要的？"这个问题，他们试图开发或者发现市场机会。企业实验室介于其中。这就是为什么它是根本性创新的归宿的原因。然而，当经济处于结构性混乱的时候，企业实验室就很难维持资助的水平。来架起突破区的桥梁。没有了稳定的资助，突破区就会成为“创新空白区”。科学和社会和需求就无法很好地结合起来。

创新生态面临的挑战就是寻找稳定的资助方式使得突破区能够保持活跃和富有成效。这种成效取决于发明（创造新事物的原型）和创新（将新发明的原型开发成产品并开发新的市场）。

根据对几个案例的研究，亨利·切斯布罗（Henry Chesbrough）[1]认为创新的有效策略主要在于为技术创造更有效的市场[2]。企业越来越没有办法创造所有它需要的技术。它们需要从别的公司获取技术的策略。它们也需要将自己的技术卖给其他公司的策略。切斯布罗将这些策略称之为“开放式创新”。他提倡以这种开放式的商业模式来促进或者获取创新。

切斯布罗的见解看起来非常正确，但是，这些见解只是解释了等式的一半。它们回答了有效的**创新**的策略，而没有回答如何才有效**发明**的策略。在技术型公司在同样的技术上制造产品，并且将生产外包给同一个企业的商业环境下，开放式创新并不起什么作用。很多公司已经在实践开放式创新了。它们的产品大路货，它们的利润空间在不断缩小。开放式创新所忽视的是更新的途径。因此，我们需要突破。**迄今为止没有人通过开放式创新获得过突破**。

在“什么是可能的？”和“什么是需要的？”之间的对话需要站在一侧的科学家和发明家与站在另一侧的市场开发者之间进行高效的沟通。简言之，产生突破既需要“开放式创新”，也需要“开放式发明”。

[1] 参见切斯布罗的著作《开放式创新（Open Innovation）》。

[2] 切斯布罗对施乐PARC商业经验的研究是他的著作的主要资料来源。

第二章

两个问题的舞蹈

一片树林里分出两条路，而我选择了人迹更少的一条，从此决定了我一生的道路。

——引自罗伯特·弗罗斯特（Robert Frost）的《未选择的路》

传统上，“创新性（innovative）”一词用在句子里时，通常指**新颖性和创造性**，如“对于这么难的设计问题，这将是一个非常有创新性的解决办法”。在这里，创新意味着“要在盒子外面进行思考”。然而，近年来“创新性”一词被越来越多地使用，而且与“仅仅是发明（invention）”这样的说法产生了区别。在创造新事物的过程中，发明仅仅是第一部分。创新则是指从发明到产品的**整个过程**。

任何一个成功的创新都需要解决两个问题：“什么是可能的”，以及“什么是需要的”。这些问题❶是发明和创新的核心。

“什么是可能的”这一问题涉及研究、发现和发明；“什么是需要的”涉及商业和社会的需求。因为这两个问题针对不同的方向，所以决定在研究中需要做哪些事情就可能会比较麻烦。然而，为了实现一个创新，这两个问题就都必须被提出来，并得到回答。两个问题合在

❶ 在有些创新中，不同的人在不同的阶段关注这两个问题。比如，一个研究人员或发明者更为关心“什么是可能的”这一问题，而在商业开发和销售阶段，“什么是需要的”这一问题可能会更受关注。这个劳动分工在许多情况下都是有问题的。通常情况下，我们已经注意到，在组织当中，这两个问题的早期相互作用会更大些，对一些个人而言也是如此，这些个人参与了将发明变成产品和进行实际应用的整个过程。

一起就意味着创新的手段和目的。

案例故事

什么是可能的?

2002年6月，在赫柏特·克罗默（Herbert Kroemer）获得了IEEE❶的荣誉奖章之后，学术期刊《IEEE Spectrum》对他进行了专访。此前因为发现了用于高速电子学和光电子学的半导体异质结构❷，克罗默与若尔斯·阿尔费罗夫（Zhores Alferov）一起获得了诺贝尔奖。克罗默对自己长期的研究生涯及工作性质进行了回顾。尽管他的研究最终得到了一些数百万人使用和依赖的重要产品，克罗默却一直将自己的精力集中于科学发现，而不是创新。在《IEEE Specturm》的采访中，他说："在考虑异质结构激光器时，我并不想要去发明光盘播放器。我不可能预料到光纤通信的巨大影响。提出具体应用的人与打下基础的科学家在考虑问题的方式上是有所不同的。"❸

就像《IEEE Spectrum》的编辑提到的那样，克罗默的经历并不能反映出他是一个试图有所发明的人。克罗默并不是要着手解决一个特定的问题，取得重要的开发成果，或者遵循那些刻板的开发流程。更为准确地讲，好奇心和探索精神激励着他的工作。正如那些编辑所写道的，克罗默"提醒我们，晶体管、激光器和光导纤维并不是来自于六西格马（Six Sigma）或者ISO9000质量管理体系认证。"❹

克罗默认为，新技术主要是为了解决新问题。根据一些已经知道的问题去试图预测一些新发现的具体应用将是徒劳的。他将这一想法总结为下面一句话，称之为克罗默定律：

❶ IEEE：是Institute for Electrical and Electronic Engineers的首字母缩写，指美国电气与电子工程师协会。

❷ 异质结构是组合了两种或两种以上不同类型材料的结构。材料特性在结合处的不连续性可以提供增强的光学或电子学性能。

❸ 引自《IEEE Spectrum》上的文章。

❹ ISO9000质量管理体系认证是一些详细的步骤和列表，这些步骤和列表用来控制产品质量管理的过程。六西格马是关于一个正式过程的一个例子，这一正式过程被用于产品开发中以提高产品质量。相对于基础性、开拓性研究而言，这些过程更适用于常规的、大规模的工程项目。有创造力的人被强迫处于这样的组织之中，他们很不喜欢这些程式性的东西，克罗默的评论代表了这些人对这一过程的反感态度。

“对于任何足够新颖、足够有创新性的技术而言，它的应用已经被这一新技术创造出来了，而且也将继续被它创造出来。”

关于克罗默定律，我们可以用更为简单的语言来描述，那就是新技术解决新问题。基于两个理由这个定律似乎是正确的。对“什么是可能的”这一问题的理解为发现新的应用敞开了大门。另一个原因是，将来的问题很难在现在得到辨明。没法方便地去问一个未来的消费者他需要什么。单纯依靠消费者**目前**的需求是无法得到突破性的发明和发现的。在当下，我们很难辨明哪些在将来是最重要的问题。当一项发明需要很多年的时间来开发的时候，一个发明者必须在所有真正的消费者可能出现之前就着手解决应对的方法。

克罗默定律似乎是正确的，但它仅仅是故事的一部分。在关于创新的许多观点之中，它代表了一个极端，这一极端认为“什么是可能的”是最重要的。

什么是需要的？

特德·塞尔克发明了许多东西，尤其以发明与计算机系统互动的设备见长。塞尔克号称多动狂人。他目光炯炯有神，说话很快，有时，思维的速度还要远远高于话语的速度。他在一天内产生的想法比许多发明家十年内所产生的想法还要多。当我们问及如何选择他要研究的问题时，他的回答令人吃惊[1]：“事实上，我并不是要去解决那些有趣或者说有价值的问题，除非我的消费者希望这一问题能够得到解决。我想解决的只是一个真实消费者真正面对的问题。”这个以解决问题为导向的观点在本质上是与克罗默的观点相对立的。克罗默问“什么是可能的”，而塞尔克则问“什么是需要的”。如果塞尔克有一个定律的话，那么这个定律可能就

[1] 特德·塞尔克的事迹引自 2001 年 4 月 18 日的访谈。

是“不要带着解决方法去找问题。要从问题出发，为问题寻找解决方法。”

因为存在一些原因，塞尔克的方法看起来似乎也是正确的。获知一个解决办法将会带来很大价值，对于许多研究者而言是有激励作用的。例如，一些疾病给患者带来了很多痛苦，许多医学研究者致力于寻求治疗这些疾病的办法，这个寻求治疗办法的过程深深地激励着这些医学研究者。从问题出发的工作方式使得人们避免了为解决一个不值得解决的问题花费很长时间和很大代价的弊端。当一个困难问题的潜在解决办法正好满足资助这一研究的企业的商业需求时，这个方法将会有更进一步的优势。研究者也因此具有强大的吸引资助的证据，当他们找到解决方案时，也没有必要去主动寻找一个公司根据这项发明来开发产品。

塞尔克的定理看起来似乎是正确的，但也仅是故事的一个部分。在关于创新的许多观点中，它代表了另外一个极端，这一极端认为“什么是需要的”是最重要的。而创新中的真正行为需要横跨这两个极端。

两个问题的舞蹈

并不是所有发明者的工作都开始于“什么是可能的？”与“什么是需要的？”这两个问题中的**其中一个**。当一个发明得到关注的时候，这两个问题之间形成了互动，我们形象地称之为舞蹈。接下来的一些案例指出了应对这两个问题的不同方式。跨学科团队有时候会首先从一个问题（“什么是需要的？”）出发，然后通过不同学科的专家去理解如何解决另一个问题（“什么是可能的”），两个问题舞蹈跳得亲密又复杂。

跨学科团队　施乐PARC的EARS项目[1]发明了第一台激光打印机。查克·塔克是这个团队中的一员。按照他的观点，这是一个由很有水平的专家组成的规模不大的团队——每一个专家都很乐意在自己的领域中推动这一研究，以便实现共同的目标，即发明激光打印机[2]：

EARS是跨学科项目的最好案例之一，这一项目运行得很好，并给施乐带来了丰厚的收入。这是世界上第一台激光打印机。EARS是Ethernet（以太网）、Alto、RCG和SLOT的首字母缩写[3]。来自计算机和系统实验室的人在很短的时间内完成了EARS，这的确是非常困难的。最终的成果堪称一个杰作，尽管公司随后又用了几年时间来完善它，但他们确实利用它赚了很多钱。

这一激光打印机以每英寸600点的速度可以在一分钟之内打印60页，罗恩·里德尔（Ron Rider）是这一项目的主要领导者。这一项目进行得非常顺利，是跨学科项目的一个完美案例。斯塔克维泽在激光和光学领域努力工作（图2.1）。罗恩·里德尔和巴特勒·兰普森（Butler Lampson）一起研究字符发生器。我研究Alto。计算机网络主要由鲍勃·麦特卡夫（Bob Metcalf）和戴维·博格斯（David Boggs）完成。软件由许多人共同编写。这是一个十个人组成的项目，所有人员来自不同的地方同时具有不同的专业领域知识，这个团队工作非常有效。

---

[1] 希尔兹克（Hiltzik）在《操纵闪电的人（Dealers of Lightning）》一书中描述了这一项目所遇到的挑战和风险。

[2] 查克·塔克的事迹引自2002年9月6日的访谈。加里·斯塔克维泽（Gary Starkweather）制定了要发明一台激光打印机的目标，施乐的另一个部门的技术小组拒绝支持这一研究，此后斯塔克维泽就来到了PARC从事这一项目的有关工作。

[3] 以太网是计算机局域网。Alto是在PARC发明的个人计算机的名字。RCG是Research Character Generator（研究字符发生器）的首字母缩写。SLOT是Scanning Laser Output Terminal（激光扫描输出终端）的首字母缩写。

以前从来没有人制造过类似的东西。早前我们曾经在传真技术的基础上建造了光栅打印机，传真技术是施乐在20世纪60年代中期发明的。EARS更为困难，因为每秒钟完成一个600dpi[1]的页面需要巨大的带宽。这相当于今天的一个IMAX影院（所需要的带宽）。带宽的种类、运行打印机的惯用逻辑相当于图形化超级计算机，并且这里面存在着很多问题。其中的算法十分困难。你如何得到大量的字体？你如何得到下一页必需的字体（这些字体储存在内存中等待打印，以便当需要的时候它们能即刻呈现在那里）？在设计那个系统的过程中，存在着许多重大的技术挑战。但EARS解决了这些问题。加里想改变扫描仪工作的方式，这将会改变所有

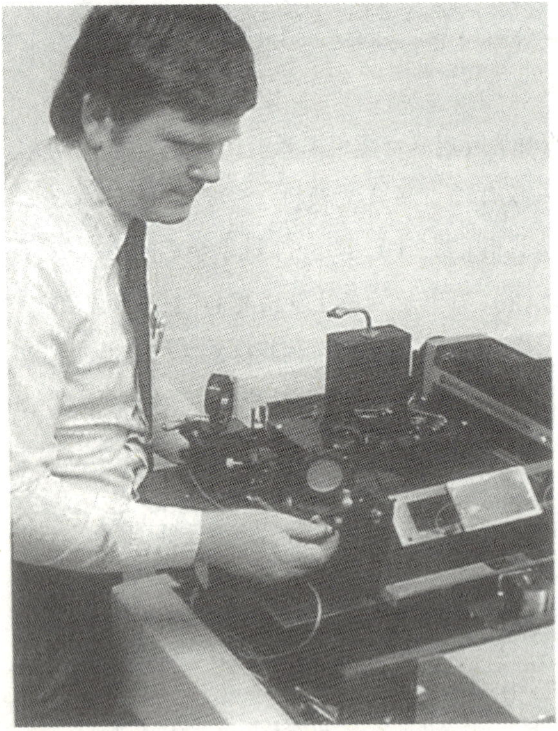

图2.1　斯塔克维泽在研究一台早期的激光打印机（感谢PARC提供图片）

[1] dpi是dots per inch（每英寸的点数）的首字母缩写。活字链印字机和打字机通过一个成形的金属印模的击压去印刻一个字体，与此相对，激光和喷墨打印机通过在一张纸上打印单独的小点形成字母。小点的密度越大，字体形成的精确度就越高。

东西的时钟频率，但时钟频率已经确定了，所以成员之间的相互交流是很关键的。

在我的经历中，很少有像这样令我非常满意的项目。这绝对是一个干劲十足的小团队（crack team）。它必不可少！（笑声）我们彼此已经认识很长时间了，PARC和DEC[1]公司的人们都很聪明，也很值得信任。与这样的人一起参与一个项目，即使这个项目经历了短暂的黑暗，你仍将会看到光明的前景。

一个多学科团队一起工作，寻求对于一个重要问题的解决方案，从而创造了激光打印机，这是一个重要的突破。他们工作中出现的曲折和转机反映了该团队的探索历程，即寻根溯源。

寻根溯源　约翰·西利·布朗认为，选择一个很难却很重要的问题是一个成功创新的根本，包括激光打印机和许多其他突破性发明都是这样[2]。布朗用寻根溯源去定义“根本性研究（radical research）”：

如果我们具有寻根溯源的精神，那么对于问题的探究就会引发多学科和多行业的会聚。是**问题**将人们聚集在一起。

如果你召集一个会议，并且说“我想要一个社会学家、一个心理学家和一个物理学家来这里开会。”我敢保证你将不会成功。但是，如果你有一个已经发现了的问题，这个问题需要大家齐心协力共同寻求解决办法——那么，研究者就会被吸引过来。问题使我们离开我们自己的学科专业，将它们抛在脑后，并使我们跨越学科边界。也正是在这里，不同专业的交叉冲撞才造就了多产的特性。

不像基础研究，根本性研究由一个需要加以解决的问题引发。如果你正在探索的问题是

[1] 塔克在数字设备公司（DEC）从事了多年的研究工作。

[2] 约翰·西利·布朗的意见引自2002年9月17日的访谈。

重要的，那么根本性研究将受到很大的激励。这个问题之所以重要不是因为你的学术同僚告诉你它很重要。这个问题是处在现实世界之中并需要人们去加以解决的。因此，这是一个真正重要的现实问题。

如果你对这个问题寻根溯源，那么你将不仅仅在开始的地方找到具有重要价值的东西，而且你将发现各种各样的其他价值，这种情况是必然的。因此，一个根本性突破会导引出不同的发展路径，你需要找到一些方法将这些路径货币化或资本化。

有一个案例是固态多频激光器（solid-state multi-beam laser）。这一技术派生出了非常多的应用方式。在产品 Docutech [1] 上，我们用这种激光器去驱动打印机，固态激光器的打印速度是气体激光器的两倍，而成本只是气体激光器的十分之一。但是，除了激光打印之外，固态激光器还有许多其他的应用方式，这也是我们创立 SDL（一家激光器公司）[2] 的原因。我们想找到一种廉价的方式来制造这种激光器，并分期偿还制造它们的成本。当 SDL 最终被出售的时候（20 世纪 90 年代末），它让施乐的市值攀升了 10 倍。

假设你现在正从事应用研究，如果你遇到一个难以置信的巨大障碍，你会感到非常沮丧。为了克服这个障碍你必须尽你所能地辛苦工作。如果你正从事的是根本性研究，你遇到的问题越大，通常你就会越感兴趣，因为随着你试图为理解它而接近这一障碍的根源，你可能会偶然发现关于自然界的一些基本特性。因此，当遇到障碍时，应用研究会绕开它，而根本性研究则会接近其根源。根本性研究同时会产生大量的新知识，以及一些具有巨大实用价值的东西，通常而言，这种实用性会远远超过你起初所能想到的。

[1] DocuTech 是施乐生产的一种高端打印和复印产品。PARC 开发了电晶体打印机以便提高其激光打印的性能。

[2] SDL 是光谱二极管实验室（Spectra Diode Labs）的缩写，作为施乐 PARC 的一家子公司，后来并入了 JDS Uniphase。

根本性研究的模式并不是由约翰·西利·布朗发明的，甚至也不是PARC发明的。它是一种研究类型，其实践可以追溯到科学的最早阶段。在许多研究机构和大学里，都有这种研究模式。它的一些变化形式也出现在许多工程部门里。

根本性研究——对一个问题寻根溯源的方法——能够应对基础研究和应用研究所固有的内在困难。众所周知，应用研究的一个局限是它通常只关注渐进性的改进，而并不倾向于产生一些突破。基础研究能够产生突破，但是这些突破所在的领域通常只具有很小的内在价值，至少在近一些年内是这样的。基础研究需要巨大的耐心以便得到结果。另外，基础研究的结果是否具有实用性是不确定的，而要接受这种不确定性也具有困难。与此相对，根本性研究能够很好地利用上述两种研究方式的优势。它从一个已经被知晓的问题出发——因此，如果能够找到解决办法，也就会知道它的巨大价值所在。更进一步，通过潜在地创造新知识，根本性研究可以避免只注重渐进性改进的这种短浅目光，并且能够潜在地引发新的突破。

发现问题 发现消费者的实际问题需要倾听，而倾听则需要时间和关系网络。亨利·白尔德是CUDA[1]（一个文档扫描系统，尤其是历史遗留文档，它可以使人们用一个很小的掌上装置对其进行阅读）的发明者之一，他曾这样说过：[2]

CUDA的想法是这样的，即首先我们获取印刷文本的图像，然后通过文本图像回流（reflow）的方式（这个方式大体上相当于HTML[3]网络浏览器上回流的方式）在如PDA（个

---

[1] 发明者称CUDA并不是任何单词的缩写，也没有给出这个词的意思。这一项目后来被重新命名为ubitext。

[2] 亨利·白尔德的事迹两个访谈，一个由马克·斯特菲克在2001年3月15日所做，另一个由巴巴拉·斯特菲克在2001年6月27日所做。

[3] HTML（HyperText Markup Language，超文本标记语言）是用于网页的语言。它包括网页文本，也包括格式化信息和图像信息。

人数字信息管理工具)这样的小格式显示器上或小窗口中把它们显示出来。文本自身重新调整对齐,填满可利用的空间,同时保存字体,并且相当智能化。这个想法的目的是为了使人们能够在多种类型的显示器上浏览漂亮的印刷文本。

CUDA是合作的结果。我很重视关系网络,于是就去了加州大学伯克利分校,这次没有任何特别的日程安排,在那里,我听得很仔细,并努力结识每一个人。我与每一个相关人员都做了彻底的交流,关注他们的兴趣,并非常审慎地搜集原材料,这些活动都没有一个明确的目的。

CUDA起源于四个或五个最初完全不同的研究想法的组合。具体情况是这样的:丹·布鲁姆伯格主要负责处理文档图像;比尔·杨森主要负责与PDA相关的软件;鲍勃·斯特里特(Bob Street)和史蒂夫·里迪(Steve Ready)负责PARC的图书扫描仪;数字图书馆项目则在加州大学的伯克利分校进行。因此,我与所有这些人都保持着联系。

丹·布鲁姆伯格是为我工作的。比尔·杨森在另一个团队工作,我偶尔和他有些交流。负责PARC图书扫描仪的人是我主动结识的,因为我们曾经为他们做过一些软件。同时我也是伯克利数字图书馆项目的一员。

下面发生的这些事的顺序事先都没有计划。负责图书扫描仪的人当时正在寻找一个可以对他们的扫描仪进行早期大规模试验的机会。加州大学伯克利分校正在寻求扫描珍贵、易碎但又被大量使用的学术参考著作的方法。他们想把它们放在数字图书馆网站上,这可能有几千页。因此,如果没有得到帮助,这样一个规模非常大的工作很难轻易地完成。

伯克利的那些人选择了一些书用来扫描,包括《杰普森加利福尼亚植物志(the Jepson Flora of California)》,这本书是最早也是最为权威的对加利福尼亚境内的植物物种的描述。伯克利事实上拥有这本书的版权。他们是这本书的提供者。当时这本书还没有数字版形式。而且这本书非常长，有2 500页。因此，他们自然想把这本书发表在网站上。

因此，伯克利的人们就派员工到PARC来操作图书扫描仪。这样就产生了一些关于图书扫描仪工作状况的统计数据。搜集杰普森的书的图像对于每一个与之相关的人而言都是令人兴奋的，尤其是我，因为它为我们提供了最先进的文本图像分析工作所需要的原始材料。这是第一个阶段。

接下来是一件独立的事情，丹·布鲁姆伯格的岳父的视力不太好，阅读有困难。有一天，丹进来之后，非常兴奋地说："我要做一个叫大字体（BigType）的系统。我准备扫描一本书的图像，并用非常大的字体对其进行重新排版，而不需要在它上面做OCR（光学字符识别）。我要把文本放大，这样他就能看了。我得找一本100页长的书，重印之后大概变成500到1 000页，并且有很大的字体，这样的话，我岳父就可以看书了。"丹对此非常兴奋。

当时这些想法基本上都没有相互联系起来。我知道比尔·杨森对PDA非常感兴趣。他曾经向我们显摆他那高级的PDA，还不断向我们提起它。这个东西对我来说仅仅像是一个比较有趣的新鲜事物。

将所有这些想法最终放在一起的关键因素来自于托尼·摩洛斯科（Tony Morosco）的一个意见，他为伯克利的数字图书馆项目工作，是一位受过专业训练的植物学家。他说："我非常高兴能将这2 500页的《杰普森加利福尼亚植物志》放在手上，现在那些植物学家告诉我说，他们很想在野外鉴别植物时手头也能有这本书。"

托尼也联系到了杰普森植物标本室，那是起初写作《杰普森加利福尼亚植物志》的地方。因此，他曾经与植物学家们进行交谈，他们是这一系统的潜在终端用户，他们说："当我盯着一些我不认识的灌木时，我希望能在我的PDA上看到《杰普森加利福尼亚植物志》。”

所有这些独立的片段突然触动了我，使我有了创造性的灵感。我意识到，我们可以将《杰普森加利福尼亚植物志》做成图像格式，然后，大致利用丹·布鲁姆伯格的大字体想法，以书籍的格式用大字体将其显示出来。但是，事实上，人们将运用同样的技术，以便使那些文字缩小，从而适合放在一个PDA屏幕里。

在我驱车从伯克利返回的路上，这些想法会聚到一起。我非常兴奋，差点儿将车子开出了路！

和激光打印机的例子一样，CUDA的例子也是关于一个多学科团队的。但是，CUDA这个团队并没有对一个明确的问题刨根问底。一个团队在探索一个合格的问题之前，这个问题必须首先被识别出来。白尔德的舞步的第一步是首先发现一个代表“哪些是需要的？”的问题。白尔德的模式是这样的，即先在一系列问题和技术中酝酿，直到一个独特的机会出现为止。

为了辨明问题而即兴发挥 在下面这个例子中，研究者并没有对一个问题追根溯源，也没有专门为一个技术而找问题。他们在“什么是可能的？”与“什么是需要的”这两个问题之间快速摇摆，通过这种方式来界定一个项目。这一模式是设计工作中常用的方法。

玛丽贝丝·巴克是一名电气工程师，她在PARC工作了许多年，对戏剧和音乐非常感兴趣。她的发明听读器（Listen Reader）2001年在圣何塞技术博物馆举行的“未来阅读实验”展览中受到广泛的欢迎。听读器看起来像一本普通的书（图2.2）。

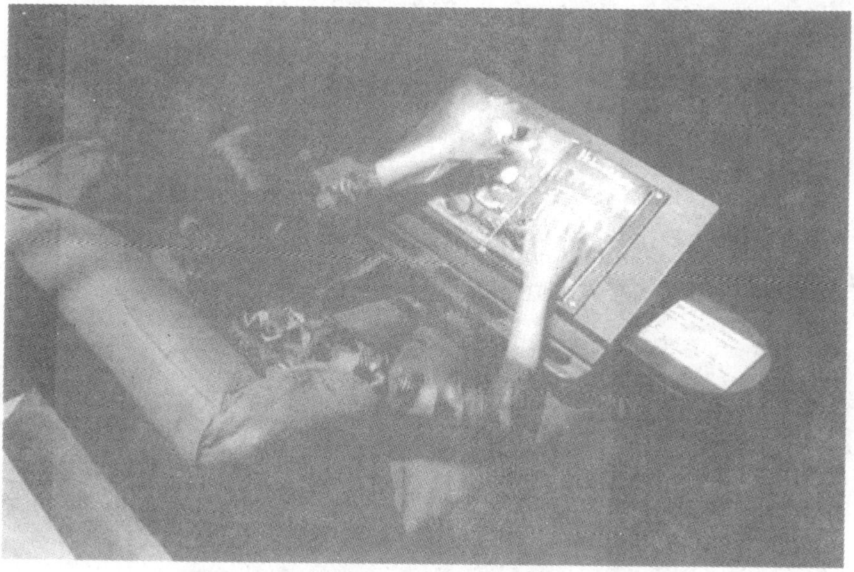

图 2.2　玛丽贝丝·巴克正在使用一台听读器
（感谢 PARC 提供图片）

但是，这本书内置了传感器，并与计算机系统相连接。当使用听读器的读者移动他们的手或者触摸书页时，它就能与读者互动，并通过声音和其他效果增强故事的可读性。巴克说：[1]

我知道，对于不同的人而言，创造力通过不同的方式来实现。对我而言，有时候我不得不从事四个或五个项目，从这些项目中产生的想法以某种方式相互作用，从而使得彼此的内容更加丰富。其中有些项目最终会变得与我刚开始设想的样子完全不同。

目前我最中意的发明就是听读器。它把我所有的爱好融为一体。我喜欢阅读，喜欢做声

---

[1] 玛丽贝丝·巴克的事迹基于两个访谈，一个由马克·斯特菲克在 2001 年 4 月 12 日所做，另一个由巴巴拉·斯特菲克在 2001 年 5 月 11 日所做。

音设计，喜欢创作戏剧。听读器把所有这些都综合起来。它为坐在椅子上的观众创造了一种个人剧场体验。因此，读者变成了艺术参与者，运用由作者和声音设计者提供的材料从事了一场个人表演。它不像是一种交互式的叙述，在交互式叙述里读者必须进行许多有意识的选择，就像一个现实的戏剧观众所具有的体验那样。观众的存在及其所具有的活力对于体验而言是必需的，但是它们并不必然决定故事的演绎方向。因此对我而言，这就好像把以前我在电台和戏剧上的所有工作以及在长期生活中所形成的阅读爱好都封装了起来一样。把所有这些放在一起，并将其封装入一个理想的胶囊之中——一个小的封装戏剧，一个个人的戏剧设备。

事实上，这一项目来源于我在Brain Opera上所做的一些工作，Brain Opera是在MIT媒介实验室完成的一个电子交互式播放器。我是它的声音设计者，也是一个试用者。Brain Opera通过电容平板传感器工作。它们是非常美妙的传感器。只要你在空中挥一挥你的手，就会有事情发生。就像《幻想曲》中的米老鼠一样。

我想使用这些传感器，并将它们做成阅读装置。我们已经在Brain Opera中将它们用在音乐方面，因此我非常了解它们的参数。我知道如何使它们运作，如何为它们编制程序。我想把它们与音乐之外的东西结合起来。

这个工作在1997年初完成。我想，“为什么我不把传感器放在书里，使书成为一个控制器呢？”当我正在考虑这个问题的时候，《幻想曲》中米老鼠的图像的确出现在我的脑海之中：书可以作为一个奇妙的控制器。我想它可以控制某种类型的动态系统，比如灯光。我们的确在某种程度上也在讨论让它也去控制空气。因此，它会向你吹出暖的和冷的空气，这样在你翻书的时候就会有一个真实的切身体验。我不知道它会控制声音。

总之，巴克并不是通过理解一个要被解决的问题或者可以被利用的技术而开始她的工作的。问题和技术的抽象形式激发了她。她的设计在快速建模的过程（a process of rapid prototyping）中不断改进，最终在这一过程中她发现了（待解决的）问题，并提出了解决方案。

反思

关注的模式

发明家们工作的方式并不一致。图 2.3 表明了本书稍后将会提到的发明家们如何在两个问题之间转换他们的注意力。图 2.3 最下面的一行表明，尼克·谢里登，戴维·哥德堡，木原信敏以及特德·塞尔克都采用了一种解决问题的观点，他们的工作开始于问题“什么是需要的？”具有工程导向的人主要采用这种方法。

图 2.3 最上面一行表明了一些发明家，如赫伯特·克罗默，是如何从问题“什么是可能的？”着手的。佐克·麦金莱因为在开发了一项技术之后有意识地去寻求对这一技术的应用而闻名。当你大部分工作是在致力于开发一项具有广泛用途的技术时，这一方法是比较有效的。具有科学研究导向的人们，尤其是那些理论家主要采用这种方法。

图 2.3 的第三行显示了一种关注模式，玛丽贝丝·巴克开发听读器的过程就体现了这一模式。我们称这种往返运动为“两个问题的舞蹈”。

突破经常来自于一个多学科团队，正如在塔克的激光打印机的故事里所体现出来的那样。在沿着一个问题寻根刨底的过程中，随着团队对“什么是需要的？”这一问题的理解逐渐深入，研究团队就可以改变他们的研究方向。团队的不同成员在不同的象限里可能会有不同的

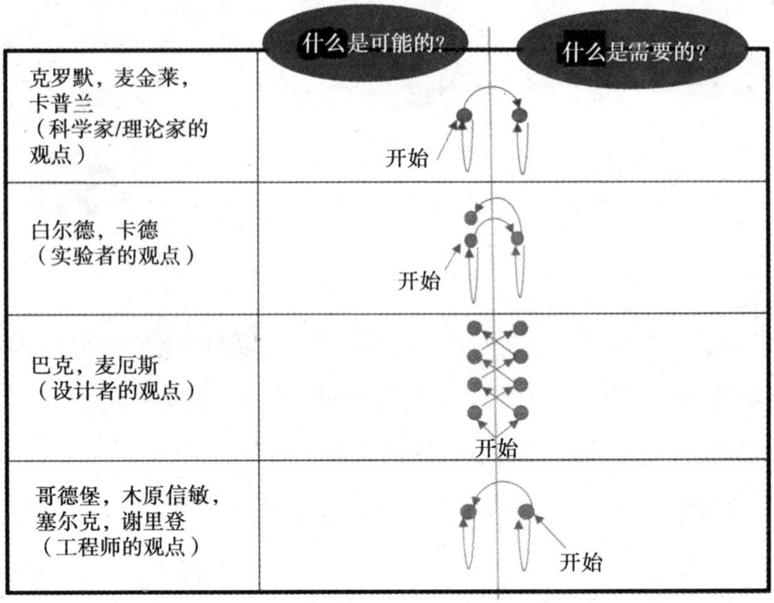

图 2.3　对于“什么是可能的？”和“什么是需要的？”这两个问题的关注模式

注：带有箭头的弧线和直线代表从一个关注焦点向另一个关注焦点的转换，以及向同一个关注焦点的另一个方面的转换。

模式，但作为一个整体，团队也具有一个共用的模式。当团队把整个工作划分为不同的二级任务时，每一个二级任务组会应用自己的专业知识去辨明什么是可能的。这样，他们就能够同时关注这两个问题。总之，舞蹈的节奏和舞步可能会发生变化，但是创新必须最终对“什么是可能的？”和“什么是需要的？”这两个问题的答案进行协调。

科学政策与这两个问题

这两个问题看起来似乎比较简单，但事实上它们是很深刻的，它们之间的相互作用也很微妙。对于这两个问题的讨论在科学和技术的社会史中占据着一个显著的位置。通常而言，问题“什么是可能的？”被归于“基础研究”领域，而问题“什么是需要的？”被归于“应用研究”领域。

第二次世界大战末期，对这两个问题的一个观点在美国明确下来，并影响了美国此后至少三十年的科学政策。万尼瓦尔·布什（Vannevar Bush）是战时科学研究与发展办公室主任，罗斯福总统要求布什为和平时期科学所要扮演的角色提前做一个规划，并期望美国的科学能够处于领先地位。布什写了一份报告，题目是“科学，永无止境的前沿”。这个报告确定了对基础研究进行投资的观点。报告为基础研究如何产生社会效益制定了一个框架。这一观点成为此后几十年美国科学政策的基础。

在唐纳德·斯托克斯（Donald Stokes）的著作《巴斯德象限：基础研究与技术创新（Pasteur's Quadrant:Basic Science and Technological Innovation)》中，他出色地分析了布什的工作所产生的影响，这一分析的核心来自于布什报告的两句名言：第一句是“进行基础研究不附带任何实际目的”——本质上，这就是“什么是可能的？”的问题；接着，布什描述了基础研究的特征，即基础研究为“普遍知识和理解自然及其规律”做出贡献。基础研究是技术进步的带头人（pacemaker）。斯托克斯将布什的观点总结如下：

如果将基础研究与过早考虑实际应用的短期行为（short-circuiting）适当地隔离开来，那么这一做法将被证明是技术进步的发动机，这一发动机虽然遥远但却非常有力，因为应用性的研究和产品开发会将基础科学的发现转变为创新，从而可以最大限度的满足社会的经济、国防、卫生以及其他方面的需求。（p.3）

布什接下来提出了如下主张，即“如果一个国家在其基础科学新知识方面依赖于其他国家，那么这一国家的工业进步将会变得缓慢，在世界贸易的竞争中也将会处于劣势。”

对于为科学政策制定框架而言，二战的结束是一个具有特殊意义的时刻。科学，尤其是物理学进入了公众的视野，因为原子弹的发明在结束战争方面扮演了一个引人注目的角色。

我们可以想像，在这段历史时期，科学家以及其他人所具有的体验和情感是非常复杂的。是接受还是排斥他们自己在战争中所扮演的角色，分别持这两种态度的科学家之间的观点是有冲突的。其中一些科学家想回到更平静的进行研究的时代，拒绝战争时期对于研究成果秘密的甚至是罪恶的应用。斯托克斯引用了洛斯·阿拉莫斯科学实验室主任J.罗伯特·奥本海默（J.Robert Oppenheimer）的一段话：

……（在战争期间），我们所学到的东西并不是非常重要的。真正重要的是我们在1890年、1905年、1920年以及每一段迈向战争的岁月里所学到的东西，我们获得了一棵结满硕果的大树，使劲摇晃它，就有了雷达和原子弹……全部的热情是对已知事物的狂乱和无情的开发利用，而不是努力对未知事物进行冷静和审慎的洞察。

在当时的背景下，布什的报告为基础研究与应用研究之间的分离做了有力的辩护。关于基础研究的这一看法——其性质、角色及其与应用之间的必要距离——对美国科学政策的制定产生了很大影响。这一政策有助于维持对为了扩展人类的知识而进行的研究的投资。

正如斯托克斯所提到的那样，布什报告的后果是一幅关于创新如何发生的一维视图。图2.4描绘了这个一维视图，基础研究将自己的成果提供给应用研究，后者又将自己的成果提供给高级开发，高级开发再将自己的成果提供给产品开发和经营。所有的一切都沿着一条直线从基础研究流向产品。

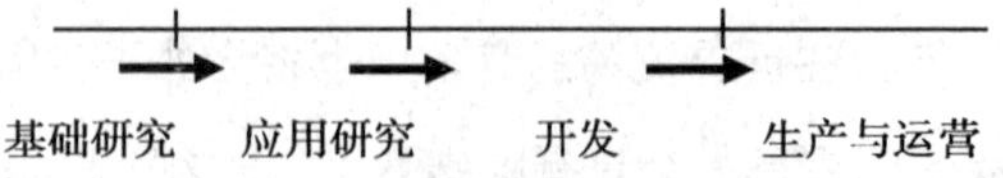

图2.4　技术创新的线性或一维模型

科学与技术之间的关系

当技术创新的这一观点在某些圈子中成为教条时，仍然存在着一些对这一教条的批评者。托马斯·艾伦（Thomas Allen）在他的著作《技术流的管理（Managing the flow of Technology）》中直接挑战了对上述模型所持有的信念，他说：

尽管人们长期坚持这样一个信念，即存在一个从基础研究出发，经过应用研究，直到开发的连续性进步，但实证调查的结果并没有为这一情形提供任何证据。另外一种观点正在逐渐被人们所普遍接受，即技术依靠其自身，并且可以在与科学前沿没有任何联系的情况下独立发展，同时也没有必要理解技术背后的基础科学。（p.48）

艾伦继续引用了科学技术史学家德雷克·德·索拉·普莱斯（Derek de Solla Price）的这样一句话：

物理科学和产业主义可以想像为是一对舞伴，他们两个都清楚自己的舞步，同时也都听着音乐的节奏。如果领步的人想改变方式而成为跟步者，那么，没有理由说他会不如以前跳得好。

普莱斯对于科学和技术的许多研究将焦点聚集于技术和工匠的角色上，这些技术和工匠制造了实验室仪器，这些仪器又使得科学得以发展。对总体情况都比较了解的大多数人都对如下情况表示怀疑，即认为二战以后的惊人突破是由于渐进的工程进步的结果（a process of incremental engineering），这些突破曾经对万尼瓦尔·布什的观点的传播起到推波助澜的作用。

这一争论的核心在于两种截然不同的学习方式。理论科学向内部寻求模式，并认为越简单越有价值。面对压倒性的证据，理论学家有时候更相信的是他们的模型，而不是实验数据的不可捉摸。霍雷斯·贾德森（Horace Judson）在他的著作《寻求解答（Searching for Solutions）》中引用了物理学家穆雷·盖尔曼（Murray Gell-Mann）的如下论述：

要知道，如果一些数据不适合一个精确的体系的话，一个理论家经常会对这些数据**嗤之以鼻**，他会认为这些数据都是错误的。这种事情在我自己身上就发生过很多次。对于弱相互作用理论而言，存在着9个实验反对这一理论，所有这些实验都是错误的。每一个都错了。当你拥有一些与物理学的其他部份完全吻合的简单东西，而且这些简单的东西看起来似乎真的能够解释正在发生的情形时，一些反对它的实验数据无论如何都不能称之为异议。几乎可以肯定这些实验数据都是错误的。

技术专家——无论我们称他们为应用研究者、工程师、设计师还是补锅匠——用一种与理论家完全不同的方式来确信自己的想法。他们向外看，而不是向内看。作为认知科学家，同时也是PARC的前主任，约翰·西利·布朗曾经这样说过，"在理论家和发明家之间存在一种巨大的差异。发明家通常是补锅匠，他们倾向于获得更多的可见反馈，以及来源于周围情境的有形支持。"

普莱斯和其他一些人的观点告诉我们，不仅要认识到洞察力的源头所具有的价值，也要认识到这些源头的交叉结合所具有的价值。

巴斯德象限

当这两个问题**没有**被隔离开来的时候，就会产生一些杰出的创新。正如斯托克斯从巴斯德和其他一些人的科学经历出发所说明的那样，"存在着这样一个信念，即理解的目的与应用的目的是内在冲突的，并且基础研究与应用研究的概念必须加以区分。但是，这个信念自身与科学的实际经验之间存在着矛盾。"（p.12）

正如斯托克斯提到的那样，甚至当巴斯德为科学探索出了一个新的分支时，他的每一个研究仍然是应用性的。对于理解与应用之间的联系，一些诺贝尔奖获得者也表达了类似的观点。阿瑟·刘易斯（Arthur Lewis）通过探索经济学中最深奥的智力谜团，对发展经济学做出了他最为重要的贡献。埃尔文·朗缪尔（Irving Langmuir）认为，理解物理世界的原理与改进技术都属于同样的冒险性事业。

一维视角导致了制度层面上的混乱。被一个科学家看作是基础性的研究可能会被一个资助者看作是应用性的。甚至根据其发生**地点**的不同，一个研究可能会被完全不同地加以理解。斯托克斯这样说到，“某些特定类型的半导体材料研究，如果发生在一个大学实验室，那么就可能会被看作是相当纯粹的基础研究；但如果发生在贝尔实验室，就有可能被看作是应用研究，这仅仅是因为这一研究成果的潜在消费者存在于眼前的环境当中。”（p.12）

斯托克斯认为，一个极为关键的问题是一维视角并不能辨别出这样一个事实，即新知识不但来源于那种**不考虑应用**而单纯对知识的追求，而且来源于对其**可能应用具有明确想法**的知识追求。正如图 2.5 所示，斯托克斯在这里建议用一个二维模型来说明这一问题。在这一模型中，两个轴代表那两个问题。其中竖轴代表“什么是可能的”，它反映了研究者或发明家，尤其是理论家，受到了好奇心或者增加知识的意愿的驱使，并被一些如雅致、简单或美观等想法所引导的程度；横轴代表“什么是需要的”，它反映了研究者或发明家受到了实用性的驱使，并被经济或社会价值所引导的程度。

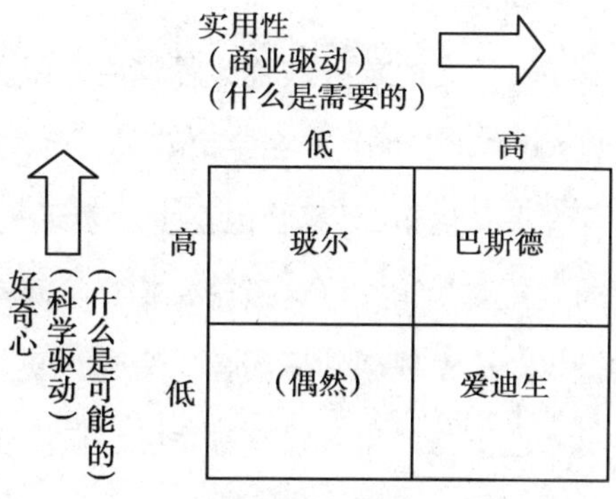

图 2.5　唐纳德·斯托克斯关于研究和创新的二维模型

根据斯托克斯的观点，图2.5具有四个象限。左上方的象限代表这样一种类型的研究，研究者所具有的好奇心程度很高，但对需求的考虑程度较低。根据杰出物理学家尼尔斯·玻尔（Niels Bohr）的名字，这个象限被命名为**玻尔象限**。这一象限描述了纯粹科学家或者甚至是纯粹数学家的研究方法，这一路径单纯追求知识而不考虑应用。

如果走向极端的话，这一看法完全可以与创新相对立。在他的名著《两种文化：再看两种文化：对两种文化与科学革命的扩展性看法（The Two Cultures：And A Second Look：An Expanded Version of the Two Cultures and the Scientific Revolution）》中，C.P.斯诺（C.P.Snow）这样说道，“我们正在从事的科学事业在任何环境下都不能有任何实际的应用，我们为此而感到自豪。一个人对这一主张的认可越是坚定，他就会越发感觉优越。”（p.32）

在这一章所列举的关于创新的例子中，这一象限最接近于赫伯特·克罗默的看法。与斯诺所描述的他在剑桥大学时的同事所具有的特点相反，克罗默相信科学**应当**具有应用性。他所强调的是，由不同类型的人来解决这两个不同的问题。

右下方的象限被称为**爱迪生象限**，是由托马斯·爱迪生（Thomas Edison）的名字命名的，他发明了电灯泡和留声机等许多其他东西。尽管他至少发表了一篇关于“爱迪生效应”的重要科学论文（这篇论文描述了真空管的工作基础），但是相对于发现新知识而言，爱迪生更加关注对问题的解决。

左下方的象限没有被命名，它代表了偶然的发现，这里没有非常明晰的问题。

右上方的象限根据路易斯·巴斯德（Louis Pasteur）的

名字命名。这一象限代表了在专注于需求问题的研究中找到了**科学灵感**的研究。斯托克斯将这一象限的特征描述如下："由于巴斯德很好地将（对科学的）理解和应用结合起来，因此，这个象限以巴斯德来命名。这个象限完全在布什报告的概念框架之外，这个象限包括约翰·梅纳德·凯恩斯（John Maynard Keynes）的主要工作、曼哈顿工程的基础研究、埃尔文·朗缪尔的表面物理学。这也非常明显地包含那些等着概念框架容身的'战略研究'。"

斯托克斯引用了一个可以反映这个框架的非常有趣的研究，即科姆罗埃和德里普斯（Comroe and Dripps）所做的关于物理学和生物学发展的报告，这些科学发展引发了在诊断、防护和治疗心血管或肺病上的进步。在140位顾问的帮助下，科姆罗埃和德里普斯对每一个进展中的基础性知识进行了识别，并分析了500篇关键的论文。他们的分析部分地探索了科学研究是否在临床上得到关注（针对"什么是需要的？"而言），或者这一科学研究是否并没有考虑到临床问题（"什么是可能的？"）。他们把这些论文的37%放在了玻尔象限，25%放在了巴斯德象限，21%放在了爱迪生象限。

处于日常研究工作中的这两个问题

作为普林斯顿大学的政治学与公共事务教授，斯托克斯对公共政策很感兴趣。他研究了如何管理科学和创新从而产生社会效益。他的观点是，一维视角对于引导研究政策而言并不是最理想的。

图2.6将斯托克斯的二维模型与我们已经看到过的关注模式联系起来，表明基本的关注模式直接对应于斯托克斯模型中三个被命名的象限。

斯托克斯的关于研究政策的划分同样适应于分析我们已经研究过的人的日常工作。尽管大多数发明家工作的起点与关注模式有所不同，但是他们在两个问题中的每一个上至少都要

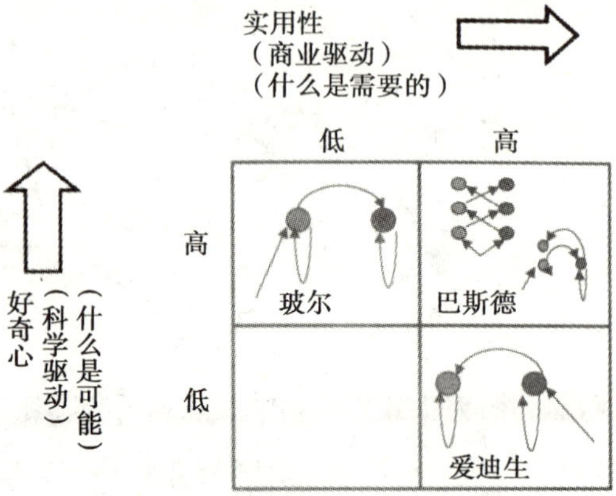

图 2.6　科学和发明中的关注模式

花费一部分时间。理论科学家的模式对应于玻尔象限；工程师的模式对应于爱迪生象限；设计师的模式对应于巴斯德象限。根本性研究将注意力特别集中于整个团队的模式，它最适合巴斯德象限。

在巴斯德象限中寻根刨底

在根本性研究中，那种追根溯源研究问题的方法可以理解为是在巴斯德象限中的一次舞蹈。这一方法开始于个人（或团队）开始处理一个困难而重要的问题。团队成员沿着问题前进，紧追不放，如果需要的话也会引进其他学科。这一方法与单学科方法相反，单学科方法会放弃那些看起来似乎已经超出它们学科范围的问题。

根本性研究促进了这两个问题之间的舞蹈。在这个舞蹈中，每当问题的一个层面被剥落，从而揭示出一个新的基础性挑战时，问题“什么是需要的”就会被再次表达清楚。当这一挑战的深层本质已经被揭示出来的时候，另外一些额外的学科就会加入这个团队。它们的看法和洞察就会对问题“什么是可能的”进行重新解释和说明。

在布什提出的线性模型与斯托克斯提出的象限模型之间有一个非常重要的操作上的差异，就是对障碍的处理。图2.6中显示的线性模型将“应用研究”看作是“基础研究”的下一个阶段，是用来解决特定问题的。当在应用研究中出现一个障碍时，研究者的目标是寻找一个途径去绕开这个障碍。研究团队并不会去做实验从而发现新的知识，因为严格来讲那是基础研究的领域。

但是在根本性研究中，一个障碍会变成一个新的关注焦点，并对活动过程起到引导作用。如果一个障碍使得进步过程陷入停顿，那么这就是一个继续向纵深挖掘的信号，如果需要的话还要引进新的学科。在沿着一个问题寻根溯源的过程中，可能会有一个新的学科加入，因为它提供了不同的、强有力的方法、模型和隐喻。有时候，问题的本质与目前所有学科所关注的内容并不是完全相符。最终解决问题的洞察力经常来自于学科之间的空白地带。

巴斯德象限中的根本性研究团队

工程师和科学家倾向于遵循在他们接受培训的过程中曾经起支配作用的工作模式。工程师接受培训的目标是解决问题，因此，可以直接将他们放入爱迪生象限，他们关注什么是需要的。科学家接受培训的目标是研究现象，可以直接将他们放入玻尔象限，他们创造新知识，关注什么是可能的。即使一个根本性研究团队中的工程师在爱迪生象限，它的科学家在玻尔象限，但是，作为一个整体，这个团队在巴斯德象限中活动。这增加了获得突破的机会。

激进研究的团队模式如下：

- **工程文化**。将注意力集中于一个重要问题。

这是寻求一个解决之道之所以有价值的原因。

问题将人们聚集在一起。

它提供了挑战性和关注点。

- **科学文化**。当你遇到一个障碍时，

分析这个障碍，

在这个障碍上获得新知识，

而且

如果需要，就引入更多新的学科。

- **根本性研究文化**。紧追问题不放，坚守承诺。

在激光打印机的案例中，研究团队是由工程师和科学家组成的。他们的共同目的——发明一台激光打印机——十分明确，并使研究团队团结一心。从速度和时间的调控，到在创造可变字体过程中遇到的挑战，在发明激光打印机的过程中遇到了许多类似的障碍。在每一个障碍处都产生了新知识[1]。那些突破最终获得了很多意料之外的应用。施乐创立了一家激光公司用来开发其核心业务之外的其他应用。

[1] 新知识包括有关如何创造可调整大小的可变字体的知识，以及如何在打印中使用激光器的知识。更为广义的说，新知识还包括有关图形用户界面、所见即所得编辑器、以太网通信协议的设计以及其他内容的知识。

在别人没有走过的道路上产生的突破

如果未来出现的问题仅仅需要在当今技术的陈旧道路上进行一些微调就可以了的话，那么基本上就不需要基础研究了。如果存在着无限的资源可供利用，并且没有紧迫感的话，那么基本上就不需要用科学去解决社会的实际问题了。然而，事情并非如此。因为未来充满了意外，所以社会看重那些突破。创新者关注需求并不仅仅因为需求可以激励他们，而且还因为资源**都是**珍贵的。

根本性研究需要一种创新文化，这一文化可以支持对于问题的潜在本质的开放式调研，以及多学科合作。这些

文化特性在多数公司或研究机构中并不存在。这一方法要求组织具有灵活性，因为从寻求一个解决方案出发进行工作的人可能发现问题真正的本质与他们所设想的并不一致，为了解决这个问题还需要其他方面的专家意见。

突破需要灵感。对一个问题寻根溯源可以使发明家避开已经被许多人走过的弯路。解决这两个问题也需要学习如何（让两者）翩翩起舞。

第三章

发明：用不同的方式观察

我过去常常想:“爵士音乐家怎么能够在如此有限的音符中创作出那么多音调？”我不知道这运用了什么样的知识。那个时候，这对我来说简直就像变魔术一样。

——卡尔文·希尔(Calvin Hill),《在爵士乐中思考（Thinking in Jazz)》,
保罗·贝里纳(Paul F. Berliner)著

说到突破，人们通常会感到惊讶，而且不由自主地问:“他们是怎么想到那个的？”突破之所以令人惊讶，原因在于，它要么采用了一个令人吃惊的新方法，要么就是它满足了一个令人吃惊的新需求。无论哪种情况，都可以充分证明，发明者发现了其他人所错过的东西。

发明者观察世界的方式不同于大多数人。[1] 比起他们的发明来，我们更需要去关注**他们是如何观察并理解事物的**。有时候，发明者是在普通事物之中发现了新奇的东西。而这些东西恰恰为他们的发明埋下了种子。

---

[1] 约翰·西利·布朗很多年以前已经在PARC清楚地表达了用不同的方式观察这样一个隐喻，这个隐喻已经深深地嵌入了PARC的研究文化之中。在他的著作《用不同的方式观察（Seeing Differently)》中，布朗探究了商业创新的新战略。他的一篇同一标题的论文探讨了多学科方法在研究中所扮演的角色。

发明的种子

乔治·德·梅斯特拉（George de Mestral）是一个瑞士发明家，同时也是一个业余登山爱好者。1948年的一天，他带着自己的狗开始了一次徒步远足。在返回时，他的衣服和狗的身上附着了许多刺蒺藜——这是一种植物的种子包，它可以附着在动物的毛皮上，从而被这些动物带到新的地方生长。

德·梅斯特拉感到非常好奇。他把自己的衣服和这些刺蒺藜拿到显微镜下观察，发现这些刺蒺藜有成千上万的小钩，这些小钩附着在毛织物中的小线环上。刺蒺藜依附在布料上的原理激发了他的发明兴趣。于是他开始与法国的一家纤维植物纺织工厂合作。他们创造了两种材料：带有许多小钩的尼龙布，以及带有许多小环的另一种尼龙布。尼龙扣搭在1955年获得专利，并风行全球。

在德·梅斯特拉之前，有成千上万的人碰到过刺蒺藜。成千上万的专业生物学家通过显微镜用同样的手段看到了钩和环的自然排列。大多数人仅仅是带着不愉快的心情将刺蒺藜拿开，而不是带着好奇心，去寻找发明的可能性。乔治·德·梅斯特拉在刺蒺藜身上找到了发明。他的经历使他有所准备，并使他能够用不同的方式观察刺蒺藜，把生活中的小事变成发明的种子。

发明和发现的四种颜色

对于发明而言，没有一条路是“放之四海而皆准”的。发明者通过不同的方式找到他们的创造性灵感，从他们不同的优势发现新东西。但对于突破而言，似乎有四条主要的路径[1]，而且这些路径经常被组合使用。这四种路径可以相互

[1] 在2002年10月12日的一次私人通信中，约舒亚·莱德伯格向我们提出了这四条路径。他对他自己及其亲密同事所进行的研究做了一个分析。在这个分析中，这四条路径都很好地体现出来了，大多数研究都由其中一条路径支配。对于需求驱使型发明，莱德伯格引用了他自己的一个研究案例，即他需要分离出营养缺陷性突变体（需要一些特殊物质才能生长和代谢的细菌），这一需求激励他发明了青霉素方法和影印培养法。对于数据驱使型路径，他指出，反常的数据导引了病毒介导的发现（基因物质从一个细菌细胞转移到另外一个），以及质粒和溶源性（一个噬菌体核酸与一个宿主细菌核酸的并合）的发现。对于方法驱使型路径，他引用了宇宙生物学仪器的设计（应用于一个火星任务）和应用影印培养法去证明突变体的预适应性出现这两个例子。对于理论驱使型路径，他引用了一个例子，即他自己对细菌自然史的回顾，这一回顾说服他相信性（基因的交换）是一个可能的过程。这导引他获得了诺贝尔奖。莱德伯格注意到，细菌中的性也包含一个需求要素和一个方法要素。要理解最初的暗示的含义，这个最初的暗示即基因编码于DNA中（埃弗里等人，1944年），需要更好地去洞察细菌是否有基因。同时，营养型选择的方法也被用于从混合种群中挑选出罕见的基因型。正当我们与莱德伯格的交谈在寻求并精练对于这四条路径的理解，同时将它们与著名的科学家和发明家联系起来时，莱德伯格惊叫起来：“能够发现爱因斯坦，爱迪生以及对我产生激励作用的其他人之间的深刻联系是多么令人兴奋啊！”

图 3.1　激发发现和发明的四种方式

注：在理论驱使型路径中，一个心智模型或理论提供了一种思考的方式，这一方式导引了洞察和发明；在数据驱使型路径中，数据的异常揭示了一个令人惊讶的可能性；在方法驱使型路径中，仪器使得以前不知道的观察、发现和发明成为可能；需求驱使型路径辨明问题并寻求解决方法。

组合起来，就像调色板中不同的颜色一样。我们分别称这四种主要路径为：**理论驱使型，数据驱使型，方法驱使型和需求驱使型**。（见图 3.1）。

尽管许多发明家和科学家将这些路径组合起来使用，但通常他们都会有一个支配性路径。爱迪生的主要路径是需求驱使型的；爱因斯坦的路径是理论驱使型的；孟德尔的路径是数据驱使型的；伽利略的路径是方法驱使型的。巴斯德能够出色地行走于理论驱使型与需求驱使型之间。

当德·梅斯特拉注意到刺蒺藜有一个很强的黏性特征时，他就运用了数据驱使型的发明路径。刺蒺藜粘在布料上，而不是粘在他的皮肤和靴子上。同时，可以将它们从布料上拿开，但它们可以再次粘上。数据驱使型路径关注数据中的模式和异常。德·梅斯特拉想知道的是“什么东西使得刺蒺藜粘贴得如此之好？”当他用显微镜对其进行观察时，他就使用了方法驱使型的发明路径。显微镜使他能够看到刺蒺藜上的小钩与衣服布料上的小环之间的相互作用。通过放大，德·梅斯特拉能够看到刺蒺藜起作用的方式。当他意识到刺蒺藜所具有的粘贴和再次粘贴的特性能够用来制作一种新型的纽扣时，他就使用了需求驱使型的路径。他受到激发要去发明一种新技术，这一新技术能够在许多场合取代拉链。

或许在德·梅斯特拉的原始想法中惟一缺失的一条路径就是理论驱使型路径。他后来需要一种理论，通过这种理论找到人工创造刺蒺藜的方式，从而模仿大自然的工程技术。因此，为了制造钩和环需要尼龙材料的合成，这一合成过程使用了聚合物的制造理论。

乔治·德·梅斯特拉在心智上已经有了一些准备，从而可以在大自然的“工程技术”中发现机遇。在12岁的时候，他就设计过一个玩具飞机，并为之申请了专利。后来他在一家瑞士的工程技术公司的机修车间工作。乔治·德·梅斯特拉也知道使用拉链过程中所存在的一些困难，比如在使用过程中经常会卡住，另外，当你的指头冻住了的时候使用拉链也会很不方便。他曾经在寒冷的山区中徒步旅行，这个经历使他能够辨别出需求。总之，德·梅斯特拉养成了这样一些习惯，即像发明家一样思考。他拥有观察事物的不同方式的能力。

针对发明的四条路径，我们可能会有两个疑问：这种路径分类是否具有普遍性？它们是否有意义或者有启发性？关于普遍性问题，我们注意到，我们遇到的所有关于突破性发明的案例，无论它们是在有关发明的著名故事中，还是来自于为了写这本书而进行的采访中，都遵循四条路径中的某一条，或者遵循四条路径的一个组合。三条路径——从方法驱使型开始，到数据驱使型，再到理论驱使型——沿着一个认识世界和“信息加工”的道路前进。方法驱使型是关于信息如何搜集的；数据驱使型是关于为了获得模型如何分析信息的；理论驱使型是关于如何理解和解释信息的。这样，这三条路径就相当于在搜集和加工信息从而创生新知识过程中的三个阶段。需求驱使型路径与目的相联系——也就是说，发明不仅仅是关乎好奇心的，它也是为了让世界有所不同。从这个意义上讲，需求驱使型路径是为了回答前面章节中提出的一个问题，即“什么是需要的”，其他三个路径是为了回答“什么是可能的”。知道发明家如何运用这些路径进行发明可以促使那些崭露头角的发明者在他们的发明过程中更加审慎和自觉。

案例故事

理论驱使型发明

阿尔伯特·爱因斯坦的工作是理论驱使型路径的例证，爱因斯坦设想了如下一些情况，坐在一个以接近光速的速度运行的宇宙飞船上可能会看到什么，或者两个运行方向相反的光子相互经过时将会发生什么。爱因斯坦精通思想实验，这使他能够在微粒说和波动说中辨别出一些深刻的矛盾，这两种光的理论在当时占有支配性地位并相互竞争。这些思想实验引导他走向作为思想集大成者的相对论，以及一些可试验的实验性预测。

爱因斯坦的一句话经常被引用，即"我是一个十足的艺术家，根据我的想像自由绘画。想像比知识更重要。知识是有限的。但想像可以环绕整个世界"❶。与爱因斯坦一样，使用理论驱使型路径的发明者和发现者运用一种先进的手段，如思想实验，来加深他们的理解。

自我配置机器人

我们对机器人的传统印象是一个特别大的并且很笨拙的铁皮人。工业机器人就是这样的。汽车制造业中使用的机器人建立在固定的支架上。这些机器人用摄像机当眼睛，也有一些带有特殊附属装置的机械手臂，这些手臂可以将一些物体吊起，并将它们用螺钉固定或者直接焊接在组件上。孩子们的机器人玩具通常就灵活得多了，例如变形玩具可以改变形状，从而获得新的能力。

20世纪90年代末期，PARC的模块化机器人实验室造出了像变型金刚那样的机器人，这些机器人可以自己走向大楼外的人行道和花园。这些机器人可以在很大程度上改变自己的形状以及行动的方式。有时它们会像蛇一样沿着地面或者顺着楼梯滑行，或者穿过一个管道。它们可以通过由其模块扩展而来的抓钩爬上一个围墙。它们可以用"四肢"蹬三轮车，与小孩子的脚运动的方式一样，上下踏板。它们也可以蜷缩成一个环状物，像一个坦克的履带一样在地面上滚动。

将来，可重构的机器人可能会用在搜寻和救援行动上，

❶ 资料来源："对爱因斯坦来说生活意味着什么：乔治·西尔维斯特·维雷克（George Sylvester Viereck）的专访"，这篇文章刊登于1929年10月26日的《星期六晚邮报》上。

它们能够滑入倒塌的建筑物内，以便接近被困在危险地区的人们，可能会为他们带去补给品，或者运用机械力量打开一些出口。

马克·尹[1]是PARC的模块化机器人技术小组的领头人，他说道：

我在模块化机器人上所做的工作最初源于我的论文。我当时在斯坦福大学机械工程系，但是我跟着让·克劳德·拉通贝（Jean Claude Latombe）在计算机科学领域工作。当时我正在寻找一个论文题目。马克·瑞伯特（Mark Raibert）由于在当时制造了一个用一条腿跳跃前进的机器人而非常有名，然后他还制作了两条腿和四条腿的型号。我当时也在思考运动问题，我想一个依靠两个轮子运行的机器人可能比较有趣。

因此，我开始设想如何能够设计一个两轮的机器人。这种机器人可能需要许多条腿。我的设计想法是这样的，即每一条腿看起来应当是一样的，这样的话我就可以只设计一条腿，而不是许多不同的腿。接下来我意识到，一条腿具有许多关节。我能够设计出一条每个关节都一样的腿吗？然后，我意识到机器人没有必要一定要具有两个轮子。我将这些想法告诉了我的妻子，同时告诉了她我对这样一个问题的疑惑，即如何排列这些关节从而可以使得它们能够一起运行。她问我："为什么不让这些关节自己排列呢？"从那时开始，一切都顺理成章了。

在这个项目之前，机器人由许多特殊的功能部件组成。一个机器人的大多数部件，如每一个关节，每一个连杆以及每一个肢体都是完全不同的，都需要单独加以设计。尹想知道的是，他是否可以不通过如此之多的设计工作来建造一个复杂的机器人。驱动尹进行发明的理论核心是建立在这样一个简单的问题之上的：能够用一串完全相同的部件建造一个机器人吗？**模块化机器人技术**的名字正是对这一想法的反映。为了配置具有许多不同功能和形状的

[1] 马克·尹的事迹引自2003年2月7日的访谈。

机器人，模块提供了一个基本配件或技术——而不是为了每一种用途而建造一个不同的机器人。尹提到：

在我毕业之后没过几年，在PARC我重新拾起了模块化机器人技术这一研究主题[1]。第一个项目被我们称之为Polybot。它有一连串的机器人模块，你可以同时对它们进行操控和使用。最近，我们开始对一种机器人进行研究开发，我们称这种机器人为框架可重构机器人。这些机器人与可以重构自身的乐高积木很相似。这一工作的核心是设计一些算法，使得这些模块能够将自己排列成不同的形状并执行不同的功能。许多计算机科学家正在对这种重构类型产生兴趣，因为其在计算机中更容易实现，然而其中仍然还蕴藏着许多非常有趣的问题。想像一下，160个左右的模块一个接一个地排列起来，像一个模块"带"一样，或者可能是其他结构。

程序化模块的使用是一个关键的理论转变，这一转变促成了模块化机器人技术的产生。这种模块化将此前的一个机械设计问题转变成一个配置问题。它将许多实验从硬件实验转向软件实验。我发现一些事情非常有趣，其中之一就是在这里硬件设计与算法和软件联系得非常密切。在机械电气方面你所能做的事情与用软件所能做的事情之间通常需要一些权衡。开发机器人的传统范式是这样的，即工程师开发出硬件或者机械部件，然后软件开发人员计算出其运行的程序。而模块化机器人的设计工作更加灵活。在模块化机器人技术中，你可以重新排列相同的模块，并为它们编制新程序从而使得它们具备新的功能。

现在我们正在从事一些更具应用性的工作，也就是为客户提供一个系统。此刻我们正在寻找一些更为有趣的东西。我长期的理念就是从事那些很有意思的工作，这就相

[1] PARC的模块化机器人研究也部分地受到了国防先进研究计划署的资助。

当于“做很酷的东西”。对我而言，这一理念的效果很好，可能是因为我认为有趣的东西通常也可以令其他人感到兴奋。

关于模块化机器人技术的研究在PARC已经延续下来。它是一个被称为“聪明物（smart matter）”的更大规模研究主题的一部分，这一主题关注材料的机械与计算方面以及它与系统之间的平衡。模块化机器人技术的研究最初并不是为了解决一个已经被辨明出来的需求。它产生于对设计的一个理论洞见——本质上是采用了这样一个想法，即运用同一模块的许多复制品去建造一个更大的机器人。随着技术的日趋成熟，这一项目关注的焦点发生了变化，即从开发根本性的新概念转变为运用这一技术为施乐设计新的产品体系。这样的话，理论驱使型路径就开始向需求驱使型路径转变了。

数据驱使型发明

有一些非常著名的研究者使用了数据驱使型路径，这些研究者包括亚历山大·弗莱明（Alexander Fleming）和格雷格·孟德尔（Gregor Mendel）。弗莱明注意到了一个霉菌群如何阻止葡萄球菌素在培养皿中的生长，通过这一观察，他发现了青霉素的抗菌效应。他的发现之路运用了非常仔细的观察。如果是另外一个科学家的话，他很有可能会轻易地将那个异常的培养皿丢弃，但弗莱明却注意到了这一异常。他辨别出了它不同寻常的特性，并在实验中用它来治疗感染。与爱迪生相反，弗莱明并不是特意去为一个问题寻找答案。大家知道弗莱明在思维上是非常活跃的。他对于数据的这种活跃的好奇心和关注使得他能够偶然**发现**青霉素。

生物学家孟德尔的发现也是源于他对数据的关注和沉迷。他发现了育种植物的遗传规则。孟德尔专注于那些数据，这些数据是他通过对具有不同特性的香豌豆的系统杂交并认真记录结果而获得的。他的实践和数据分析使得他在性别遗传学上有所洞见，并为有目的的育种提供了指导。尽管弗莱明和孟德尔都专注于数据，但他们的风格是不同的。弗莱明利用了一个偶然机会，而孟德尔则是对育种组合做了系统探究。

在数据驱使型发明中，如果一个发明者注意到了数据当中的一些**异常**或**令人惊讶**之处，那么，这些方面就可能会导引他产生一个想法。在《寻找答案(The Search for Solutions)》一书中，霍雷斯·贾德森引用了刘易斯·托马斯（Lewis Thomas）的一段话，托马斯用这段话描述了在实验室中即将取得发现时，他所注意到的内容：

有一种方式可以帮助我们辨明一些重要事情发生的时间，这就是通过**笑声**。似乎对于我而言，无论什么时候我处在实验室之中，当一些非常有趣的事情已经发生的时候，它首先看起来似乎是非常荒谬的。笑声经常与惊讶相联系——这看起来**的确**非常滑稽。无论什么时候当你听到笑声并且这时候有人说“但是这是**非常荒谬的！**”时——可以说，事情进展顺利，一些可能非常值得观察的东西正在实验室中发生。

某些类型的模式很难被注意到。有时候，这些模式与我们所预期的并不相同，并且还没有被辨别出来。有时仅仅当我们注意到一个独特的范例或实验存在微弱的差异时，就有可能产生一个发现。因此，可以说，数据驱使型路径中的成功来自于对数据的**沉迷**和关注。

注意手部动作中出现的低效率 对于台式计算机而言，鼠标是最常见的定位装置，但许多笔记本电脑用户更愿意使用与键盘结合在一起的定位装置。他们通常需要把他们的计算机放置在一个较为拥挤的地方加以使用。键盘上的定位装置有很多，其中应用最为广泛的装置之一就是指点杆（track point），它位于IBM的TinkPad以及其他许多笔记本电脑的G、H和B键之间，像一块小橡皮擦。指点杆主要是由特德·塞尔克发明的，他现在是MIT媒介实验室的教授。

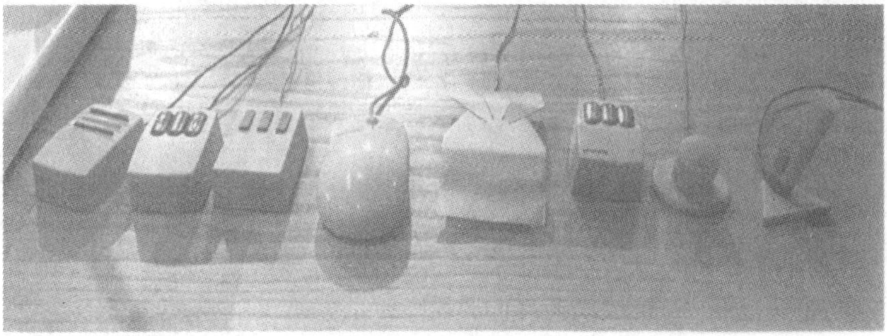

图3.2　一组早期的鼠标（感谢PARC提供图片）

特德·塞尔克把发明看作主要是解决问题。他认为自己是一个应用科学家和一个工程师。当时塞尔克在斯坦福和Atari工作，他一直在思考计算机的定位装置的问题。他曾经读过一本有关用户界面设计的经典著作[1]，在这本书中他看到了一个对鼠标应用的分析。此前，塞尔克曾经用一些垫片进行实验，这些垫片类似于现在键盘上的那些东西。我们请塞尔克描述一下他是如何发明指点杆的：[2]

在卡德的书中，对于用户的手从鼠标移到键盘和从键盘移到鼠标要花费多长时间这一问

[1] 这本书是《人机交互作用的心理学（The Psychology of Human-Computer Interface）》，作者是卡德、莫兰和纽维尔。

[2] 特德·塞尔克的事迹引自2001年4月18日访谈。

图 3.3　笔记本电脑键盘上的一个指点杆定位装置，这一装置由 IBM 开发

题，有一个 GOMS 式[1] 的分析。当时我对膝杆（knee bars）非常着迷。膝杆是一个可以在缝纫机上用来调控缝纫速度的连杆。数据显示，在前十五分钟的使用时间里，膝杆要优于鼠标。我想知道的是“为什么膝盖控制（膝杆）更容易？因为相对于手或手指而言，膝盖几乎没有知觉或者运动神经控制。因此，膝杆为什么会好用些呢？”

[1] GOMS代表目标、操作者、方法和选择规则。粗略来讲，这是一个对于一项认知任务的时间与动作的分析。

它之所以相对好用是因为你没有必要让手离开键盘！我发现将手从键盘移到鼠标要花费 1.75 秒。1.75 秒是个很长的时间。而且你还必须将视线转移到鼠标。我了解到，在一些编辑任务中，在鼠标和键盘之间来来回回的活动占输入时间的 25%。

为了抓住鼠标需要花费 1.75 秒，这引起了塞尔克的注意。他意识到，在一个人处理编辑任务时，每当他需要抓住鼠标时，他都会花费这样长的一段时间，这样才能够在文档中滚动到一个新的位置，或者选择一个菜单选项。

开发指点杆的进展并不十分顺利。当塞尔克刚加入IBM的时候，他不得不把定位装置的工作放下两到三年。当另外一个同事加入他的工作时，他又恢复了这一研究项目，于是他们开始制造模型和实验：

我们开始着手建造和发明一些传感器。我设计的第一个传感器是比较古怪的，它由绝缘泡沫材料构成，用来包裹芯片。

我们做了一些计算之后发现，将手指移动到指点杆也要花费时间，但与鼠标相比，我们可以节约1秒钟时间。这并不能节省整个的1.75秒，但是键盘上有许多地方可以用来放置这个指点杆，你将手指放在那里会快1秒——或至少快0.9秒，这是一次要命的抓阄。我们试着将指点杆放在键盘上至少五个不同的地方。

一个源于数据的洞察让发明者用不同的方式观察问题。这些秒数使得塞尔克非常着迷，但却一直为其他人所忽视。塞尔克他们欣喜若狂！“太有趣了！”。一定会有更好的办法来节省“鼠标触及”的时间。这使塞尔克想起了用膝杆所做的一些实验。膝杆之所以较好是因为你没有必要将你的手从键盘上离开就可以触及控制器。通过将一个定位装置放在键盘里，触及那个点击物可能就更像是在打字过程中移动一个手指。将注意力集中于数据为发明提供了一个新的可能性。

方法驱使型发明

伽利略使用了方法驱使型路径。通过望远镜，伽利略看到了木星的一些卫星，这些卫星是用肉眼无法看到的。类似地，显微镜使罗伯特·胡克（Robert Hooke）、安东尼·范·列文虎克（Antony van Leeuwenhoek）和其他人发现了细菌，并首次观察到了活细胞。类似的观察使得路易斯·巴斯德和其他人能够理解像易传染性细菌和酵母菌这样的微生物所扮演的角色。这个成果促进了消毒方式的改进，以及更可靠的酿酒方法的出现。

新仪器并不是总能使人们接受新观念。伽利略难以向罗马天主教会解释他的观察的意义，并为此几乎搭上了自己的性命。然而，望远镜的操作并没有受到很大的质疑，因为望远镜可以在很远的距离上得到验证。换句话说，你可以沿着路一直向前走，从而证实望远镜中显示出来的景象是完全精确的。相比较而言，人们对显微镜中显示出来的图景更为怀疑。许多年来，胡克以及其他人通过显微镜所看到的新世界受到了质疑，这或许是因为这些发现得不到证实。

方法驱使型路径也适用于实验技术。这方面存在着一些例子，包括合成遗传学和合成化学中的技术。这些合成方法可以使研究者立刻进行成千上万的实验。

对窗口的改进　斯图尔特·卡德（Stuart Card）是PARC的一名高级研究员，同时是用户界面研究小组的领头人。他的研究小组所从事的工作是多学科的。这个小组会议中的交叉式交谈（cross-talk）总是包括来自心理学、计算机科学以及人—机界面领域的主题。这个交叉学科研究所产生的一项发明可以向那些在计算机上经常要执行多重任务的人提供帮助。

自20世纪70年代中期以来，PARC就已经使用了基于窗口（Window-based）的系统，但是这一系统经常出现一些使用问题。在这个故事中，卡德回想起了20世纪80年代早期发明的"Rooms"系统。Rooms修复了早期窗口系统固有的许多问题。就在那个时候，由苹果公司和微软公司生产的基于PC的windows系统开始出现在市场上，这些系统具有旧式窗口系统固有的所有问题。卡德帮助XSoft（施乐的一个子公司）为早期PC市场开发了一些类似Rooms的产品。相对于今天在商业窗口系统中被广泛使用的系统而言，Rooms系统在许多方面更容易操作，功能也更为强大。至于是什么激发他在Rooms上展开工作的，卡德这样告诉我们：[1]

有一件事情困扰着我，即windows在工作站上非常成功，而在PC机上却并不成功。为什么？

我试图去理解windows系统所具有的效力。有一些人已经在windows上试着做了实验。获得有意义的结论是困难的，因为这些测量取决于主体正在从事的事情的组合。在理解正在发生什么这一问题上，研究者难以取得很大的进展。

Windows还有一个问题——很高的系统内务操作（overhead，计算机术语，译者注）。你可能会想起具有**平铺**的窗口[2]的Star[3]，之所以有这样的设计，是因为设计者认为**重叠**的windows会有太多的系统内务操作。

我想去理解系统内务操作的问题。我首先观看了人们使用windows的录像，然后得到理查德·伯顿（Richard Burton）和奥斯丁·亨德森（Austin Henderson）的帮助，将人们的行为加以测量。这就得到了有关窗口位置的数据。我做了一个实验，在这个实验里我测量了每一个窗口。首先是观看录像带，然后在笔记本上将有关数据绘制出来，并留意运用了多少像素以及哪

---

[1] 卡德的事迹源于两个访谈，一个是马克·斯特菲克在2001年7月6日做的，另一个是巴巴拉·斯特菲克在2001年8月2日做的。

[2] 平铺的窗口是没有重叠的窗口，这些窗口被排列在一个表格或网格中。

[3] Star是由Xsoft生产的一个早期个人计算机和办公产品，Xsoft是施乐的一个子公司。

图 3.4　一台施乐计算机正在运行 Rooms 软件，每一个显示区域是一组窗口的概要（感谢 PARC 提供图片）

❶ 窗口使用中的访问局部性的意思是，在一段时间内，一个用户倾向于使用一组窗口中的成员，然后转移到另外一组窗口。

些窗口在重叠。

其中一个非常有意思的模式是——当某个人正在工作的时候——窗口变得越来越多。当他们完成一个任务时，他们就会关掉所有的窗口。因此，如果你观察载入的像素的话，你会发现，随着用户完成任务并关闭窗口，窗口建立起来然后消失。

我开始考虑将其与程序在主存储器中运用存储单元的方式进行类比。我为访问局部性❶做了测试。并且我在奥斯丁和理查德所设计的程序的帮助下找到了这个访问局部性现象。然后我想起了《计算调查（Computing Survey）》上的一篇有关虚拟存储器的文章，作者是彼得·邓宁（Peter Denning）。这篇文章的内容表明，操作系统的虚拟存储器的平均访问时间非常接近于同样大小的真实存储器的访问时间。真是令人惊讶！

在当时的计算机操作系统中，一个计算机应用程序（例如一个邮件程序）会有许多窗口。当一个人在处理一个任务时，所使用的窗口数量会不断增加，并且相互重叠。当这个任务结束时，所有的窗口会被关闭。尽管每个人都能够看到这一行为，但卡德像一个认知心理学家一样首先将其拿出来，并发现了它的有趣之处。通过搜集从录像带和内部的监督程序中所获得的数据，卡德能够在被测试者的行为中发现窗口使用的模式。当系统运行出现问题，同时行为开始出现故障时，他也能够看到发生了什么。

在他试图理解数据时，卡德使用了理论驱使型路径。他的计算机科学背景发挥了作用。他想起了一篇被广泛阅读的论文，这篇论文的作者是彼得·邓宁，内容主要是关于计算机虚拟存储器和页面系统（paging system）的。邓宁解释了这些系统如何运行，以及是什么支配着它们的表现。通过将程序页面[1]或数据“调度”到一个较慢的磁盘存储器中，计算机可以运行比它们的快速主存储器空间还要大的程序。当一个程序需要再次涉及那个存储页面时，它就会挑选一个不同的页面拷贝到磁盘，将需要的页面重新拷贝到主存储器，然后再继续。如果一个程序要访问一个页面，但这个页面在主存储器中不存在，那么这种情形被称为“页面错误”。在页面错误之间，一个计算机程序倾向于在一个相对较长的时间内使用固定的一套页面。如果这一情况属实，调度系统的内务操作就会比较低，同时计算机系统的运行速度也几乎会像它对于所有的页面都有足够的主存储器时那样快。

---

[1] 一个页面是一个存储器单元。比如，在有些计算机上一个页面是512个存储器字节。

正是在这里体现了理论驱使型的路径。卡德将窗口使用与换页行为进行类比。因为屏幕尺寸有限，人们将窗口遮盖起来以便为新的窗口腾出空间。通过类比，一个尺寸有限的显示器类似于一个尺寸有限的主存储器，被遮盖的窗口相当于被调度出去的页面。正如计算机不得不调进一个存储页面以便用它一样，人们也必须将一个窗口放置在顶端以便用它。斯图尔特将这样一个情形称为"窗口错误"，即把一个被覆盖的窗口重新拿回到顶端。他决定在邓宁对于页面系统的分析基础上展开工作，以便设计出一个更好的窗口系统：

我们使用虚拟内存系统的抽象概念设计了Rooms。当我们开始这个工作的时候，奥斯丁产生了一个想法，我们将创造一个巨大的工作区，这个工作区称之为大屏幕（Big Screen）。我们将在这个景观中移动所有的东西。但问题是它实在太大了，因此我们做了一个概要。于是，当你在屏幕中获得足够的窗口时，它并不调整大小。

因此我们试着放置标记符号。比如，一个"邮件"符号指示了所有邮件窗口所在的区域。当空间变得越来越大时，我们不得不将标记符号在概要当中也变得相对较大。我们做出了**真正的大符号**！为了制作这个概要，我们尝试了许多技术，从而找到适合你自己的方式。然后，我们注意到窗口都集簇在一个个小组当中。你可能已经意识到下一个步骤了，即如果我正好有一个弹出式菜单，我就能够达到邮件区，同时我也没有必要在整个空间中进行搜索了。

卡德和亨德森用大空间里的许多窗口进行了实验。他们为人们一起使用的窗口簇创造了巨大的标签。在某种程度上，他们决定将这些簇集分拆到被命名的窗口组中，这些窗口组被称之为"Rooms"。你可以进入一个room（房间）去处理某一个特定的任务。"这是我的邮件房间，这是我第一篇论文的书写房间，这是我的程序设计房间等。" 房间的比方可以引导他们在房间之间、房间的概要图表等之间建立一道道的"门"：

第一个设计在某些方面是幼稚的，而且遇到了一些问题。因为我具有一些理论知识，所以我能够理解在这些问题中我所发现的东西。你知道，"发现青睐有准备的头脑"。因此窗口错误理论（the window faulting theory）就是一个准备。这一**理论**可以使你看到你的行为，并发现你的问题所在。这就是当赫伯特·西蒙（Herbert Simon）[1] 劝告我们"总要拥有一个秘密武器"时他所指的东西。

后来当我开始从事信息可视化研究的时候，艾伦·纽维尔[2] 曾经问我，"你的秘密武器是什么？你骨子里起基础作用的理论是什么？"他在向我们暗示，如果你没有一个理论，那么你的工作就相当于一个笨蛋想去发明东西。（笑声）

Rooms 的理论来源于操作系统的一个类比。操作系统需要在计算机的小存储器中运行一些大程序。卡德做了一个类比，好让人们在小的显示器上能够使用大量窗口。在操作系统中，当需要存储单元或数据页面和程序时，它们就从磁盘存储器转移到主存储器。在 windows 系统中，如果需要，窗口会从其他窗口下面被挖出来。卡德发现他自己正在寻找管理屏幕空间

---

[1] 赫伯特·西蒙是卡耐基—梅隆大学的计算机科学与心理学 Richard King Mellon University 教授。他一生中获得了很多荣誉：1975年，因为在计算机科学领域的贡献，他获得了图灵奖；1978年他获得了诺贝尔经济学奖。他为卡耐基—梅隆大学的认知科学小组的发展做出了贡献。

[2] 艾伦·纽维尔（Allen Newell）是卡耐基—梅隆大学的计算机科学 U. A. and Helen Whitaker 教授。他在斯坦福大学获得物理学学士学位，在卡耐基理工学院获得了工业管理的博士学位。在卡耐基—梅隆大学计算机科学系的创立过程中，他扮演了一个关键角色。从电机工程和计算机科学到认知心理学领域，他都有所贡献。在卡耐基—梅隆大学，艾伦·纽维尔曾经是西蒙的学生，后来成为西蒙的同事。卡德曾作为一名研究生与艾伦·纽维尔和西蒙一起工作过。

的有效方式，这引导他去查找那些管理存储器的技术。

卡德有一个可以用来收集新型数据的方法，这一方法使得卡德能够发现以前没有被注意到的事物。卡德也拥有一个理论，这一理论使得他能够理解在数据中所要寻求的东西，同时也引导他获取一个解决方案。

需求驱使型发明

托马斯·爱迪生的经历为需求驱使型路径提供了一个例证，因为他的工作主要受到了特定问题的激励，这些问题也正是他想去加以解决的。为了完善电灯泡，在找到合适的灯丝之前，爱迪生不知疲倦地对材料一个接一个地进行测试，爱迪生的这些努力非常著名，而且颇具传奇色彩。爱迪生还发明了留声机、证券报价机、碳精传声器以及其他许多东西，在这些发明当中，爱迪生将自己及其同事的注意力集中于创造那些他认为社会所需要的东西上。

当发明者看到世界上存在一个仍然没有被解决的需求时，就会产生一个需求驱使型发明。需求驱使型路径可能是最为常见的一个路径。有时候，需求驱使型发明采取**空白点分析**（gap analysi）的形式，也就是说，当前的技术几乎已经足够好了，但在其可以应用之前，仍然存在一个空白点。空白点分析将注意力集中于空白点上，进一步的发展可以为这个空白点提供一个解决方案。需求驱使型的发明家都将自己的精力花费在寻求解决方案上。每当他们环顾周围世界时，他们都在寻求一些线索和思路，这些线索和思路可能会以某种方式对解决存在于他们脑海中的问题起到促进作用。

黑暗的房间与暗淡的屏幕　电子纸张或者“gyricon”项目始于20世纪70年代，当时，尼克·谢里登注意到，人们为了能够使用计算机而将办公室的光线变暗。当时正是开发Alto[1]的时候，Alto是一种开拓性的个人计算机，PARC以生产这种计算机而闻名。谢里登看到的问题是，第一代Alto计算机的显示器并不是非常好。谢里登认为需要一种新型显示器。

我们询问谢里登他是如何开始电子纸张（electric paper）的有关工作时，他说：[2]

大约在PARC开始研究Alto时，我就开始从事gyricon项目的有关工作了。有一件事情非常有意思，即当你走进人们的办公室，如果他们正在使用一台Alto——你会发现，他们关上窗户，拉上窗帘，关掉电灯，通常也关上门。他们将房间弄得尽可能黑，以便能在计算机上进行工作。

他们之所以要保持房间昏暗，是因为计算机屏幕的质量不太好。这些屏幕的对比度很差，有反光和闪烁。一些人觉得在这样的显示器上很难进行工作。我决定要试着开发一种在一般的光照条件下仍然能很好工作的显示器。它在沙滩上应该与在黑暗的房间里一样都能工作得很好。在有反射光的情况下，我们将会像使用纸张一样使用这种显示器。

我的脑海中产生了两三个想法，我选择了其中一个，我认为这个想法可能是最为简单的一个。这就是gyricon创意的来历。于是这个工作便开始了。

由谢里登发明的gyricon显示器是微机械（micro-mechanical）显示器，这个显示器是由

---

[1] Alto是由施乐PARC的计算机科学实验室开发的个人计算机，当时由鲍勃·泰勒领导。Alto引入了硬件（位图显示器、鼠标、以太网、激光打印机）和软件（图形用户界面、可视文本编辑程序、制图程序）的组合，此后这一组合成为个人计算机制造业中的主流。1999年，泰勒获得了美国国家技术奖章。参见参考文献中有关这一发明的事迹以及创生这一产业的戏剧性故事的著作。

[2] 谢里登的事迹引自两个访谈，一个是由马克·斯特菲克在2001年3月17日做的，一个是由巴巴拉·斯特菲克在2001年6月12日做的。

一个电场控制的。有一个具有一个薄内层的塑料薄片，这个薄内层由悬浮在充满油液的单元中的微小球体组成。一般情况下，这些球体一面是黑色的，一面是白色的。在电场的作用下，这些球体可以进行有选择性的旋转，从而显示黑色的一面或者白色的一面。一旦球体旋转到某一个位置，它们就会固定在那里，直到有另外一个电荷改变它们的方向。一个球体的黑色面类似于一张纸上的黑墨，白色面就类似于白纸。谢里登的发明使电子纸张的微结构具有可变性，从而使它能够在没有背光照射的情况下显示任何需要的信息。从效果上来看，旋转一个球体就好像是在纸张的正面和背面之间移动“墨水”。

电视显像管上的图像需要在一秒钟之内被重新绘制很多次，即使图像没有变化也需要这样，与此不同，一个gyricon显示器不需要更新。此外，在亮光下我们也可以在这个显示器上轻松地进行阅读。因为周围的光线已经将其照亮了，所以也就不再需要一个能耗很大的背景光了。谢里登说：

为了这项技术我大概工作了一年，期间发表了一些有关的论文，并申请了一些专利，但是我被要求中断这项工作。那大约是在1973年，有人告诉我，施乐不是一个显示器公司，同时我们将不会生产Alto。我被动员去从事一些产品的研发工作，如印刷机械，在那个领域，日本公司正侵蚀着施乐的地盘，看看自己是否能发明一个更好的办法去做电子标记。

电子纸张的概念在一段时间之后有所发展。第一个gyricon概念出现于20世纪70年代，但是真正地更为逼真地去模仿纸张的电子纸张概念产生于20世纪90年代早期。纸张是一种完美的显示器。其他任何形式的模仿都是拙劣的，与纸张越接近越好。在 Alto 时期，我并不是试图在一个显示器中重新创造纸张的**所有**属性。我需要一个东西，这个东西能够具有纸张的视觉特征，但是我并不关心重量和柔韧性。当我后来又回到这个项目的时候，我想生产一种替代性的纸张，这种纸张能够具有真实纸张所具有的**所有**重要属性。今天，电子纸张是一种非常具有柔韧性的材料，你可以像报纸一样将它卷起来拿在手上。

在新的电子纸张项目当中，通过观察人们使用电子邮件的过程，我受到了启发。许多人将他们的电子邮件或短文章在纸上打印出来进行阅读，然后在五分钟之内将这些纸张扔掉。电子纸张可以在无墨电子打印机上被重复使用。因此，这里从根本上考虑了生态问题。如果你能够重复使用电子纸张一百万次，那么从总体上来看，它要比纸张便宜得多。同样，无墨电子打印机也会比使用碳粉的打印机便宜。

经过几年的实验之后，最终出现了一种可用的技术。电子纸张的第一个商业运用是无线显示牌，这种显示牌显示的数据是可以变化的，它用电池供电，主要应用于零售商店。在2001年的春季，施乐PARC成立了一个独立的公司Gyricon多媒体公司，试图将电子纸张技术商业化。谢里登现在是这个公司的研究主管。

发现好的音乐　许多信息时代的观察者已经注意到，我们可以获得的各种出版物——以文章、著作、网页、电影和音乐的形式出现——的数量正在呈指数增长。然而，我们人类吸收、阅读和使用这些作品的能力却一点也没有增长。正如诺贝尔奖获得者西蒙指出的那样，信息的丰富导致关注的稀缺性。

哪些东西才算是好的？获得答案的一个方式就是去收集其他人都喜欢的数据。假定我们的计算机可以给每个人提供表明他们所喜欢的东西的一种方法，然后将这些想法收集起来并加以整理。我们可以利用这些数据来集中我们的注意力。复杂之处在于每个个体的喜好都是不同的。可以做这样的假设吗？即通过将我们与那些**志趣相投**的人的判断结合起来，去共享我们相近的判断，如关于电影和音乐的判断，这样我们就可以获得一个更为清晰或者更具有兼容性的建议。这种选择性共享就是隐含在协同过滤（collabor-ative filtering）后面的基本观念。

在协同过滤方面的主要发明家之一就是帕蒂·麦厄斯，她是MIT媒介实验室的教授。当我们问她协同过滤的想法是如何产生的时，她做了如下回答：[1]

一些问题或机遇激发了我的工作，我发现通过这些问题或机遇，我们可以用一个更为有效的方式，或者用一个与我们当前所使用的完全不同的方式来处理这些事情。因此我对现实世界中存在的问题和低效率非常感兴趣。

我找不到我喜欢的音乐这件事激发了我们对协同过滤进行研究。以前当你在唱片商店挑选时，你无法欣赏这些唱片。尽管你可以浏览那些封面，但你仍然无法知道其中的音乐。当我从布鲁塞尔来到波士顿时，我不喜欢听这里的广播，我感觉必须有一个更好的方式去发现新的音乐，并且这种方式能够为我提供我也许会感兴趣的音乐的相关信息。因此，从我对发现音乐的兴趣中产生了这样一个整体的想法，通过计算机来促进信息的传播，对口口相传的模式加以补充。

当我真正开始这个方案的研究时，确切的问题仍然并不非常清晰。我不能说："好了，我将要去制作一个系统或者去试验这个假说。"如果我要开始一个独特的研究路径，那么我将会遇到一些值得解决的问题，但是只有这样的直觉和感觉是不够的。

[1] 帕蒂·麦厄斯的事迹引自两个访谈，一个是由马克·斯特菲克在2001年6月28日做的，一个是由巴巴拉·斯特菲克在2001年9月7日做的。

麦厄斯对于协同过滤的缘起[1]的反思表明，她的第一步工作涉及一些微妙之处，而不是像需求驱使型路径描述的那样“发现一个问题，然后去解决它。”协同过滤的基本想法产生于发现音乐这样一个问题，但也只是在这个工作切实开展之后，这个发明中的一些关键要素才显现出来。麦厄斯说到：

我们所从事的大多数工作都与这种情况类似。我们的工作开始于一个不成熟的想法，对于这个想法，多数人——尤其是一些关键人物——可能会马上予以批驳或认为其是没有意思的。但是当我们围绕这个想法开始工作并开始构建一些东西的时候，想法产生了。这是我们在媒介实验室真正使用的方法。我们开始建造系统，同时反对从事**许多**已经提前考虑和设计好的工作。这一项目在进展过程中**衍生**出了一些越来越有趣的东西。在建造一些事物的过程中，我们经常会把我们发现的有趣问题和有趣事物记录下来，这些问题和事物导引了有趣的发现。

音乐推荐系统就是这样的。它起初看起来像是一个非常简单的想法。人们告诉这个系统他们的喜好，然后系统就会告诉他们具有相似爱好的其他人所喜欢的音乐。这就引发了一个更大的也是更为有趣的项目。我们开始介绍具有相似爱好的人相互认识，并为探索“爱好空间”而发展出了许多其他的方法。从第一个想法以及我们所建造的第一个系统中还衍生出了许多其他的项目。最终，这变成了许多有趣的研究项目的源泉。

着手进行发明，还是发现问题，两者孰先孰后？发现一个需要加以解决的确定问题，或

---

[1] 有时候，一个想法会在不止一个地方被发现，或者会被重新发现。在协同过滤的案例中，上述两种情况都发生过。帕蒂·麦厄斯在MIT的研究小组和约翰·里德尔在明尼苏达大学的研究小组大概在同一时间都开始探索协同过滤，以及对于音乐、电影和其他一些东西的适用性。大概在10年以前，PARC的研究人员戴维·哥德堡，戴维·尼科尔斯（David Nichols），布莱恩·冲（Brian Oki）和道格拉斯·特里（Douglas Terry）已经制作了一个对于邮件新闻的协同过滤系统，并公开了这一成果。他们于1992年12月写的一篇论文“Using collaborative filtering to wave an information tapestry”发表于Communications of the ACM（35, no. 12，61～77）。当一个发明远远提前于它的主要应用时，重新发明和重新发现就更有可能发生。

者为了揭示哪些是有趣的问题而在一个领域中开展工作，两者孰先孰后？通过梳理这样一些案例的发明过程，可以揭示出发明者所使用的一些技巧，以及他们所使用的不同方法。

今天，万维网上的一些公司正是使用协同过滤系统去评价电影、音乐以及其他产品的。协同过滤的第一批商业系统之一就是Firefly，这是由帕蒂·麦厄斯和在MIT的其他一些人共同开发的。麦厄斯和她的研究生通过创立公司Agents Inc.将Firefly商业化，这个公司后来改名为Firefly Networks，Inc.。20世纪90年代末期微软将这个公司收购了。

尼克·谢里登和帕蒂·麦厄斯的脑海中都有一个需求，正是这个需求改变了他们观察世界的方式。无论看到什么，他们总是在为脑海中的这些问题寻找答案。对需求的熟悉使得他们用不同的方式观察世界，同时使得他们的视线转向他们认为可能会发现灵感和答案的地方。

反思

总结这一章所提到的案例，我们可以发现，四条主要研究路径支配着科学家和发明家在突破和发现中得到启发的方式。这些路径就像一个调色板中的颜色一样，这些颜色在调色板中可以混合而形成变化和组合。

1.理论驱使型发明。这一路径的结束语可能是“我找到了！”或者“根据我的理论……”。这一路径运用一个理论、一个模型或者一个类比作为思考的工具。这些思考工具为获得那些可以导引发明的洞见提供了便利和捷径。

2.数据驱使型发明。这一路径的结束语可能是“真奇怪！”一个发明者会注意到数据中出现的异常或者令人感到惊讶的东西。通过这种方式去关注事物就会形成一些优势，进而产生洞见和发明。

3.方法驱使型发明。这一路径的结束语可能是“现在我看到它了！”研究者使用一个新工具，这一工具可以使他们观察到以前观察不到的内容❶。新工具为他们提供了观察中所需要的便利条件，从而产生洞见和发明。

4.需求驱使型发明。这一路径的结束语可能是“需求是发明之母”。一个发明者获悉一个存在于现实生活中的、但仍然没有被满足的需求，或仍然没有被解决的问题，从而寻求一种方式去满足或解决它们。这一路径培育了发明，因为问题作为一个仍然没有被解决的挑战而存在于脑海之中。它成为解释日常经验的一个背景。因此，一个发明者将出现的任何想法或观察都作为是可能的解决办法的一些要素去加以思考。

科学家、工程师、艺术家和设计师

正如这一章所描述的那样，用不同的方式观察事物的四条不同路径有一种明显的**科学**味道。因为它们对应于一个实验性科学进程所包含的步骤。方法驱使型路径运用便利的方式去收集数据；数据驱使型路径沉浸于这些实验数据之中；理论驱使型路径从一个理论框架中获取洞见。

然而，“科学家们”并不是具有创造性并且能够发明事物的惟一群体。工程师和设计师在其中扮演着怎样的角色呢？许多突破性发明都依赖于技术上的根本进展，因此科学家们对20世纪的大多数重大突破做出了贡献这一点并不令人惊讶。

❶ 更为普遍的情况是，这种方式包括运用**新的方法**去做以前没有做过的实验，而不仅仅是运用新工具。新方法使得新型的观察成为可能。

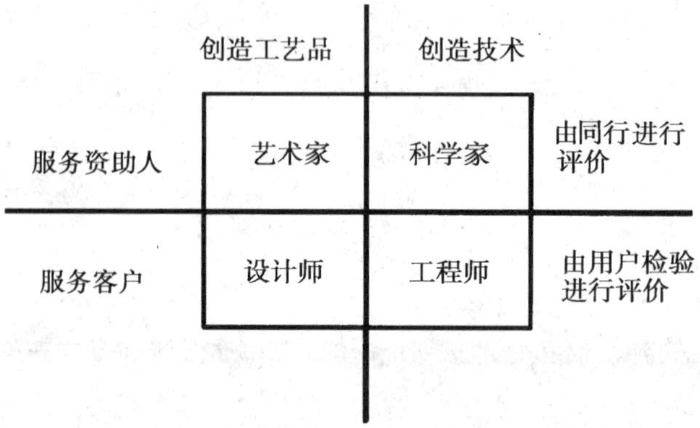

图 3.5　四类创造性职业之间的关系（本图基于里奇·戈德的建议）

图3.5描述了四类创造性职业之间的关系。❶ 图中的行和列描述了这些职业之间广泛和重要的相似点以及差异处。

左边一列——包括艺术家和设计师——代表创造工艺品的那些创造性职业。我们可能也会将建筑师——建造大楼以及其他大型公共建筑物的设计师——归入这一列。右边一列包括科学家和工程师，它代表了创造技术的那些创造性职业。当然，这一区分并不完善。例如，工程师也创造工艺品，而一些科学家仅仅创造理论，这些理论却并不完全是工艺品。然而，在突破性创新中，这些特征至少会对为有关发明的一些问题制定框架提供一些帮助。

在许多情形中，设计师将艺术家看作是在实践他们工作内容的一个更为纯粹的形式，并认为艺术家有更多的自由。在一些情形中，工程师用类似的方式看待科学家。然而，隐藏在这一观念下面的正是图表中顶行与底行之间所存在的其他一些显著差异。

从宏观的历史角度来看，处于顶行的那些职业——艺术家和科学家——工作得到了资助人体系的资助。在一个资助人体系中，一个富有的资助者——政府、大公司、大学、富

❶ 里奇·戈德为图 3.5 提供了建议，作为一名设计师和研究者，他在施乐 PARC 工作了很多年。戈尔德对设计的特性及其与其他创造性职业之间的关系有深刻的认识。

翁——为专业人员及其工作提供资助，但并不直接对其进行管理。对工作的评价依赖于同行评议。在现代科学中，同行评议在联邦资助机构以及科学出版物的审查过程中扮演着很重要的角色。

从广义上说，处于底行的那些职业——设计师和工程师——工作得到了客户体系的资助。在一个客户体系中，工作是通过计件工资制或者计时工资制来满足客户的需求。对工作的评价主要是用户检验，这通常是由客户来完成的。

在所有这些创造性职业之间存在着许多深刻的相似性和相关性。尽管许多大型研究中心中都不同程度地存在这四种专业人员，但在这些研究中心里面，不同职业的从业人数是有差别的，科学家占了其中的大多数，其次是工程师，设计师和艺术家通常组成了一个规模很小的少数派。

在我们考虑所有这些创造性职业的时候，就会产生如下一个问题，关于发明的这四条路径是如何工作的？很明显，艺术家和设计师之所以著名并且获得尊重，是因为他们强有力的工作方式，即“用不同的方式观察”，但是，他们的发明方式与科学家有差别吗？

我们还没有收集到有关设计师工作的足够案例，因而关于他们的创新方式我们还不能提供非常令人信服的发现[1]。然而，有一种情形是值得注意的，即设计学校通常将注意力集中于快速制作原型，以及建造一个产品的样品身上，从而可以直接体验它们。对于原型的体验构成详细观察的基础，以及下一轮设计的灵感来源。根据这一章提到的四条发明路径，我们可以用方法驱使型与数据驱使型的组合来描述这一路径的特征。通过拥有设备，可以使强有力的观察变得很便利，从这一点而言，它与方法驱使型路径比较相似。灵感来源于对原型的

[1] 主要由设计师组成的机构经常会从事一些非常具有创造性的工作，有时候也会产生一些新的发明。然而，一般而言，他们将注意力集中在由已经存在的技术组成的发明身上，而很少产生被称为突破性发明的东西。

仔细观察过程，就这一点而言，它与数据驱使型路径比较类似。由于设计师和工程师都倾向于与客户一起工作，因此他们的职业需要他们在客户具有明确需求的地方发展需求驱使型创新所需要的技能。

设计师和工程师的职业在某些方面也具有共同点，他们都是用已经存在的部件去构建事物，而不是创造新的技术。可以将科学工作者发明的新技术交给设计师和工程师，从而有助于他们的发明。当工程师和设计师在具备领先技术的情况下从事需求驱使型发明时，他们就可能在一些方向上获得突破，而这些突破是那些技术的最初发明者所没有预料到的。

第四章

创新：一条漫长之路

但是你没有停下来。
你知道你必须要做什么，
尽管，风用它僵硬的手指
探查着那些根基，
尽管，它们的忧郁，
如此可怕。

——引自玛丽·奥利弗（Mary Oliver）的“征程”（The Journey）

发明就是提出一个创意，创新是余下来99%的工作。从商业角度来看，创新就是“获得新技术，并实现它的经济潜力”。[1]

关于发明的创造性洞见可以在一瞬间闪现。与之相对，创新却需要花费几年时间（图4.1所示）。要想成为创新，这个发明必须首先证明是可行的。这个发明必须能解决一个值得解决的问题。它必须比那些目的相同的竞争的发明要更好。这通常需要许多技能和技巧，每一个

[1] 引自理查德·罗森布鲁姆（Richard S. Rosenbloom），“维持美国的创新：技术将来自哪里？”这篇文章出自美国国家研究会议的报告，“为了美国的经济未来而使用科学技术”。

技能和技巧都必须对产品做出贡献，对产品进行测试和改进。与之相关的每一个人必须为了同一目的而一起工作。

当一个发明必须由多个组织开发时，每一个组织都对开发起到进一步的推动和促进作用，这一过程被称为**技术转移**(technology transfer)。这一过程不仅仅是"将一个技术从墙上扔过去"[1]。技术转移成功的秘诀在于管理各种关系。如果不能成功地发展出共同的目标和承诺，并且没有在每一个阶段遵循它们，那么这将导致技术和产品的不必要的淘汰。

[1] 这种说法来自一些组织，这些组织被划分为具有固定成员的不同的功能群体。人员及其创新并不会跨越那些隐形的墙而在不同群体之间转移。

当产品的成功所依赖的不仅仅是一个发明时，必须开发出一整个创新系统。例如，电灯的广泛使用不仅仅包括电灯

图 4.1　在从发明通往创新的漫长道路上，存在着许多检查站，并要经历许多迂回的道路

泡，而且还包括电源插座和开关、临近和区域性的电力输送、配线标准和发电等因素。创新过程中所存在的困难正是托马斯·爱迪生在描述天才的特征时所考虑的那些因素，就是天

才是1%的灵感加上99%的汗水。

有许多道路都可以通往创新，每一个都会面临特有的挑战。一个发明者可能会遭遇竞争性产品为其带来的困难；另一个发明者可能会面临一系列令人生畏的技术难题；有的发明者还可能会为开拓一个缓慢形成的市场而进行艰苦的工作，或者必须指望建立一个工业标准。因为面临的挑战不同，所以创新的路线也是不同的。创新就是要将一个发明带入到现实生活之中，做它应该做的所有事情。下面的一些例子体现了创新所需要的东西。

案例故事

解决所有的问题

1946年，20个人聚集在东京市中心一家被烧毁的百货商店里，他们要组建一家新的公司——东京电信工程公司(Tokyo Telecommunications Engineering Corporation)。井深大(Masaru Ibuka)是这家公司的创办人之一，他想生产一种可以供大众普遍使用的产品。对于这个新创立的日本公司而言，磁带录音机看起来是一个很好的消费产品。

多年以前，德国已经发明了钢丝录音机[1]，但是这种录音机有很多局限性。在美国，Ampex公司制造出了磁带录音机，而磁带是由明尼苏达州采矿与制造业公司(就是现在有名的3M公司)发明的。但是在日本，制造磁带录音机的有关知识十分匮乏。在日本，电子和机械设计似乎触手可得，但是，还没有人尝试着去制造录音磁带。木原信敏是这家新公司中一个年轻

[1] 钢丝录音机是早于磁带录音机的一种录音装置。它通过让不锈钢金属线带上磁信号来录制声音。一般而言，钢丝录音机的声音质量要比磁带录音机的差，并且很难对录音进行编辑。

的工程师，它也曾是井深大的学生。在为了解决技术问题而进行的一系列工作中，他总是冲锋在前。木原说：[1]

1949年7月，井深大先生为我提供了一份富有挑战性工作，开发一台磁带录音机。那时候，磁带录音机主要是为了商业应用，但是我相信，一台磁带录音机可以用于家庭娱乐。每个人都拥有能激励自己的梦想。我们的梦想是能够录制音乐演出。作为一名工程师，我相信能够录制谈话内容和音乐是一件非常重要的事。

制造一盘能用的录音磁带是我们面临的第一个问题。起初我们所能获得的惟一信息是一篇参考文献提到，德国的AEG公司已经发明了磁带录音机，这个磁带录音机使用的是一盘覆着有磁性物质的塑料带。这是我们在这本书中所能找到的有关磁带录音机的惟一资料。我们不知道哪种材料适合于制作磁带基底，或者适合于磁性涂层。起初我试着研磨一个磁铁从而将其制成粉末，但是这并不管用。粉末的磁性太强，因而你不能用这种方法制成的磁带录制或擦除声音。

我在学校向其他研究者寻求建议，并继续寻找合适的材料。最终我找到了由本多光太郎（Kotaro Honda）所写的一篇参考文献，这篇文献主要是关于一种被称为亚铁盐的、有发展前途的化学制品。然而在战后很难找到这种化学制品。盛田昭夫（Akio Morita）为找到这种制品提供了帮助，于是我们一起到制药厂去寻找这一物质。我们找了很长时间，最终找到了拥有这一物质的惟一制药商。我们买了两试剂瓶，带回去供进一步实验使用。

亚铁盐是需要加以处理的。我们借了一个煎锅将这种粉末加热。这种加热处理非常困难。用煎锅加热亚铁盐时，如

[1] 木原的事迹源于2002年11月的电子邮件交流，同时也感谢索尼公司的翻译为我们的交流提供了帮助。

果我稍微有所疏忽，它就会立刻燃烧并变成褐红色铁氧化物。当这一物质变成黑褐色时，就需要停止它的化学反应了，这点是非常重要的。褐色物质是氧化铁，黑色物质是四氧化亚铁。

下一个问题是寻求一个能将磁性粉末平滑地涂在塑料带上的方法。我们采用试错法进行实验。我试验了各种各样的黏合剂，例如煮熟的米饭和阿拉伯糨糊。但是，所有这些结果都不能令人满意。然后，我试着使用了一个喷雾枪，当时，油漆工使用这种喷雾枪将颜料涂在正在建设中的新办公大楼的内墙上。这一方法的效果很好。

其他很多问题出现了，例如要生产足够好的粉末，要开发出联动的绞盘，以及保持磁带上的适当张力等。在用微感应电动机调速的时候，以及在得到用来拉伸和吸附的天然橡胶的过程中也发现了一些问题。对于一个发明者而言，在开发技能过程中，哪些因素是重要的？木原对此作了反思：

我认为，从经验中发展出想法是很重要的。技术诀窍并不能通过只看看其他人的书籍就积累而来。对我而言，直接用自己的双手去处理事物一直是非常重要的，例如“自己接线”，“掌握焊接技能”，甚至“开发一个算法或者用计算机进行分析”等。

在开发和销售磁带录音机的过程中，许多进一步的挑战摆在了面前。他们必须熟悉市场。当第一批机器因为价格太高而使得普通家庭无力购买时，他们发现可以将其卖给法院，法院可以用这些机器记录诉讼程序。后来他们与音乐学校进行合作。磁带录音机是该公司在商业上获得成功的第一个产品，这家公司就是今天著名的索尼公司。

开发衍生系列产品

如果你曾经使用过基于网页的搜索引擎，一个文字处理软件，或者一个基于语言的掌上设备，那么你很有可能已经使用了罗恩·卡普兰及其团队的发明。卡普兰最早创造了一个著名的技术，有限状态构词法（finite-state morphology）——这是一种非常高效的计算机描述方法，在这里，字母或符号的组合可以相当于有效的单词。这一技术很快在基于语言的掌上装置上得以运用，例如拼写检查器、词典以及在20世纪80年代开发出来的翻译辅助设备。施乐PARC与Microlytics股份有限公司合作，他们共同为了上述市场而将这一技术商业化。有一个关于计算语言学❶和自然语言理解系统的长期研究，有限状态语法规则被看作是这一程序比较简单的部分。

我们向卡普兰询问了他是如何基于构词分析程序（morphological analyzer）来开发产品的。❷他作了如下回答：

你如何获得一个大的有限状态置换器（finite-state transducer）❸——在字典中我们会有大概10万个不同的状态，并且如何在一个非常小的空间内将其表现出来？❹这是一个新问题。我们一直以为速度是最重要的参数，但是在我们的第一个实用系统中，我们发现空间才是最重要的，而不是时间。❺

我们从Microlytics那里发现了一个市场需求，这个需求指出"我们的确需要能用于小空间的识别器"。这完全改变了我们的想法。我们意识到，我们可以通过一个完全不同的方式去完成这一交换。系统的速度没有必要一直那么快但它必须足够小。

空间是关键的，因为空间是你需要为之支付金钱的东西。空间进入了UMC❻敏感区，而"时间"仅仅是用户的体验，与其购买价格无关。对掌上设备而言时间是很充裕的。从计算机的观点看，如果用户采用很慢的单指输入法输入的话，那么"响应"时间就几乎是无限的。

❶ 计算语言学家为语言建立计算模型，他们不仅考虑知识，还考虑对自然语言进行加工的那些算法的复杂性。

❷ 罗恩·卡普兰的事迹源自两次访谈，一次是由马克·斯特菲克在2001年7月6日做的，另一次是由巴巴拉·斯特菲克在2001年8月27日做的。

❸ 关于语言的最简单的语言学模型是"有限状态"模型。这一模型根据对于不同状态的有限收集之间的转移来描述语言学要素，如句子或单词的可识别性。例如，字母r-u-n的顺序可以被编码为三个状态："由r开始"，"紧接在r后面的是u"，以及"紧接在u后面的是n"。在有限状态模型中的分支点也会识别"r-u-n-s"，而不是"r-u-n-b"。

❹ 这里的"空间"指的是计算机存储器，也就是用来储存字母和其他符号的代码的空间。要储存的符号越多，所需要的空间就越大。

❺ 在计算机程序设计过程中经常存在这样的情形，即在供程序使用的空间数量与执行一个计算所需要的时间数量之间存在着一些交换。例如，用空间去交换时间的一个方式是提前计算出许多答案，并将这些答案储存在一个大表格中。有一个大表格就节省了时间，因为一个程序仅仅需要在这个表格中找到一个答案就可以了，而不再需要执行一次复杂的计算。

❻ UMC的意思是单位制造成本。在为一个产品估价时，一些公司用一个固定的百分比乘以UMC，因此价格点（以及利润）对UMC比较敏感。

卡普兰从他在施乐PARC的研究职位上离开了一年，去与Microlytics开发产品。在为掌上设备开发了有限状态词典以后，他们被要求去为第一批个人计算机设计拼写字典。因为需要使巨大的拼写字典能够装进相对较小的软盘，所以这个任务也需要小空间：

为制作一个拼写检查器或辞典，将你所需要的所有数据放在一台8086计算机[1]的一张软盘上，与放在两张软盘上是不同的，这个差异决定了这个产品能不能卖得出去。人们不会为了检查拼写而把软盘来回折腾。因此在当时，300K左右的大小决定了这些产品能否用于PC机。

技术是持续变化的，并不断为有限状态构词法提供新的适用机会。当国际互联网在20世纪90年代开始流行的时候，计算机能力有了很大提高，但是对于拼写检查器的需求仍然在持续着。卡普兰发现，有必要根据不同的需求开发出另一代系统。这样的话，节省空间就不再是关键问题了，而速度则成为了关键的问题。施乐PARC成立一个称为Inxight的创新公司，通过这个公司将这一技术的新形式加以商业化。人们已经很仔细地开发了大的词典。然而，它们并没有直接与Inxight的产品“接轨”。相反，人们希望修改语言编译程序，以便加快查询速度，即使这些词典需要更多的计算机存储器，卡普兰说：

一开始，速度曾经是每秒钟74个单词。我将其提高到了每秒2万到3万个单词之间。正是这一因素使得Inxight能够与其他人开发的特殊目的算法（special purpose algorithms）相竞争，这个特殊目的算法没有提供跨语言的体系结构。

基础性的语言技术被开发出来，然后被重新最优化，从而可以适应好几代计算机设备，正是在这个意义上，卡普兰及其团队面临了重复性的挑战。尽管为了多种语言，他们不得不采

[1] 8086是在IBM早期个人电脑上使用的英特尔芯片。

用编译程序，但是他们没有必要用手工对字典进行不同的编译。为了不同的用途，他们使用一个编译程序对字典进行了不同的翻译，为了掌上装置而将空间最优化，为了互联网应用而将时间最优化。这种做法使得整理和维护字典成为可能，并能将其应用于不同的用途。

招募一个开发团队

特德·塞尔克对人的因素进行了研究，以此来测定人们使用指点杆[1]的效果。例如，塞尔克在他的实验室中做了一系列实验，他确信，指点杆越硬，人们使用的效果就越好。然而，使用效果并不是惟一重要的因素。当他与产品开发团队一起工作时，塞尔克发现了如下情况：[2]

指点杆在起初开始设计时是一个未经许可的项目（bootleg project）。一开始最大的问题是传感器中的非线性和非单调性，传感器失灵了。我来到我的主管面前，问他我是否可以花500美元从Measurement Systems Corporation那里买一个传感器。他看起来非常迷惑和不合作，然后说："买两个"。这是非常有趣的，因为到那时候为止，这几乎是一个未经授权的项目（unauthorized project）。我拿了一个坏的显微镜，把它修理了一下，还有一个被人丢弃在大厅中的示波器。我们通过这种东拼西凑的方式开始了工作，在这里，我的朋友乔·拉特勒奇（Joe Rutledge）开始检验他与我之间的合作关系，同时检验他在电子学等方面的兴趣。通过这种工作方式，我们慢慢建立了承诺。

我们通常会使用一些已经被其他人发现了的理论。比如，有一种理论认为，"如果一个设备绝对地坚硬，并且与你的手指之间的联系也很紧密，那么这个设备就会运行的

[1] 指点杆是一个如橡皮擦一样的小块，它位于IBM的Thinkpad笔记本电脑和其他许多电脑的G键、H键和B键之间。这一小节考虑的是在将发明引入市场过程中所遇到的挑战。第三章描述了它是如何被发明出来的。

[2] 特德·塞尔克的事迹引自2001年4月18日的访谈。

更快”。

当我们将其运用于一个产品时，其中一个主管将他的手指按在指点杆上面，说：“看这个凹痕。我不想在任何消费者的手指上看到这样一个凹痕”。我们说：“但是它像一辆宝马，而不是一辆卡迪拉克。它拥有紧凑的操控和坚硬的悬挂。你必须有很紧密的物理联系。”

但是这没有用。那个主管不喜欢凹痕。因此我们不得不又回到了实验室。

还有一个关键问题塞尔克并没有抓住，这就是购买一台带有指点杆的计算机的决定权通常掌握在一个从来没有用过这个产品的人手里。由于要花超过一分钟的时间才能掌握使用早期指点杆的方式，这个最初的不良印象也就意味着计算机可能根本卖不出去。因此产品必须重视初次使用者的感受：

除了那些绝对的新手之外，对每一个人来说，在一个混合打字和编辑的任务中，使用指点杆至少要快20%。在40分钟以后，对于连续的点击而言，它甚至比鼠标更快。

尽管如此，这并不能使每一个人满意。我参加了一个商业会议，在这个会上，有个家伙将他所有的谈话内容都集中于初次使用者所要花费的1.5分钟上。我对他进行了反驳，说到，“我昨天去了秋叶原❶，我看到一个人正在玩带有一个轨迹球的计算机，他们正在决定要买哪种计算机。我发现他们用了半个小时时间去比较计算机，试图作出购买决定。”他说，“这不是一件很普遍的事情。人们通常不会花那么多时间去做决定。你应该去解决手指的压力问题，以改变初次使用者的最初体验。”为了将指点杆变成一个产品，必须满足他的标准。

他的建议和要求促进我们对产品作进一步改进。他所说的其中一个有趣的事情是“你必

❶ 秋叶原是东京一个专营高技术物品的购物街区。对技术爱好者来说，这是一个很受欢迎的逗留地，因为在一些产品被输出海外很久之前，它们已经在这里出现了。

须与横田先生一起紧密地工作”。现在，横田刚刚与轨迹球制造商紧密合作了六个月，他的注意力已经完全转向了他与这些公司的关系以及他的轨迹球。我必须克服他的异议，我只有四天时间来做这件事。

我们购买了40种不同材料，例如石英、软木塞、泡沫、sorbothane❶、砂纸等。横田在实验室与我们一起工作了很长时间。我最后设计了一个空气悬架顶，这个空气悬架顶可以环绕着你的手指，而不会让你的手指出现凹痕。我们发现通过让手指在一个空气悬顶架和胶皮头上移动，就可以让新用户的定位效果提高15%。

横田是这一技术的主要反对者，但这使得整个事情变得更加顺利。因为当你正在试图解决问题的时候，你需要尽可能地将所有反对者都包括进来。我相信，让横田参与进来是我们成功的关键。日本人所真正需要的理念是，即如果我们要获得一个答案，那么我们需要达成一个**团队**共识，这种理念也似乎是他们一直所强调的，这种理念也正是使我对日本人创新和开发产品的方式方法感兴趣的地方，他们认为，团队中的**所有**成员必须都有所贡献。如果你没有将每一个人都包括进来，那么他们就不会信任你。相对于其他的经历而言，我在这一过程中学到的东西更多。当反对者非常乐于参与到我们创造解决办法的行动中时，我们能够获得更多有创造性的进步，而当反对者仅仅被说服，并且他们仅仅听到“这就是事实，夫人”时，我们就不会获得这么多有创造性的进步了。

缓慢的承诺有很多不错的方面。当我第一次围绕这个想法开展工作时，我想它可能是一个六个星期的项目。但是当我们的工作进展到与横田开始合作之前，许多年已经过去

❶ Sorbothane是一种类橡胶材料，它可以隔离和降低冲击与震动。

了。这一项目总计耗时10年。如果在此之前我已经想到了它要耗费这么长时间的话，那么我可能就不会做这一工作了。

像其他许多技术一样，在指点杆这一项目中，从“啊哈！”（灵光一闪）到产品生产共花费了好几年时间。在某些情况下，同样的技术可以用于不同的产品，但是它必须为了不同的产品而用不同的方式加以拓展。这就是下一个案例将要讲述的内容。

打败竞争性发明

第一个计算机鼠标是由道格·恩格尔巴特及其同事在斯坦福研究院（现在是SRI International）发明的。在20世纪70年代中期，比尔·英格利什（Bill English）和恩格尔巴特研究小组的其他一些成员离开了SRI，来到施乐PARC，施乐PARC开发了第一台个人计算机Alto。在接下来的20多年里，许多不同公司的人都为几代“鼠标技术”做出了贡献——第一个光学鼠标，第一个可在任一平面上使用的鼠标，第一个苹果机上的鼠标，第一个无线鼠标等。

比尔·英格利什的工作是为Alto开发不同样式的鼠标，他请斯图尔特·卡德帮助他对鼠标进行评估，并将鼠标与其他的定位装置进行比较。不同样式的鼠标都进行了验证，但问题依然存在。对于个人计算机而言，鼠标是最好的定位装置吗？在将人的操作进行最优化的过程中，鼠标的哪些性质是重要的？

斯图尔特·卡德是一名心理学家，也是一名计算机科学家，他对理解人们如何与信息进行互动非常感兴趣。如果有人问他一些关于他的心理学背景的问题，他会很快指出他的工作与临床心理学没有关系。相对而言，他的关注点更加集中于在执行任务时人的表现，包括知觉、手眼协调以及信息处理。

在鼠标的地位确立之前，有许多竞争性装置可能会成为个人计算机的主要定位装置。卡

德的工作确立了鼠标在第一批施乐PARC的研究型个人计算机以及第一批商业化个人计算机(由Xerox生产)中的应用:

一个关键问题是，在PARC，是否存在一个我们应该去寻求的、相对于鼠标而言更好的选择。我被要求去帮助比尔·英格利什设计一个实验，去测试这一问题。通常的做法是仅仅在设备上将A和B加以比较，而且英格利什此前已经这样做过了，但我一直认为这种做法是有问题的。因此这里有一个想法，即为每一个可能的装置或我们要测试的装置都制作一个模型。我们用了六个月时间建立了一个用来对鼠标进行评估的实验室，安装了设备，并编制一个计算机程序用来搜集活动的统计数据。

卡德开始用定位装置去研究人的表现。他知道，人们能够反应过来并操控设备的速度有一个基本界限。例如，曾经有一些研究测定了士兵瞄准和操作高射炮所能达到的速度。费兹定律（Fitts's law）是一个经验定律，这一定律描述了人类的手眼协调表现。卡德认识到，对人类表现的基础性测量可能会与理解鼠标有关。费兹定律预测了一个人将手从一个启动点移动到一个可视目标的速度有多快。随着与目标之间距离的增加，所需的时间也在增加。当目标物较小且难以触及的时候，所需要的时间也会增加。一开始，卡德在理解有关鼠标操作的测试数据时遇到了很多困难:

我拿着这些数据坐在我的办公室里，这时我首次认识到费兹定律并不完全适用于鼠标。当我计算曲线的斜率时，我认识到这一**斜率**类似于支持费兹定律的那些已经发表出来的**斜率**。差异在于抓住鼠标的一个微小的启动延时，但是一旦手拿住了鼠标，移动鼠标指向某物的时间就遵循预期的曲线。然后我意识到这意味着一个人能够以移动手的速度去移动鼠标。这就意味着整体表现并没有受到鼠标的阻碍，人们在尽其所能地做这一动作。提高速度的限制性因素并不在鼠标上，而是在人类所具有的基本的手眼协调系统上。可能没有其他更好的定位装置了，因为效果的限制因素来自于人类能够精确移动眼和手所能达到的速度。然后，我认识到，这就意味着鼠标几乎就是最佳的装置了。此后，我感觉，所有这些意味着如果你将鼠标引入市场的话，那么将没有人能够击败它。

对于定位操作而言，鼠标是不是最理想的装置？对这个问题的回答仅仅是走向创新的一步而已。当从研究当中获得一些发明的时候，在属于研究团队的科学家与属于开发团队的工程师之间经常会存在一种微妙的关系。在测试鼠标在一个产品中的应用情况时，卡德面临着更进一步的挑战：

因为拥有一个理论模型，它使我在有关经验发现的争论中受到了帮助。在塞古恩多（El Segundo），我向施乐的一些工程师做了一个演讲，他们当时正在试图使定位装置变得更完善。❶ 他们对鼠标都非常敌对，因为它挂在一根线上，而当时所有的东西都集成在一个键盘上。有一部分要悬挂在旁边，这一想法对他们来说似乎是难以接受的。对于这些早期计算机而言，键盘和显示器都是作为一个整体来制造的。甚至有一个单独的键盘的想法都是激进的。

当我展现实验结果时，那些工程师在条件、实验控制以及所有事情上都进行了质疑。然后我继续讲了为什么实验结果会是这样，以及从理论模型中可以得出什么结论。他们开始认识到存在一个系统的理由，它可以解释实验结果为什么会是这样的。在实验中不可能存在一个人为因素从而导致了这些结果。而且，这个理论还表明存在一个连贯的理由。这些结果**应当**通过这

❶ 定位装置是一个可以在一个工作区选择一个点的装置。定位装置的实例包括鼠标、指点杆、轨迹球、操纵杆和触摸屏。

种方式产生出来，这是符合逻辑的。当这些工程师理解了这些时，他们不说话了。

鼠标作为定位装置应用于由施乐推向市场的第一台个人计算机上，这台计算机是Alto的一个变体。后来，当施乐开发出Star个人计算机时，选择合适的定位装置的问题又出现了：

后来，围绕施乐在Star上应该使用哪种定位装置的问题又展开了一场大论战。正是这一理论为鼠标赢得了今天的地位。我不知道最终能留在市场上的是不是鼠标，但是，我们可能已经结束了操纵杆或轨迹球作为个人计算机上的标准定位装置的时代。这一理论在确立鼠标的过程中是非常重要的。

在开发Star的过程中，存在着一些额外的挑战，要使定位速度更快以便适应更大的屏幕。因为Star的生产机构挨着研究中心，所以人们经常在一起吃午饭。Star团队已经重新设计了鼠标的电子元器件。操作性能的问题又重新出现了：

在设计Star的过程中，这样一个问题产生了，即对于鼠标而言电路是否足够快，或者它们是否需要使用更昂贵的电路。拉尔夫·金宝（Ralph Kimball）在吃午饭时问我这个问题。我很快计算出了用鼠标所能做的最长移动距离，这就是屏幕的对角线。计算结果向我们表明，鼠标的最大速度要快于电路所能跟踪的速度。

然后我们来到实验室。因为我们能够很好地测量人机界面，所以我们能够在一小时之内做一个实验，用这个实验去抽查我的计算结果。在午餐时得知这一问题的一两个小时之内，我们得出了一个答案，并告诉他“你必须使线路更快些”（用一些额外的成本）。他们也这样做了。后来在市场上出现了其他的系统，这些系统降低了鼠标的速度，因此，如果你用鼠标移动一个更长的距离，光标没法达到你想让其达到的地方。这是一个相当细小的问题。经过两个小时的分析，我们学会了避免速度降低的问题。那是因为我们拥有一个理论。

开发鼠标带来了许多挑战。这个关于人的操作和鼠标的故事产生于开发、完善和市场化鼠标这样一个漫漫旅途的起始阶段——这是在恩格尔巴特的发明基础上进行创新的第一步。鼠标就真的优越于其他定位装置吗？电路应该有多快？从那时候起，鼠标就在不断地发展。光学鼠标已经被开发出来了，它通过消除滚动组件而增强了可靠性。无线鼠标也被开发出来了，用于简化桌面杂物，并消除导线的缠绕。滚轮和侧按钮的出现可以使得特定的交互作用进行得更快。鼠标在变得像现在这样无所不在之前，许多人和许多公司都对其做出了贡献。

所有的设计都是再设计

本·施内德曼是马里兰大学的一位教授，在那里他创立了人机交互作用实验室。他是一个多产的发明家，而且也是一个多产的作家。他回顾了他的父母在一起写作的情形，这一情形第一次塑造了他对如何恰当地获取某些东西的判断。他对上述情况做了如下回顾：[1]

我的父母经常在一起工作。他们不断讨论和争论。他们都是记者。我父亲口述，我母亲会用速记的方式将其记下来，并将其重新打印出来。然后他们会继续争论。

看着他们——我父亲用胶水、纸张和剪刀去剪切和裱糊，我母亲反复打印直到它足够好为止——使我意识到，写作是困难的。

我没有其他挣扎着写作的人所具有的这种通常的障碍。我觉得**第一次时就将一件事情弄好的想法是白日做梦**。相反，应该仅仅是向前推进并将它写下来。然后再进行精练，精练，再精练。在我做的一个方案中有15章内容。每章的第一稿我花3个小时。我记录了自己的工作

---

[1] 施内德曼的事迹引自2001年7月7日的访谈。

时间，每章的修改用了15个小时。我对修改所付出的心血了如指掌。

为了形成一份最终稿，写作需要大量的修改。写作和修饰的重复性在过程中建立了信心和信任。只有第一份草稿会写得很快，就像一个发明火花的第一次闪现一样。人们大部分时间是花在修改上的。

反思

创新中的成功是没有保证的。木原倍敏案例中的磁带录音机给一个公司带来了第一个商业成功，这个公司就是后来的索尼，但这并不是该公司的第一次尝试。在20世纪40年代，当这个公司苦苦挣扎以求生存之时，他们试图首先奠定一个财务基础。井深大最终想创造一个崭新的产品，这个财务基础可以为这一想法提供资金。因此，这个公司决定首先做一个电饭煲。这个东西的设计是非常简单的。在很小的木桶的底部装上铝丝。当米和水加入桶中时，水会充当一个导体从而使电路布满整个桶。发热元件热起来之后，米就被煮熟了。当米煮熟时，水会散失，供电和加热也因此会停止。正如盛田昭夫在《日本制造（Made in Japan）》中所说的那样，这个设计没办法可靠地运行：

我们在千叶买了一百多个这样的桶，并将它们制成电饭煲。但问题是，在那个时候你并不知道你获得的是哪种品质的米。用质量好的米，如果你比较小心，那么煮出的饭就比较好。但是如果米的质量不是那么好，如果米太潮湿或太干燥，那么我们煮出来的饭就会很黏湿或者很松散。无论我们试了多少次，它都不能煮出很好的米饭。（p.13）

当公司在展现自己的历史时，许多公司都倾向于将焦点集中于他们的成功之处，而隐瞒他们的过失。与此相对，在东京的索尼博物馆中有索尼电饭煲的展出位置，它与许多艾美奖（Emmy Award）以及如TR-63晶体管收音机、彩色显像管、随身听这样的开拓性产品放在一起。将电饭煲放在博物馆中的做法强调了这样一些原则，即成功需要尝试一些东西；你在开始时并不确切地知道哪些是可行的；在错误中学习和成长是很重要的。井深大有一个宏伟的想法，他想创立一个公司，在这个公司中，工程师受到挑战去运用他们的想像力为一个技术的未来创造各种杰出的可能性，对于创新的灵魂而言，上述这些原则与井深大的想法具有同样的重要性。

一个类似例子来自于康宁公司。康宁股份有限公司是一家玻璃制品公司，消费者很熟悉该公司的Pyrex、Coring Ware和Corelle等产品品牌。许多具有如此成功产品的公司会试图稳定下来，并仅仅生产这些产品，而没有进一步向前看。但康宁公司并不是这样。今天，上述那些品牌由已经脱离康宁公司的消费者事业部运作。康宁公司已经作为一个重要的高技术公司而出现人们面前，它在光导纤维、电缆和光子产品领域处于世界领先水平。康宁公司的转变是其承诺的结果，它承诺要投资于研究和创新从而创造新的商业机会[1]。任何如此大规模地采用创新的公司都要学会去应对挫折。

1932年到1935年间，康宁公司接受了为帕洛马山天文台（Mount Palomar Observatory）

[1] 对于康宁公司的商业运营来说，2002年是非常具有挑战性的一年。詹姆斯·候夫顿（James Houghton）是康宁的主席和首席执行官，他在给股东的书面谈话中提出了公司要如何应对在收益上非常困难的一年。造成这一困难的最直接原因可能是电信行业的不景气，以及光纤电缆的需求下降。在困难时期中，候夫顿谈到了公司对于创新的持续承诺。尽管康宁不得不在2001年和2002年削减超过19 000个的就业岗位，但是他说，“我们正将超过10%的收益应用于研究。有人可能会对这段时期这么高水平的承诺表示质疑……但是我们将不会有所缩减。在我们的实验室，我们拥有超过1 000名科学家和研究人员。他们是我们创新引擎的核心，而且他们将继续按照原来的方式开展工作！”康宁对创新进行投资的历史已经有150多年了，在其历史发展的许多阶段，它都是依靠技术开拓了新的市场。

建造一台200英寸反射镜的挑战，此前通用电气公司（General Electric）已经尝试了这一项目，但却失败了。这是为世界上最大的光学望远镜建造一个反射镜。为了在这条道路上控制风险，并获得必要的新知识，康宁想通过建造一系列渐次增大的反射镜最终建成一个大反射镜。从一个较小的尺寸开始，他们创造了三个60英寸的反射镜，一个60英寸×80英寸的椭圆形反射镜，一个120英寸的反射镜[1]，然后是200英寸的反射镜。这一项目需要克服很多障碍，例如，无意的碰撞碎裂，以及要开发一种新型的玻璃材料以弥补退火过程中出现的困难。

在浇铸200英寸的反射镜的那天，许多管理人员都站在一个走廊上观看，并准备庆祝这一事件。然而，经过8小时的浇铸，玻璃的重量和长时间的受热损坏了模具底部的核心部分，因而导致浇铸失败。

如索尼一样，康宁更加倾向于从失败中学习，而不是隐瞒这些失败。康宁保存了那个有裂纹的第一个反射镜，并将其放在康宁玻璃中心，以供所有参观者参观。格拉汉姆和舒尔迪纳（Graham and Shuldiner）在《康宁与创新技艺（Corning and the Craft of Innovation）》中对此作了描述：[2]

除了证实科学规律以及获得不断增长的技术决窍之外，最有意义的成果就是辨识出人们在管理失败过程中反映出来的持久性和重要性的价值。毫无疑问，公司的所有人都在有意识的学习这一教训，因为那个反射镜没有被运到加利福尼亚，刚开始时它被放在城市中心的一个广场上，后来放在了康宁玻璃中心，供所有参加者观看。它暗黄色的蜂窝状的一面暴露在外，上面布满了不在恰当位置、并且畸形的部分。通用电气公司丢弃了这一项目中那些甚至还有再次利用价值

[1] 120英寸反射镜成为汉密尔顿上的里克天文台一台望远镜的主反射镜，这个天文台位于圣何塞附近。

[2] 康宁股份有限公司起初是作为康宁玻璃制品公司而著名的。如果想知道有关康宁创新的精彩历史，请参见格拉汉姆和舒尔迪纳（Shuldiner）所著的《康宁与创新技艺》。

的部分，与通用电气公司不同，康宁将其第一个有缺陷的200英寸反射镜看作是一个象征，象征着在逆境中忍耐力所具有的价值；同时将其看作是一个提醒，提醒人们如果要想获得最终的成果，那么就必须在失败面前坚定地站起来。(p.113)

最终，康宁的工程师成功了。但仍然需要进一步的努力。在第二个反射镜浇铸的那天，附近的切蒙河河水溢出了河岸从而造成了水灾，这次水灾是100年来最严重的水灾之一。工人们不得不爬到高处去移动洪水上面的变压器，以保证退火循环所需的电力。他们成功了，浇铸最终得以完成，他们造出了大反射镜。这个反射镜被安装在帕洛马山上，至今仍在使用。

对于重复发明者而言，看到他们自己的发明成为现实使得他们相信所有的一切都是值得的。成功会回报那些具有坚强意志的人们。创新就是对精通的东西的一个测试，在他们的同事看来，走在漫漫长路上的创新者是与众不同的。他们是那些踏上征途而又成功返回的人。

BREAKTHROUGH

第二部分

孕育发明

第五章

导师与学徒

事情总是从模仿，到同化，再到创新。当从各色各样的人那里都得到一点点的东西，并将它们融合成一种独特的风格时，你就从模仿阶段过渡到同化阶段——创造出属于你自己的风格。一旦你已经创造出自己的声音，并且对音乐史有很强的判断力，那么接下来你想到的就是这段音乐在何处还没有出现过，以及在何处可以出现——这就是创新。

——小沃尔特 · 毕晓普（Walter Bishop Jr.），引自保罗 · 贝里纳的《在爵士乐中思考》

成人礼

一个发明者所受的教育究竟始于何时？在《夜莺的歌声（The Nightingale's Song）》一书中，罗伯特 · 蒂伯格（Robert Timberg）讲述了在伊朗门事件中五位美国将领的出色表现。蒂伯格起初试图以幼年的影响作为叙事的开端，但是他又逐渐认识到，这些人的思想主要是在位于安纳波利斯（Annapolis）的美国海军军官学校的影响下形成的。海军军官学校为学员创造出了一条由少年向成人转变的有效渠道。安纳波利斯传递给他们生活的价值和方法。对于创造和研究而言，类似的通向职业生涯的成人礼通常是在研究生院。无论男女，皆是如此。

研究生院是研究者和发明家的成人礼。研究生院培养出下一代研究者和发明家，他们将从这里走进科学和创新的世界。

相对于本科或者是中学和文法学校的教育，研究生院的教育似乎更加传统。研究生院之前的教育主要是一系列的课程、作业和考试。这种教育实践会事先准备好课程，以便学生能够按既定的步骤学习。教育就是通过这样的方式组织起来进行有效的知识传播的。课程的应用节省了时间，从而将知识迅速地传递给众多的学生。而发挥把关作用的考试则是要确保每个通过这一系统的学生都已经掌握了知识。

相反，研究生院的体制则建立在导师与学徒的古老传统基础之上。研究生教育帮助学生们进行专业的训练。课程多数是为他们量身订做的，学生们通过与不同的导师合作获得实践的机会，并根据择业的目标进行有侧重点的调整。通过潜移默化式教育（osmosis），学生们会发现那些在课堂上很少提及的重要的实践要素。研究生毕业时，必须要求他们在某个领域中已经具备了实践者的水平。

案例故事

导师

在正规课堂上所学到的知识与总体上所需掌握的知识之间通常会存在一条鸿沟。保罗·贝里纳在他是如何向一位天才演奏者学习演奏爵士小号的故事中描述了这样一种现象：[1]

一个曾经收我为徒的小号演奏者交给我一系列的音乐训练任务，让我去练习。每次我们见面，他都会鼓励我加大练习的力度。当我最终进步到能够通过有技巧的控制、正确演奏出这些乐章时，他对我的成果表示赞赏，仿佛在说：“非

[1] 保罗·贝里纳，《在爵士乐中思考》，芝加哥大学出版社，1994。

常好，这就是我要教给你的”。但问题是，对我来说，我所学的听起来并不像是爵士乐。当他觉察到我的沮丧时，似乎很惊讶。接着，他拿起他的乐器，谦逊地说：“当然，你必须在各处稍微加入一些这个”。在我耳中，以往训练中那些毫无生趣的练习幻化成由充满想像力的变奏组成的欢快小溪，它们变得越来越绚丽，我几乎不能辨别它们同以往的样子之间有什么联系。这个经历唤醒了我，使我有责任去实现老师和学生之间的交流。（p.10）

当研究生开始同导师一起工作时，研究生就在一个富有经验的向导的引导下开始了他们的研究旅程。学徒就意味着参与几次完整的研究计划，提出问题，并且在遇到困难的时候获得帮助。

贝里纳的故事提醒我们有一种觉醒的存在。从这个意义上说，准备阶段并不仅仅是为了获得技巧。然而，觉醒常常是一个渐进的过程。人们在研究生院“上学”，但是丝毫没有意识到态度的转变。虽然如此，这些经历也在改变着学生。由于众多的研究和发明都来源于从不同的视角看问题，研究生院就为学生提供了加深对他们自身和研究工作进行观察条件。

压制 Vs 拓展好奇的想法　约翰·里德尔是一个多产的发明家，同时也是明尼苏达大学的教授。他带着很多计算机科学专业的硕士生和博士生，他与这些学生一起对他的项目进行研究。学生们欣赏他在项目研究过程中为学生将来的职业所作的准备[1]。对里德尔来说，教育是一个热门话题。他相信教育应当激发学生的潜能，但是在大多数情况下，它并没有做到这一点。他说：

美国的教育系统具有这个特点。也就是说我们通过8年的小学教育让学生们记住一系列的东西并参加考试。接着读4年的中学继续学会记住一些东西和参加考试。然后又是充满记

[1] 约翰·里德尔的事迹引自2001年8月29日的一个访谈。

忆和考试的4年大学。下一步我们把学生送进研究生院，给他们两年或者更多的时间学会如何记忆和考试。接下来，我们会说："好，你已经可以去做研究了。"而对于如何做研究，他们并没有形成一个概念。我们消磨了他们打开探索性好奇心的能力。

在帮助学生准备做研究时，我们试图先确认他们的兴趣和优势所在，如果学生有一些缺点，为了对所感兴趣问题的探索需要加以克服的时候，我会建议他们要首先解决这些弱点。

我们每周都有例会。会议的确是一件絮絮叨叨的事情。在与我见面的时候，学生们总认为应当展示出一些东西，如果什么成果都没有，我会看起来不那么高兴。但是，在这些会议上，大多数情况下都是他们来向我报告他们所做的工作，已经取得了哪些成功，或者遇到了何种障碍。我们花大量的时间谈论那些障碍。如果他们有解决的方案，那非常好。如果没有，我会看看自己是不是可以介绍他们请教某人、读某篇论文，或者朝哪个方向行进。

在很大程度上，我要做的都依赖于这些会议的结果。我的学生们的自我管理能力差别很大。一些学生离开我照样做得很好。他们不断地遇到挫败，同时也不断地做出很好的成果。当然，也有一些学生会陷入迷途。对于这些学生，我会为他们设立一些短期目标。我会跟他们说："下周你可以做这个。"

当学生们开始行动时，他们并不知道该如何进行研究。我很直接地告诉他们："你们第一年的首要目标就是针对你感兴趣的题目写一篇文章。在我们所做的诸多项目中选择一个小的模棱两可的题目来研究。你的目标就是去写一篇论文。这不是因为那是博士论文的题目或者将来你要从事的事情，而是因为这些训练将会有助于你学习如何做研究。当你以后准备选择博士论文的研究方向时，你会理解现在的选择意味着什么。”

第一篇论文对大部分学生而言非常难。我有一个组织化的、结构化的方法可以教会他们如何写好论文。我有一个需要他们遵循的纲要性方法。它详细到每一个自然段和段落的首句，直到我们将段落和主题句都勾勒出来，我才让他们动笔。在动笔之前，我会花几个小时与他们重温那个提纲。显然，第一次他们对研究论文中所提及的事很没底。他们已经读了大量的文献，但写一篇论文却与读一篇论文之间有着天壤之别。

于是他们开始写第一稿。然后我们进行几次修改。很多时候这些论文都非常糟糕。但后面的一次通常都会比上次在总体上进步很多。但是，我们仍然要花几个小时的时间对提纲做进一步的修改。然后，我发现接下来的论文都会非常出色。

对于文献的价值，我是非常看重实效的。我相信它们对于使你关注所要研究的问题，以及理解你选择的研究问题都具有重要的作用。以我的经验，只要符合两个标准，发表一篇文章是非常容易的事情。这两个标准就是：首先，论文必须是别人尚未完成的工作；其次，论文必须很有趣味。

这些标准对于研究者来说应该是显而易见的，但是很多学生却未能领悟。他们希望研究一些非常方便、容易、狭小领域中（focused–in–a–box）的问题。而好的研究题目不会满足这些要求。我已经记不清楚究竟有多少个学生在课后找我谈论操作系统的基本原理。我喜欢教授操作系统，因为它们包含着一系列有趣的观念。于是学生们就变得激动起来。他们认为“这真是太棒了。我想以操作系统，如以虚拟内存做我的博士论文”。事实上，他们没有注意到在虚拟内存领域已经没有任何令人真正值得向往的空间了。

我极力建议学生在他们开始进行思考之前，**不要**做文献检索。在那个阶段，他们应当只是空想、思考和幻想。他们应当告诉我那**可能是什么样的**。我们会花很长的一段时间，也许是一个月之久，只是空想、幻想和设想。**然后**，我们才开始进行文献检索。

结果就是当我们进行文献检索之后，我们通常发现其他研究人员已经将我们的想法的**一大半**都做出来了。事情总是如此。从来没有例外。但是我们有足够的精力和热情，因此当我们掌握了写作技巧时，我们就能够调整目标，从而去填补空白。

对于第一次写研究论文的学生而言，这种交互式的循环就是学习对建设性批评的过程。从一个专业人员的角度来看，学生论文的草稿经常混合着各种难以理解的想法，通常也会包含许多技术性错误，论点也会脱离传统知识领域。学生们常常追求尽善尽美，因为他们已经习惯了争夺高分。学生最难的一课就是要学会接受批评，学会如何去倾听并建设性的利用这些批评，而不至于陷入绝望和自我怀疑。学徒与导师的相互交流事实上代表了一种学习使用批评意见的试验。当我们学会建设性的看待和使用批评之后，我们就能够认识到批评对于理解和澄清问题所具有的价值。

在一个人的职业生涯中，掌握材料、得出观点，并以使人信服的方式加以表达始终是一个挑战。在完成与卡弗·米德（Carver Mead）合著的教科书《VLSI系统介绍（Introduction to VLSI System）》之后不久，林恩·康威（Lynn Conway）[1]就回顾了修改和重写该书的几稿的过程。当她使用此书的草稿授课并征集同事们的意见时，她试图寻找她称之为“抵制信号（signals of resistance）”的东西，也就是书中被学生误解

[1] 引自个人通信。

的概念或者同事们的批评之处。她把这些信号看作是进一步工作所需要的线索。这些概念的结构是错误的还是令人迷惑的？有没有一些隐含的假设需要为读者特别指出？例证有没有误导？

一些研究生院会提供一些交流思想的场所（settings），在其中会产生一些生动和半公开的想法。听众可以提问，向演讲者提出挑战，促使他们仔细反思，以及正确对待批评。学生或者教授可以提出建议或者不成熟的想法，邀请所有人参与到对观点的探索和争论中去。由于这些话题涉及范围比较广，并且具有技术性，所以一定会涉及新生不太熟悉的内容。

这种交流能够为研究生院带来另外一堂重要的课程。很多情况下，新生会保持沉默，并且由于害怕提问问题而显得无知，结果错过了这些争论的精妙之处。充分认识到了这种状况的细微差别，约舒亚·莱德伯格以座谈会中的提问为例：

座谈会上，我会表现得和研究生一样：提出问题。我做出一个样子，就是哪怕是无知甚至是愚蠢也无需害怕。有时，我的无知是假装的，有时是真的——我尽力让人们思考。无论是不知道，还是不断地问问题，对知识的无尽探寻才是问题的关键。[1]

尽管获得了诺贝尔奖，莱德伯格依然充满了好奇，并且永远是一个学生。

教导研究生　帕蒂·麦厄斯的大部分研究都是作为媒介实验室（Media Lab）的教授与研究生们一起进行的。麦厄斯研究生时期的经历影响了她现在教育学生的方式[2]，她说：

---

[1] 引自欧内斯特·米勒（Ernest C. Miller）在 1981 年为美国管理协会所作的访谈。访谈的文本已经寄给作者。

[2] 帕蒂·梅斯的事迹引自两个访谈，一个是马克·斯特菲克于2001 年6月28 日所作，一个是巴巴拉·斯特菲克于 2001 年 9 月 7 日所作。

当我是一名研究生时，我的教授非常活跃，他仍然参与研究。起初我并不擅长做研究，但是我通过参与教授正在进行的计划并且看他如何做事而慢慢学习。他通常不会在观点还不成熟的时候就开始研究。他开始时会将事情逐一编码，在这个过程中提炼他的假设。研究会在何时中止取决于在这个过程中发现了什么。

这种风格深深影响了我，我又把它带给了我自己的学生。我认为导师与学徒之间的关系非常重要。我被媒介实验室深深吸引的一个原因就在于它是由一位数字技术设计师，尼古拉斯·尼葛洛庞帝（Nicholas Negroponte）创建的。他们在数字架构设计中也使用同样的方法。你设计出一件东西，然后讨论并且修改它。他们也有学徒的传统，这与我在构建计算系统上的兴趣非常吻合。

当学生们取得学士学位，从麻省理工学院（MIT）毕业时，他们实际上并未准备好如何去做研究。我也是一样。他们对于研究究竟是什么样子的这一问题毫无概念。而成为一个学徒，几乎是学会如何研究的仅有的方法之一。

在MIT，我们有一个本科生的研究项目。我们鼓励本科生在实验室中工作。在我的团队中，经常有15名左右的本科生参加到项目中。这是学习研究工作的仅有的办法之一。学生们必须克服很多错误的先入之见。

大部分硕士阶段的学生，尤其是年纪比较小的，实际上不懂得研究什么或者如何开始研究。我认为那是因为他们已经习惯了学校中每件事情都是整整齐齐地摆在面前。课程都经过了精心设计，研究论文的假设也十分清晰。结果，我们的很多学生对于**研究**本身形成了完全错误的认识。

当我谈及一个我的计划中的模糊概念时，他们经常会表现的非常不以为然，因为这个概念尚未得到充分定义。他们不能够想像一个模糊的观点怎么能够引出更加有意思的事情，而且还能写出学术论文来。

我的理念就是当你从构筑一些事物开始，你要去发现哪里需要更新的技术。做研究和创新就是沿着这样的轨迹到达既定的目标。

通常情况下，我与学生每周会面一次，讨论他们即将进行的研究计划。我们交换意见并决定哪些是我们共同感兴趣的问题。他们思考一周的时间或者进行少许的工作，然后回来反馈一些不同看法，或者给出一些理由表明他们为什么认为我们所做的计划并不是最恰当的工作。

这个过程通过建构框架体系而开始。我总是劝说学生在开始时不要阅读大量的相关文献，因为这会把他们全都吓跑。

例如，如果他们研究的起点是查阅已有的相关工作，那么他们经常会感觉到某个特定领域中没有什么新东西可做了。我一般乐于让他们首先用一种相对幼稚和无知的方式开发一个系统。然后我们研究文献，由我向他们指出相关的工作，接着我们努力辨别哪些是有意思的、而且是与众不同的。然后我们试图深化这些方面，由此我们能够产生出一些新颖的技术和科学贡献。

我认为，如果学生们在这个过程中很早就受到这个领域中主要研究者的影响的话，那么，他们就很少会提出原创性的观点。我希望他们在开始时能够以新鲜的视角来看待事物。但这并不意味着他们无需关注相关的工作，我所希望的是他们首先能够独立地去做事情。当他们已经建构起一部分思想之后，他们将看到施乐PARC、斯坦福大学或者卡内基·梅隆大学（CMU）在同一领域中已有的研究成果。他们会说："哦，他们是用这种方式看待问题的，而我们用的是那种方式。"如果他们刚开始就读文献，他们就再也不能轻易地找到那种看待问题的独特方式。因此他们就很难像现在这么有创意。

研究生院不仅包括学习(learning),还应该包括"不学习(unlearning)"。为了教育学生学会研究与创造的实践能力,教授们需要超越各种科学文献和课堂知识式的正规教育方法。如果认识到了这一点,教授和其他导师就应该清楚地知道他们真正需要讲授哪些内容。

正如里德尔和麦厄斯所描述的那样,很多学生带着对科学和工程的原有理解进入研究生阶段的学习,他们对科学和工程的学习非常形式化和简单化。他们很多年以来都在学习如何记忆和考试。形式化的方式最适合考试:规则被阐释得非常简洁,而且他们常能毫无差错地应用它们解决一些特定类型的问题。他们需要去"不学习(unlearn)"的地方就是那些已经被形式化和简单化了的领域,那里是最适合进行新的研究的。大多数新发现的机会往往处在学科的边界处。

困难在于,发明和发现的**边界**并非那么整齐和有序。所谓的研究正是要**使得**它们变得明朗起来。在很多情况下,问题变得明朗而清晰的领域恰好是大多数研究工作已经完成的领域,于是这些领域已经不太适于新的研究调查。实际上,研究生们需要新的、不同的能力来对未知领域进行探索。他们既需要知道如何进行探索,也需要知道失去研究方向时该怎么办。

以上科学探索与参加考试之间的区别解释了为什么研究生几乎总是在一开始的时候就迷失了自己。他们简单地挑选问题、制定研究计划,或者详细描写他们的成果。在里德尔看来,行动的计划就是要让学生们开始知道作为研究者需要去实践些什么。人们只有从实践中才能获得他们需要的东西。

寻找一种声音　约翰·西利·布朗在他的整个职业生涯中始终指导年轻的研究人员，他先是作为教授，后来是作为研究的管理人员。他认为导师和学徒的关系是非常微妙的。这不仅是向下一代传递学识和经验。这远远不够，因为下一代将会面对前人几乎没有遇到过的问题。布朗相信成长为一个研究者的关键之处就在于找到属于自己的声音：[1]

年轻的研究者几乎不清楚他们自己真正的声音到底是什么。大多数年轻人开始时基本都是很不成熟的。至多，他们有一些模模糊糊的直觉，而这些直觉通常也不能被连贯地表达出来。导师指导的一部分就是要帮助人们解决如何更好地表达他们的直觉，其次就是“找到这些想法背后的声音”。

对声音的寻找是一种授权。它基本上不是在研究生院就能够学到的。**交谈**是很有益处的，但是往往会有一种不敢说得太多的感觉，或者只想问所谓的正确问题。

也存在另外一种情况，即人们试图找出一些区别，因为我们学会**通过区别**看到差异。所以如果你找出一个区别的话，它就有助于人们看到自身或者他人在没有这个区别时所看不到的东西。你如何打磨新镜片才能在看东西的时候有所不同？实际上，你在打磨镜片的时候也在创造着区别。因此，你误导了部分情景，于是开始影响人们的观点、看东西的能力，以及看东西的差异性。

从某种意义上说，导师更像是在治疗。通过**在某种情境下**提出的区别，使得学生用不同的眼光看待自身和他人，帮助他们发现他们自己的声音。你创造出一个非常安全和令人鼓舞的情境。在这种安全和自发之中，搁置起你自己的怀疑，你就能最大限度的进入他们的世界。然后，在某个适当的时刻，你会看到几乎用很简单的话语就能迅速转变他们的观点。

---

[1] 约翰·布朗的事迹引自2002年9月17日的访谈。

布朗通过帮助学生和研究者们找到他们自己的声音，从而到达某个领域的更新的核心地带。教育不仅仅是克隆上一代，它更需要在下一代中培养创造性和个性，因此它不仅要求掌握所学的课程，还要准备着迎接前方的挑战。

指导一个团队 作为斯坦福大学的教授和设计研究所的主任，拉里·莱弗（Larry Leifer）已经转变教育方法多年了，他从非常传统的产品设计方法转向一个开放的、强调项目的实验教学方式。当我们请拉里·莱弗谈一下研究生院中的导师时，他讲述了如下的看法：[1]

指导是我们选择的标签。它牵涉到所有其他的标签——教导、学徒、助教、顾问、朋友、精神病医师、财务顾问，等。一个真正优秀的导师的魔力在于熟悉如何运用哪种观点。在人类的奋斗史上，重要的不是在于知道什么，而在于会应用什么。

人们经常预先假定创造力是一种个人特质，我对这种观点开始转变是因为我在教学中的所见所闻，尤其是在一门电子学概论的课程中。当我们开始这些课程的时候，我们认为设计者只能是文艺复兴时期的人，掌握所有的学科——电子学、软件、力学、人机界面——能够做项目所需的所有事情。但很明显，人们绝对做不到这一点。一百个学生中可能只有一个能够做到。我们将方法调整为创造和指导一个**设计团队**。

我们在不同的课程中有某种不同的价值体系。对于硕士研究生和由企业资助的横向产品设计研究课题来说，价值体系会让学生必须提出一种将为此而工作的需要。在团队导向的班级中，我们对此有所改变。企业必须从现实世界和资金

[1] 拉里·莱弗的事迹引自2002年9月3日的访谈。

的状况出发提出一种需要。他们提供一个企业联络人，对他们认为的、学生应当研究的某个问题进行沟通。他们也会提供资金帮我们进行这门课程。

接下来，学生们被要求质疑企业联络人所说的一切。找到真正的需求。他们要咨询企业联络人的上司检验实际情况。还要咨询市场营销部门以检验实际情况。起初的四个月主要是做两件事情：团队的建设和需求的重新定义。仅在最后的三个月我们才开始实际努力地解决问题。所以在这里我们非常强调对问题的表述。

建立模型的概念超越了一般意义上的教学。当我退一步观察学习技术，这个问题就变得清晰了。我开始明白我们建立模型的原因就是为了去**学习**。这一点需要为学生甚至是教员特别指出，因为在他们心目中原有一种前提假设，就是“我们能建造这个模型吗？”“它能发挥作用吗？”人们只是在有些时候才会问到：“我们学习这个到底是为了什么？”学习是最初的目标。

你在实验室中所见到的——纸制自行车和其他东西是过去几年团队建设的重要成果。我们一般在一门课程中完成几个完整的设计周期。队伍的组成是以心理测量为指导的。他们有两周的时间去完成一项纸制自行车，并进行比赛。有时，队伍遍布全球。去年的两个团队在东京和瑞典都有成员。当队伍有地理上的分割时，两地的成员必须开发自行车、共享自行车的组件、记录比赛时间。这些自行车常常并不漂亮，但是我向你保证，它们的构造非常地出色。其中一个（图 5.1）在室内场地自行车比赛中表现的像山地车一样好。

我们今年做的是人力车。这显然是一个比较容易达到的目标。每个人都完成了比赛。换作是自行车时，仅有三分之一的人完成了比赛。

其中一个人力车非常有创意。它采用了人力车的概念，又将其进行自由的想像。与其他大多数被人熟知的人力车设计不同，这个人力车的外形非常极端。它在比赛中表现得异常优

图 5.1　斯坦福大学设计研究中心开发的纸制自行车

秀，同时团队也遇到了很多的麻烦，团队中的一个小伙子身高6英尺6英寸，重达240磅。队中还有一名女性，大约5英尺4英寸高，100磅左右。比赛中，每个人都必须拉动人力车。比赛共有三圈，每个团队成员负责一圈。他们必须有相当巧妙的取舍。这是一个很好的解决方案。

教学实验室的物理空间是我们故事的一部分。我们相信物理空间应当有一些我们对周围世界思考的证据，它不但能鼓励我们思考物理空间本身，也能让他人看到我们所想和所做的东西，我认为后者比我们过去认为的更为重要。

我认为，从对IDEO[1]空间的反思中你将认识到这一点。一个显著的特点就是设计项目做得非常好，但却没有扬名立万。我们的规模一直不大，每年有15个左右的学生毕业。IDEO，这家创新企业，却开始出名了。他们的设计方法、创新方法、多功能团队的方法、文化建设的方法已经形成一种

[1] IDEO，一家产品设计公司，由戴维·凯利（David Kelley）和迪安·哈维（Dean Hovey）在1978年创立，它由斯坦福大学的产品设计计划（Product Design program）演变而来。汤姆·凯利（Tom Kelley）的《创新的艺术（The Art of Innovation）》一书探讨了IDEO的文化和方法。

模式，也许是一种标准模式。戴维·凯利现在就在我们这里工作，在斯坦福大学和IDEO之间穿梭来往。

在很大程度上，学徒——无论是作为爵士乐队还是工程团队的成员，都是在学习如何进行共同工作的。尽管不同的职业强调的程度有所不同，但它都是职业生涯的重要部分。当学生们着手一个项目时，他们要学会表达和互相倾听。项目的状况反映了今后职业的状况，他们要在包含着竞争和协商的复杂而又相互依靠的工作模式中学会如何沟通。

联合研究项目是培养学生在以后的社会工作所需技能的引路人。在某种意义上，学生们正在加入一个行会。他们的学习不仅来自于和导师的接触，同时也有和同学之间互相的学习。当学生们为一个高强度的项目共同工作，并在职业的领域中相遇时，他们就开始与同行们建立起关系了。这些关系开始形成职业生涯里一种持久的连接。

建立多学科的研究　很多有利于创新的、最有发展前景的领域都产生于学科交叉处。斯坦福大学的校长约翰·亨内希发现跨学科培养有助于帮助在跨领域团队中工作的学生们做好准备，但是学生们必须至少在一门学术领域打好基础。这就为教育提出了一个挑战，这个挑战不仅包括研究生学习计划的设计，还包括本科生未来的课程论文：[1]

我们大部分医科学生的培养主要是面向理论医学领域或进入研究机构。在那些情境下，很多学生会发现如果拥有计算机科学、工程领域的硕士学位或者参加过生物工程的项目会更加有利。我们最终会提供一系列的课程帮助想进入这一领域的工程学的学生们事先预备好生物科学方面的知识。

---

[1] 约翰·亨内希的事迹引自2002年10月10日的访谈。

在以下两个方面有所侧重是很重要的，在整个学习计划中学一门第二专业；为第一专业打下坚实的基础，这一侧重对本科生的学习至关重要。当进入研究生阶段学习的时候，在扩展的领域以及不同的领域中所获得的知识开始变的重要起来。

很多的挑战都是关于专业术语的。但是，我们并不是要把每个人都培养成为所有学科的专家。你也根本做不到这一点。你不能做到使所有的医学博士都掌握物理学的知识，从而成为你所期望的机械工程师。你也难以使一个机械工程师在医科学校中如你所愿地掌握生物学的知识。

当我在斯坦福大学谈到我们的目标时，我试图用**多学科**（multi-disciplinary）这个词而非**跨学科**（interdisciplinary）这个词。这并不是因为这些词的基本词义有什么差异，而是我发现“跨学科研究”通常被理解为不伦不类的研究生。在研究计划中，我们真正要做的就是将那些认为自己是神经生物学家或外科专家的人与认为自己是计算机科学家或机械工程师的人们集中到一起。我们以多学科的方式将他们组合成为一个团队。

我们在周围需要一些文艺复兴式的男男女女，作为集大成者以及灵感的来源，但是我们不希望这在学生们中具有典型性。那样的人的确有时会出现，但其不是当前形势下惟一以及主导的类型。

在斯坦福和其他大学里，这种多学科机构正处于不断发展之中，它们是创造力的熔炉。它们是产生创新的想法和领域的地方。作为研究生院，它们提供了两个重要的因素。一个是，它们创造出新一代的学生，这些学生所具备的技能能够充分囊括多科学的融合，因此他们能够在涌现出的新领域中取得进展。第二个因素是，当不同领域的学者走到一起共同面对一个问题时，它们提供了所需的协作能力的范例。

学徒

大门里面是什么 当马克·斯特菲克在斯坦福大学学习时，他刚开始是一名本科生，后来进入研究生院，当时他并没有意识到研究生教育是如何影响他的研究生涯的：[1]

当接到接收函成为斯坦福大学的一名研究生时，我正在家中的地下实验室里。信笺上方写着："小利兰·斯坦福大学（Leland Stanford Junior University）。"我想："上帝啊，**专科**（Junior）！毫无疑问我已经被录取了。我犯了一个多么可怕的错误，我竟然申请了一个专科学校。"当然，这所大学是以利兰·斯坦福的名字命名的，小利兰·斯坦福——建校者的儿子。

我申请去斯坦福学习医学院预科和工程学。在读本科时，我就不断地寻找深层次的答案。我的研究兴趣从生物转向化学，最终毕业于数学专业。我认为生物学的根本在于化学，化学的根本在物理，而物理的根本在数学，在这个过程中，我已经更加熟悉了逻辑推理的方法。我很高兴自己跳过了物理专业，我也很高兴自己还不至于想到哲学那么远，否则我就不能在四年之内毕业了。在这段时间，我在计算机中心兼职，为IBM360计算机系统担任助教。

在斯坦福读研究生之前，我在斯坦福医学院遗传学系的仪器研究实验室（Instrumentation Research Laboratory）工作。我对计算机上手很快。这对我来说很容易。在这里工作，我不断地遇到各种各样的人，他们了解的事情是我从未听说过的——他们实际上使用的是信号处理

---

[1] 马克·斯特菲克的事迹引自巴巴拉·斯特菲克在2002年8月的访谈。

和数值分析的基本技术。我甚至不理解他们是如何学到这些东西的。我盘算着如果要成为一个计算机行家的话，就必须进入研究生院。

我想我并没有充分认识到取得了博士头衔的人是去作研究的。我尚未将自己看作一个研究人员，或许从某种程度上说一个发明家。作为孩子，我十分敬佩爱迪生。我只是想学到关于计算机的所有知识。当我到了那里之后才发现，几乎没有什么必修课。与大多数研究生同学不同，我尽可能地选修了很多课程。我渴望着去了解新东西。

起初，我要作一篇关于操作系统的论文。但是，我所认识的系统方面的教授都不在。温特·塞尔夫（Vint Cerf）去了国防先进研究计划署（DARPA），弗雷斯特·巴斯克特（Forrest Baskett）也去了别的什么地方。我的研究受到做人工智能研究（AI）[1]的启发规划项目（Heuristic Programming Project）的支持。我认识遗传学系的人，在分子遗传学领域中我具有《科学美国人（Scientific American）》那样的科普水平。布鲁斯·布坎南（Bruce Buchanan），爱德华·费根鲍姆（Edward Feigenbaum），约舒亚·莱德伯格都希望进行跳出人工智能研究的化学框子，并转而进行遗传学的工作。我喜欢从基础上开始一个新的研究项目的主意。

此时，我显然正是一个学徒，但是我本人却浑然不知。爱德华和约舒亚总是在大的环境中调整研究的方向。爱德华还让我写一篇关于DNA分离计划的文章，这也是我在遗传学实验室中所作的第一个项目。作为我的主要导师，布鲁斯每周都要和我会面一次，帮我确定题目以及告诉我如何清楚地将论文写出来。我和访问教授南希·马丁（Nancy Martin）以及另一名学生皮特·弗里恩德兰德（Peter Friendland）都是研

[1] AI：人工智能。

究团队的组成人员。每个方向都存在颇具挑战性的问题，因此，我们都非常地忙碌。在研究生院的学习即将结束的时候，我已经有了一整套的技能和态度。我进入研究生院并不是为了成为一名研究人员，但是它改变了我。

并非每件事都会在课程或与导师的正式会面中遇到。与指导老师的多次聊天教会了你做为一名科学家的责任和生活方式。在我开始在研究生院的学习时，我记得曾经与约舒亚·莱德伯格在一起散步。我问到他美国国立卫生研究院（National Institute of Health）开始发起的“癌症大战”问题，他告诉我癌症非常地复杂，原因也是多种多样。这不是那类——比如说“登上月球”——可能会立竿见影的问题。为了获得理想的效果，研究不能被仅仅局限于某处。他觉得这项工程立意很好，但是解决得却非常糟糕。

在别的时候，我们会谈论科学如何与其他的经济需求竞争资金。例如，国防和社会项目等总是需要钱的。一个科学家需要深刻理解为什么研究是值得去分享这些投资的。使得世界的运作方式得以改变的正是科学和技术的进步。他们有希望让明天比今天更上一层楼。很少有其他的投资可以做到这一点。我认为研究人员对此需要加以深刻理解，并随时准备好在他们的职业生涯中的不同时刻应对此等类型的争论。

在其他的交谈中，约舒亚建议我要一直进行重要问题的研究，而不是一些价值不高的工作。同时，爱德华·费根鲍姆经常提起科学与商业的关系。我们讨论不同的商业形式所面临的挑战和变化，以及为何专家系统技术对其非常重要。总之，生活在科学之中，还有很多的东西要学，而不仅仅是做研究的技巧。

学术导师不仅仅是老师。他们也是榜样。他们的工作方法传递了如何选择研究对象的态度。什么使得一个问题变得重要？什么让一个问题如此有趣？你对不成熟的想法的态度是什么？你拥有应对这些想法的技巧吗？导师和学徒之间的研究关系能够演化成为同事之间有意义的关系，这种关系通常会持续很多年。

1977年，美国人荣获了多项诺贝尔奖。美国的科学研究能力得到了广泛的承认。唐纳德·肯尼迪（Donald Kennedy）引证了他的瑞典同事桑尼·博格斯特罗姆（Sunny Bergstrom）在思考这些原因时所讲的话。博格斯特罗姆将此归因于"美国科学的民主"，他是指研究中的伙伴关系（fellowship of the bench）。[1] 正如肯尼迪所说，博格斯特罗姆指的是"建立在研究与研究培养共同基础上的学徒系统"。

学徒要学习的是研究生活是怎样的。学生们必须深入了解研究和创新的重要性——无论是对社会还是对某类商业和基金组织而言。在职业生涯中，科学家会被要求说明或者解释这项工作的重要性何在。哪些争论是以前曾经进行过的？其中哪些已经被证明是对的？你作为科学家的声望将依赖于对研究将带来什么样的结果所做出的恰当判断。你需要知道哪些是重要的，哪些是微不足道的，以及何时能够有立竿见影的效果。处理这些问题是研究科学和技术过程中的部分责任。

研究生院中的学徒 论文导师的角色可能会是"终身制"的，是持久的职业关系的开端。斯图尔特·卡德在卡内基·梅隆大学（Carnegie Mellon University）读研究生时，艾伦·纽维尔是他的论文指导教师。从那以后，纽维尔和卡德每周进行电话交流，这已经持续了很多年，他们讨论在计算机和心理学方面共同的研究兴趣。卡德谈到：[2]

我参加了兴趣趋向测试，目的是找出我应当从事何种领域的研究。结果显示出：人和自然科学——也就是建议我进行心理学的研究。因此我真的选了心理学的课程。我当时还

[1] 唐纳德·肯尼迪，"Government Policies and the Cost of Dong Research，" *Science* 227（1985）：480～484。

[2] 卡德的事迹引自马克·斯特菲克在2001年7月6日以巴巴拉·斯特菲克在2001年8月2日的访谈。

没有发现作为一门科学，它是多么的原始。但是人工智能物使得对精神和行为的研究工作变得非常具有技术性。卡内基·梅隆大学设有一个沟通与科学系统的项目，它被用来从大量的此类领域中提供研究经验——从小组到操作研究，到横跨这些领域的各类数学模型研究。

有一天，我听说赫伯特·西蒙（后来我曾为他工作）要召开一次会议，与我们这一群学生进行交流。我为之深深吸引。后来，我申请了与纽维尔和西蒙一起工作的研究项目。结果，他们把我送进了心理学系。

在第一年，我有时发现他们把我看作心理学的学生。我作为研究助手，为赫伯·克拉克（Herb Clark）工作。我跑到纽维尔的办公室，"嗨，我加入了系统和科学项目。那么，什么时候开始呢？"纽维尔说："对不起。它们已于今年结束了。"他们在我到达的那一年结束了那个项目。我说："这是不公平的。我可不想成为一名心理学家。"因此，他告诉我有两个选择：一是我可以调用祖父条款（grandfather clause）去做这个旧项目；或者我去创造一个我自己的项目。

纽维尔和我建立了一个将心理学和计算机科学结合在一起的项目。我们弃用了将近一半的心理学方面的合格者，比如发展心理学、社会心理学以及诸如此类的人员，而代之以计算机科学的合格人员，比如程序设计语言开发者等。我的所作所为让心理学的同行大为吃惊，他们不敢相信一个学生可以插手重新安排所有的研究者人员的组成结构。可是，我的秘密在于我身后的论文委员会：艾伦·纽维尔、赫伯特·西蒙和李·格雷格（Lee Gregg），他们都是当时心理学系的领导。因此，基本上没有人会出来反对这件事。我要做的就是要说服纽维尔。这时候，他带来了另外两个年轻人。

和我一样，艾伦·纽维尔的专业是物理。这也是为什么我选择他而不是赫伯特·西蒙的原因。西蒙是一个政治科学家。他与纽维尔和我对这件事情的看法的确有所不同。我非常欣赏西蒙的见解，但是我却与纽维尔之间有着很强的协调性，你也许会说是在物理学方面的，因为我们有着共同的背景。

纽维尔以前一直是个组织科学家（organizational scientist）。所以他把对组织的理解融合到物理学中。他是一个非常熟练的组织方面的专家。他能够发明有大作用的东西。他能够在常规结构之外进行思考。我的训练得之于对他做这些事时的观察。

我去问他："你在这里应该做什么？你会去做什么？你怎么会想到这个的？"他会逐一分析给我听。

对于我而言，纽维尔是一个非常重要的导师，因为他的背景，也因为他的乐于接纳。在我毕业之后，他为我在PARC的研究团队做了20年的顾问。他会与任何他希望的人进行商讨。在他生命的最后一段时间，当他身患癌症，因身体状况太差而不能亲自来到这里时，每周四晚上，我们都会通过电话聊上两个钟头。这个时段是他为我指定的。尽管他是个非常忙碌的人，但他愿意给我留出充足的时间。

学习科学的方式部分是通过学徒制进行的。如果你去看看那些真正伟大的科学家，你就会发现，他们通常也是真正伟大的科学家的学生。虽然这并不是一个铁定的规律，但是，如果你可以按照辈分做一个详细划分的话，你就会看出伟大的科学家都会有另一些伟大的科学家学生。

在选择研究对象上，纽维尔有很多的启发性观点。他拥有一系列的科学价值观念，我也或多或少地受到了他的影响。

他留下了一连串的格言。在此我仅重温几条，要不然你还要在这里多待一会儿。其中很多都非常的具体。

很多人都喜欢写"框架式论文"（framework papers）。当你的年龄逐渐增大而成为资深的科学家时，你就有机会对此做出阐述，并且这时候你基本上已经是成了一个大人物了。他会将自己的哲学观点仅仅在一些庆典的场合才会表达出来。“夸夸其谈不如完成项目管用。”

另一个格言是“所有的科学都是**技艺**；剩下的只是注释”。这个讲的是在科学中什么才能被看作是真正的进步。科学是关于你怎么才能做到某事，或者你如何才能预测到某事的。当你发明了一个新的科学技艺，其他的科学家就可以随后使用它。

对于纽维尔来说，科学不是一个工作或者一个职位。科学是一项**事业**。

在研究生院吸取一些文化 所有的教授都在帮助研究生为将来的职业生涯做准备，但是他们并不是用同样的方式做这件事情的。当丹尼尔·鲍勃罗还是研究生的时候，他的导师是麻省理工学院的一名新任助理教授，马文·明斯基（Marvin Minsky）[1]。如果马文是一个游泳教练的话，他的方法不是介绍学游泳的学生慢慢地下水，并且教他们基本的游法。他会把孩子们扔进水里。他提供的仅仅是游泳池。鲍勃罗说到：[2]

我从来没有把马文·明斯基完全看作是一个导师。他为我们的学习构建出一个创造性的环境，而不是提供直接指导。当时，作为青年学者（Junior Fellow）[3]的马文刚完成了哈佛的学业。我认为他的经历影响了他，也就是说作为一个环境，而不是一个过程。而这个环境也不仅仅是学校，而是他的家。明斯基在布鲁克林买了一所大房子，邀请研究生们与他的同事们展开社会交往，成员有约翰·麦卡锡（John McCarthy）、沃伦·麦卡洛（Warren McCullough）、

---

[1] 马文·明斯基是人工智能领域的创建者之一。

[2] 丹尼尔·鲍勃罗的事迹引自2003年9月3日的访谈。

[3] 哈佛大学的青年学者（Junior Fellow）是一个声望很高的职位。当时的另一位青年学者诺姆·乔姆斯基（Noam Chomsky）。

艾德·弗里德金（Ed Fredkin）和杰瑞·列特文（Jerry Lettvin）。最重要的是，马文还推荐阅读的书籍。因此，他提供了一个人们可以相互讨论的环境。

明斯基的第一个孩子，玛格丽特（Margaret），当时还很年幼。他们在宽敞的起居室中，用好几箱的书绕着中间的地毯围成一个婴儿用的大围栏。围栏外面就是一些可以坐的家具。起居室面积应该有20 × 30英尺，所以有非常多的座位和两架大钢琴，中间就是玛格丽特能够爬来爬去的地方。天花板上是一些漂亮的橡木横梁。马文在横梁中嵌入两个巨大的螺钉，挂起一个秋千，这样，人们便可以在房中荡起秋千。会谈室变成了一间游戏室。我们可以在那里悠闲地聊天。

在那里，人们可以说出他们正在做什么。我记得雷·索洛莫诺夫（Ray Solomonoff）曾经讨论过如何理解归纳法的意义，以及他正在开发的、通过归纳而学习的项目。我从人们的边谈边想中学到了很多东西，并且能够对其进行置疑。这是一所苏格拉底式的地方学校，只不过在这里沙发代替了木墩。西摩·帕伯特（Seymour Papert）成为这个集体中的一员后，我们开始与他讨论起皮亚杰（Piaget）[1]，以及皮亚杰的儿童发展阶段理论是否是思考人工智能的正确方式。而在此时，玛格丽特就在地板上玩着。她是个非常安静的孩子，不爱说话。我认为她在两岁或者两岁半之前是一个字都不会说的。马文告诉我她说的第一句话是“散热器发出的蒸汽让我们非常暖和”。她一直在倾听，吸收语言，并且最终有了自己想说的话。

我们从不开会，而只是参加聚会。那里有食物，也有讨论。这座房子里有很多房间，我总是能找到一个地方进行交谈。

[1] 帕伯特曾经加入皮亚杰的研究所。

我知道有些人会与他们的研究生导师开会讨论论文的事情。我从来不与马文开会讨论论文。在我写出草稿之前，我们实际上从没有谈论过论文。除此之外，我们无所不谈。

在我把论文交给他的时候，那时大概是一个有80～90页的文档，论文在他那里放了一段时间。结果当我取回论文的时候，我发现每页上都布满了红色的批注，他坚持要求我进行多种背景考察，并且用学术语言将他们讲清楚。在有些情况下，这通常是颠覆性的。我问他："你为什么要让我这么做？"他说："因为你有能力这样做。"他告诉我，我有能力实现他的建议，而且那也是他希望我去做的事情。几个月之后，我对此感觉好多了。论文也好多了。在我全部重写之后，内容增加了50%，结构也更好了。

在很久之后，我与他谈及此事，他非常自豪自己从来没有与自己的任何一个学生合写过一篇文章。他的学生都是自己完成论文的。明斯基认为很多教授只是试图让学生来帮着他们做研究，而他则是让学生自己做研究。

在MIT，也许惟一与我深入谈论我的论文的人就是西摩·帕伯特。有一天我在晚上10点钟与他见面，我们谈论到大概凌晨2点或者3点。我们讨论为了表达得更为清楚，我需要做些什么。我需要解释将语言问题转换成为代数问题发生的事情，以及我的方法为什么看起来是起作用的。另外一个对我论文产生早期影响的是赫伯特·西蒙，我碰巧与他进行过几次讨论。我感觉整个人工智能世界都是我们的学术圈。

马文有时不经意地说："哦，和我去吃午餐吧。"结果发现是与他和诺伯特·维纳（Norbert Wiener）在教授俱乐部共进午餐。维纳很喜欢谈论他刚写完的科幻小说。令人惊奇的是看到他的恰如其分的自负。正因为如此，我才认为他是个伟大的人，他会说："你觉得这个故事怎么样？这个想法怎么样？"看到他人性的一面是很有益处的，他的天才显然超出了我的想像，但他和我一样有着恰如其分的自负。

约翰·麦卡锡是另外一位天才。他一直忙于解决LISP的问题[1]。他让一个高年级学生每周叙述他所作的工作。人们只要过来并提出建议就可以了。所以环境是开放式的。我总是遇到那些全力以赴解决一些重要创意的人。

导师也是看门人。他们把学生引入到有影响的研究者的世界之中，也使得他们能够接触到研究基金。在研究生院，要学习的东西来自于观念的形成、计划的制定，以及新事物的产生。当导师们引导了新事物的发现后，他们的学生会认识到在研究中标新立异作为一种革命的重要意义。

为发明者工作　当托马斯·爱迪生在新泽西门罗公园建立实验室时，很多人都来为他免费工作。他们作为学徒去学习发明，直到感觉有所收获为止。其中一些人后来成为当时其新研究实验室中的发明家。直至今日，研究生院也并不是培养发明家的惟一途径。查克·塔克就是其中一例：[2]

我是在加州理工学院开始本科阶段学习的，专业是物理。我想要设计粒子加速器，在我看来，这项工作是伟大的科学与工程的结合。自我21岁结婚以后，我边工作边上学。我先是在洛杉矶的几个公司上班，最后两年，我搬到湾区（Bay Area）去上CAL[3]。从伯克利毕业时，我实际上打算上研究生，但当时我想再工作一年。于是我开始为杰克·霍里（Jack Hawley）工作。霍里是伯克利的电话号码本里的惟一一个发明家。

我从霍里那里学到了很多机械设计的东西，因为那是他最擅长的。但是，他一点也不了解电子学。我学到了什么方法论吗？不，我不这么认为。

霍里与我是多年的朋友，但是我并不会把他描述成一

[1] 约翰·麦卡锡是LISP的发明者，这是一种用来表处理和处理其他符号结构的程序语言。大部分人工智能领域的研究都要用到LISP，因为它易于将精神活动模型化，从而表征和操作符号结构。

[2] 查克·塔克的事迹引自2003年9月6日的访谈。

[3] “CAL”：加州大学伯克利分校。

个导师。他决心成为一个独立的发明家，而且在伯克利附近的奥尔巴尼有一家小小的店面。我找到他，说："好的，杰克。我和你作个交易。我将为你工作一年。你可以付最少的薪水。我会为你设计电子装置（他不擅长，但正是我的强项）而你来教我怎么用你店里的工具。"他同意了，那是一个很划算的交易。我成为一个相当不错的机械师。你在工作室中对我宽松一些，我就有可能做出任何东西来。

接下来我将向你讲一个最小的政府合同。霍里在美国陆军工程兵团(Army Corps of Engineers)有一个高官朋友。此人有一个疯狂的念头，他想作个实验，并让霍里来做这件事情。时值越战正激烈的时候，战争的困难之一在于那里没有任何的飞机跑道。军队有很多运送货物的C5运输机，需要降落在非常糟糕的着陆区域。当地面非常潮湿和泥泞的时候就会出问题，因为运输机会陷入地面。这个人的想法是空投一个小机器人，机器人在周围爬行，将探测器刺入地下，探明土壤的松软程度，测得的结果会通过无线电通信反馈过来。作为一个小点缀，他用机器铸造了一个模子，因此在车辆前行留下的车辙中会印出霍里的名字。

如果地面太泥泞以至于C5运输机不能着陆的时候，你就会丢掉这个机器人。那一年，我们一起做出了一台。这是一辆坦克，履带由两个巨大的车用电池作为动力。探测器是一个液压缸，这使得它看起来像有一个大烟囱。有很多的小装置需要你调试正常才能运转。霍里非常善于解决这些小问题。例如，如何为它做出履带？你不能只是找到制造坦克的人，说："请给我制造一个微型的坦克履带"。他找来一个不锈钢的传送带，就像你在餐馆里看到的传送盘子的那种。他研制出制造非硫化橡胶的加工方法，打制履带，然后给橡胶加压。加热粘合在履带上。

此人真是难以置信。他戴着一个55克拉的紫水晶，携带手杖，到哪里都戴着圆顶礼帽。

他曾参加过一次伯克利市市长的竞选。伯克利曾经选出过一些非常奇怪的市长。他们没有选举霍里。他极其自负，为了能使自己的名字见报，他会做任何事情。

霍里有一个分销商之类的朋友。他曾经召集过伯克利的计算机团队，并且正好向我提及他们正在寻找一个工程师。我想，拥有这样的工作机会，然后再进入研究生阶段的学习，比为这么一个疯狂的发明者工作要好。于是，我去找他们商量。他们正在为科学数据系统940（SDS940）构建一个分时系统（time-sharing system）[1]。我作为硬件工程师加入这个项目。那是1967年，我们中的很多人从那时起就一起工作了。

尽管查克·塔克没有上研究生院，也不认为他的第一个发明家雇主是一位导师，但他在杰克·霍里工作室工作的岁月有很多学徒的因素。例如，他以最低的薪水来换取在机械商店的学习机会。通过这样的方法，他学会了发动机的很多知识，也学会了作为一个知道如何选择和解决问题的发明家的想法。

在研究实验室实习 导师和学徒的角色并不局限在研究生院。当他们转变了领域或者拓展了兴趣时，他们经常会找到其他一些有利于终身学习的场所。

大部分的研究实验室都有项目为实习生提供研究经验。一些实验室在暑假中提供实习机会，其余的实验室全年都有实习计划。这些项目提供与研究生院相似的指导环境，除了这些项目的实习工作是与一个团队的研究者一起工作之外，学到的东西远远超出团队工作的范畴。罗恩·卡普兰是帕洛·

[1] 在个人电脑出现之前，人们共同使用巨型计算机。计算机在不同的用户之间迅速的转移注意力，人们看起来都被计算机关注着。分时在20世纪60年代后期时是一个新概念，使得人们能够通过终端进行交互的计算而不是“批处理”。批处理的典型过程是：用户会将他们的指令置于穿孔卡片上，向计算中心递交“工作”，稍后再取回来。个人电脑的发明请参见在米奇·沃德洛普（Mitch Waldrop）的著作《梦想机器（The Dream Machine）》。

阿尔托研究中心自然语言理论和技术（Nature Language Theory and Technology）领域的带头人，他们提供多年实习安排：[1]

我们通常同时有两名实习生，并要他们在这里工作几年的时间。其中一些有时是被指定去做一些诸如语法写作的具体事情。例如，现在的两名实习生目前已经在这一领域工作多年。特蕾西·金（Tracy King）得到他们的帮助，实际上，其中一个助手一直在与特蕾西一起工作。他们主要 做两件事情。他们使得我们能够跟踪斯坦福正在研究的事情，那些事情我们没有办法挑头或者一直监控。他们提出有趣的问题。他们挑选出的问题对我们也许并不重要的，但仍然十分有趣。他们是我们研究生涯的重要部分。

我们不打算招募暑假实习生。我们自己有学生。我们不喜欢暑期计划，主要是因为理解所有这些数学的和其他正在进行中的项目的进入成本太高。在暑期计划中，你仅仅是招来一些人，刚刚培养了对他们有用的能力时，时间就到了。大约10或15年之前，我就认为这样非常不值得。所以我们打算试图挑选出当地人——斯坦福或伯克利的学生一起工作。我们会让他们在研究生院的第二年来这里，并在这里度过第三年。接着，他们离开，集中进行论文的写作。他们也许会把我们作为导师去做论文。那是非常重要的。

很多研究中心都有实习的计划，研究生和本科生通常都会有机会。在他们的教育过程中，一些研究生利用这些机会获得在他们的领域中与专家一起工作的经验，熟悉不同的工作和研究环境。

发现正确的问题　戴维·哥德堡回顾起当他还是学生时，在研究中，事情如何会变的

[1] 罗恩·卡普兰的事迹引自两个访谈，一个是马克·斯特菲克2001年7月6日所作，一个是巴巴拉·斯特菲克2001年8月27日所作。

与众不同：[1]

在学校里，人们上课，做家庭作业。这的确不像是在做研究工作。解决一个研究问题不同于做练习题。

在研究中，你必须提出问题，而不仅仅是做出答案。同时，对于一个书本问题，你不但非常清楚答案，而且还知道通过书里前文所介绍的方法能够找到答案。在研究中，也许没有答案，或者需要你去寻找一个你不了解或许是前所未有的方法。

戴维的观察揭示出研究中最困难的技能之一：学会如何明确地表达出恰当的问题。约舒亚·莱德伯格认为："发现一个重要的问题远比获得这个问题的答案更有意义。"

虚心向同事学习　学徒并不止于研究生院。在一个研究实验室，研究人员通常与其他学科的人一起工作，因此，有时候会指导一些正在进入某一领域的人。戴安娜·斯迈特斯是帕洛·阿尔托研究中心安全组的研究人员。当她从神经生物学转向密码系统研究时，她得到了同事们的指导：[2]

当我遇到很大的困难难以继续我的工作时，尤其是当我需要涉及密码术的东西时，我就会去找像马特·富兰克林（Matt Franklin）那样的人，然后说："嗯，我有一个问题。"有时我会说："我有这样一个问题，并且有这种解决方案。"他总是这么说："是的，这个问题已经在一篇1982年的文章中得到了解决。"

但是现在我已经提高了数学的熟练程度。这些天，马特

[1] 戴维·哥德堡的事迹引自马克·斯特菲克2001年3月29日的访谈，以及巴巴拉·斯特菲克2001年4月2日的访谈。

[2] 戴安娜·斯迈特斯的事迹引自2001年4月12日的访谈。

也许会说："哦，好。那会在两个月之内即将发表的文章中得到解决。"我想，我总会遇到一个人说："我从来没有见到相关的事情。这也许可行。"那将是美好的一天。看起来我正在迈向学科的前沿。

马特指出了在我的论文中他认为值得应用的一个线索，尽管它还没有解决问题。我认为这会遇到太多我力所不能及的问题。于是我在周五将这篇文章带给拉尔夫·默克（Ralph Merkle）和杰西卡·斯塔顿（Jessica Staddon），然后说："这是我的问题。你们有兴趣与我一起解决这个问题吗？"于是，我现在正在和他们一起为此工作着。

诸如斯迈特斯向她的同事们学习的经历并不常见。在一个多学科研究的环境中，研究人员总是在某种程度上向他们的同事们学习，这也是学习共同工作的一部分。有时，当人们发现他们喜欢其他部分的工作时，他们就会转换领域。

指导中学生　在美国，越来越少的学生加入到科学和工程领域是一个长期的趋势。尤其是工程学，学生的注册率在大幅的下降：

（在美国，）越来越少的学生选择工程学专业一直是一个长期的趋向……从1983年（最高年份）的441 000名学生到1999年的361 000名学生，本科生的工程注册人数减少了20%。研究生的工程学注册率高峰是1993年，然后开始下降。(《科学和工程学指南—2002》，p. 2～3，2～17)。

很长一段时间，世界上的不同国家曾经历过或升或降的科学教育。目前，美国学生对科学和工程逐渐下降的兴趣与国外的情况不甚相称。简单地说，亚洲的工程学在增加，而美国在下降。亚洲国家在1999年授予将近450 000（大约是美国的6倍之多）个工程学学位[1]。这是过去十年来的一个显著变化。由亚洲的发展中国家培养的包括博士在内的各种水平的工程师和科学家数量大量增加。类似地，欧洲国家在这段时期内也增加了科学和工程学位的授予，博士学位的授予数量几乎增加了一倍。

科学和工程学位的趋势与大学入学前测试数据的趋势相符。在美国，对数学和科学成绩的评估很多年来都一直得到关注。2000年，只有17%的十二年级的美国学生在国家教育进步评估（NAEP）的数学评估中获得“精通”的水平。也许最有说服力的指标是与国外的学生进行比较：

在国际上，美国高年级学生的相对成绩在逐渐退步。即使是最优秀的学生，在中学的最后阶段与其他国家学习类似高等数学和科学课程的学生相比也表现欠佳。……在一般科学知识的评估中，美国学生的成绩低于21个国家的国际平均值20分，与其他的7个国家成绩相当，但是低于其中11个参评国家的成绩。在21个国家中，只有2个国家，塞浦路斯和南非，远低于美国的水平。（同上，p. 1～15，1～18）。

出于各种各样的原因，美国学生自己决定要从事什么样的工作，并不再对科学和工程拥有激情。这种转变并不局限于美国，其他国家也曾经出现过。这或许与社会的经济周期有关。20世纪的70和80年代，类似的情形也曾经在英国发生过。中学生无法想像在这些领域中工作是怎样一种情形，他们也不相信在这些领域中工作会有前途。下面的故事反映了这个问题，以及拓展指导年轻学生的观念的效果。

[1] 根据美国《科学和工程学指南—2002》，世界上有超过260万名学生在1999年获得第一个科学或工程的大学学位。其中超过110万个学位是由亚洲学生在亚洲的大学中获得的。其次是欧洲国家，约有280 000个工程学位，科学和工程学位加起来有将近100万个。美国总共约有500 000个科学和工程学位，只有很少一部分属于工程学。

创新和教育　研究和工程领域不断需要人员补充。技术中盛衰循环（boom–bust cycle）的一个影响就是使得科学和工程领域看起来像是一个不稳定的职业。越来越少的学生对科学和工程工作感兴趣。作为斯坦福大学的校长，同时也是一名工程师，约翰·亨内希对工程学的趋势表示关注：

我们没有在美国培养出足够多的对科学和工程感兴趣的年轻人……我认为在这种趋势的背后存在多种问题，包括角色典范（role models）、大学前教育（k–12 school，从幼儿园到十二年级，评注）存在的问题，以及我们未能清晰明白地指出这些都是令人激动的职业。我们有电视剧描写了急诊室中的医生们。有电视剧是讲律师的。有电视剧是讲警察的。有什么电视剧是讲创新人士的呢？电视剧《美化家庭（Home Improvement）》是最接近于我们要进行的工程电视剧了，但它并不是用于专门的呼吁。

我们需要更多地传达科学和工程中振奋和迷人之处。创新的机会是显著的，而做真正奇妙的事情的机会很明显也在那里，不论你是在研究场所还是在公司里从事这些工作。创造出一件新事物是令人激动和充满冒险的，从开始到完成这项工作始终可以发现这一点，你会随之看到你的工作改变了这个世界。

大学前的教育也存在需要调整的问题。我们必须认识到数学和科学老师的短缺，我们应当提高他们的薪酬。如果你看一下这个国家的历史，你会看到所发生的移民浪潮，你真正应当看到的是教育就是帮助他们实现美国梦的途径。我认为那就是我们必须不断提请国家注意的事情。

从某种意义上说，加入到工程和科学领域的学生不断减少的现状是影响创新生态的最重要的问题，因为这牵涉到人们进入这个系统。但是，生态中没有所谓的前端或后端。生态中的各个部分是相互影响的。当学生们看到如此多的国外产品时，他们怀疑自己是否能在美国找到工作。像伟创力（Flextronics）这样的国际性公司专门致力于在发展中国家建立先进的制造业基地。伟创力在墨西哥、匈牙利和中国都拥有工厂。类似的，许多印度公司所做的技术工作的价格远远低于美国公司的价格。因为世界经济和薪资的差异相当巨大，压力并不会在一夜之间消失。全球化将会加剧，职位流失也会持续几十年。

鼓励更年轻的学生 亨内希的分析结果是，年轻的学生不会因为鼓舞而进入这个领域。但是，事实果真如此吗？

在美国，鼓励学生们接近科学和工程的一个亮点就是FIRST（"鼓励及认识科学技术"）组织（FIRST：For Inspiration and Recognition of Science and Technology）。自1989年建立以来，FIRST赞助了一个机器人大赛，它吸引了2万多名中学生。美国发明家迪安·卡门（Dean Kamen），因其医学发明和发明的赛格威（Segway）个人交通工具而为人所知，他创立了FIRST，以鼓励数学和科学成绩优秀的学生。

马克·尹（Mark Yim）是帕洛·阿尔托研究中心模块化机器人小组的负责人。多年来，他抽出时间义务与帕洛·阿尔托的冈恩中学（Gunn High School）的学生和教师在一起工作，帮助他们参加国家机器人大赛。尹发现这个计划致力于为学生提供一个发现自身兴趣和能力的开放性机会。尹的学生们在机器人大赛中的互动也许不像约翰·亨内希心中所想的那么多，但是这体现了在一个工程计划中，在恰当的时机所进行的合作经历将会产生强大的影响：

我无论做什么事情，都有两个重点：构建有趣的事情和进行指导。尤其是指导那些即将进入大学的孩子们，因为你能对他们的生活和他们所做的事情产生很大的影响。这对于他们生命中即将追寻的事业是一个决定性因素。很多接触过机器人技术的冈恩中学的学生说，机器人设计的经历对他们而言是生活的一个转折。有时，孩子们并不一定擅长学习，但是他们真正喜欢机器人技术。他们会为项目工作好几个小时。以至于我们不得不设立规定，以使他们能够在晚上11点左右回到家中，否则他们会一天24小时不停地为这个为期六周的项目工作。有一个孩子在半夜偷偷溜出家门来到学校进行机器人的工作。人们通常会担心孩子溜出去吸食毒品或者别的，但是这里却有一个孩子溜到学校里。这真是闻所未闻。

随着项目的进展，家长们发觉他们的孩子把所有时间都花在那上面了，以至于废寝忘食。孩子们随便拿起什么东西就吃，那样，他们就可以继续工作。所以家长们组织起来将晚饭带到学校给团队的孩子们吃。这样家长们至少知道孩子们吃得合适。晚餐时间，家长们会带来大桶的意大利面条，真的非常不错。

其中几个学生现在说他们将要研究工程，在此之前他们从未想到此事。这些孩子们已经知道将来会从事工程学，但是现在他们更具体地知道了他们将要追寻的领域。对他们来说，机器人设计的经历真的激起了他们从未有过的兴趣。

他们之所以激动的部分原因在于建造了一个大机器人，看到他们与其他的机器人进行角逐是一件非常绝妙的事情，但同时也有社会方面的原因。在为一个非常紧张的项目工作时，孩子们团结起来。过去人们认为孩子们参加机器人大赛非常的奇怪和可笑。如今这种情况已经有所变化。现在会有高中运动员学生参加机器人技术小组，也有讨人喜欢的孩子来加入，大家共同工作。

他们必须学会一起工作，一起解决问题，同时互相照顾。他们形成了一个集体，有领导者和小组。他们学会如何表达观点，如何获得支持以及如何一起做这件事情。他们甚至学到了那些可能在大学中也不会经历的东西。

学生们过去负责募集资金。现在，主要是由家长负责进行筹款。学生们自己走出去向公司募集款项，这种情况真的是非常有趣。他们表现出的样子仿佛是在硅谷开办一家新兴企业。他们会出去说："我们需要筹集40 000美元"。令人惊奇的是，他们往往会筹集到比学校的整个数学系所能筹集的还要多的资金。

从在PARC从事项目的中学生和大学实习生那里，我们得到了他们新颖的观点。他们的热情常常唤回了研究人员的活力，有的时候，他们想到的是我们曾经已经想到过的，但大多数时候，他们想出的是完全新鲜的观念。中学生真的比我们这个年龄的人更加了解当今的消费者技术。他们都有手机，而且会使用所有的功能。他们经常比老师更加了解如何使用计算机。他们全都收发即时信息。因此，孩子们是未来的用户、消费者和研究人员。

尹与中学生在一起的经历说明技术并不是天生的不具有吸引力。FIRST取得了重大的成功。2003年，超过800个团队参与了国家和国际上的比赛。在全国比赛中，突出了科学和数学教育，并且将指导和团队工作引入中学课程之中。2002年的国家锦标赛吸引了300多支队伍和2万5千多名学生来到奥兰多迪斯尼乐园的埃布克特中心(Epcot Center)。这项计划吸引了男孩和女孩们，以及一些残疾人的团体参加。

有很多类似的面向中学生的计划，FIRST也许是这些计划中规模最大的一个。尽管此项计划非常成功，但是，也许我们应该将另外一些数字考虑进来。在美国，大约有61 000个学士学位授予了工程学，105 000个学士学位授予了自然科学，185 000个学士学位授予了社会和行为科学以及40 000个学士学位授予了计算机科学。这说明了FIRST只是影响了很少一部分已经选择加入工程和科学领域的学生。从学科的角度来看，FIRST只是强调了计算和机械工程。

反思

在对发明家和研究人员的教育中，存在一个核心主题，即为了“从事研究或发明”的正确教育要求具备一定的技能和经验，而这些技能和经验是不同于寻常的课堂，或正规科学和教学著作中占主导地位的观念的。正规教育和正规科学著作中，对结论和理论的说明反复出现，也就是科学和工程研究的常规知识产品。

“理论”一词一般意味着逻辑地或者数学地进行思考的正规方法。从这种正规的意义上说，理论在知识产生的过程即被称为**科学方法**的过程中占有一席之地。科学方法包括假设形成、实验规划、实施和数据分析。在整个计划中，理论用于作出预测。理论产生于一个包括假设形成和检验的过程。

遗憾的是，理论的概念以及科学和发明的工作方法都没有考虑到想像力的作用。这不但令人厌倦，也会产生误导。皮特·梅达沃（Peter Medawar）是一位知名的医学研究人员、著名作家和科学哲学学者。他与麦克法兰·伯内特爵士（Sir Macfarlane Burnet），由于在可获得性免疫耐受（acquired immunological torlerance）理论方面的合作，共同获得了1960年度生理学或医学诺贝尔奖。梅达沃极力拥护要明确解释科学和传达科学发现的激动人心之处。尽管非常熟悉科学著作，但梅达沃发现自己也会因科学论文中科学思想的表达而感到困扰。他写了一篇文章，题为“科学论文具有欺骗性吗？是的；它曲解了科学思想（Is the Scientific Paper Fraudulent？ Yes；It Misrepresents Scientific Thought）”。[1]

---

[1] 皮特·梅达沃的文章发表于《星期六评论》（47，August 1，1964，p. 42～43）。

图5.2　斯坦福大学机械工程系的产品创新课程中小组设计的两辆纸制人力车

梅达沃认为，科学论文的结构应该主要包括以下几个部分：导言、以前的工作、相关的工作、方法、结论以及讨论。导言大体介绍了的研究领域。前人工作的部分罗列了其他人的相关工作。在其中，"你，或多或少有礼貌地，承认其他人已经模糊地触及了你现在就要详细说明的重要事实"。"方法"部分要认真地描述实验内容。"结论"部分展示出收集的实际数据。"讨论"部分要"滑稽地假装向自己发问，论文中收集的信息实际上是否有意义呢？"这正是科学证据得到赞赏的地方。

梅达沃的观点是，标准的科学论文宣扬了对如何进行科学研究的错误理解，因为它混淆了证明和发现。文章的结构显示出，科学研究就是要认真地罗列出事实。一旦得到了事实，结论也就随之而来了。这就使得科学看起来就是推论而已。遗憾的是，这种正规的结构未能考虑发现和发明中创造力的部分。科学论文的结构仅仅是证据，它注重对证据进行系统性的会集。简要而言，一旦一名科学家以某种方式得到了某个结论，论文就会逻辑性地展示出结论："我小心地进行了测度。如果XYZ是正确的，结果就应当显示为ABC。但是事实并非如此。最终，TUV是与数据相符合的惟一假设。"

科学论文的结构类似于数学中的高等教科书。在一本典型的教科书中，第一章会严格的

图5.3　斯坦福大学设计研究中心使用的一个教学实验室

注：天花板上悬挂的是学生设计的纸制自行车和人力车。在三叶草形桌子旁边站着的是拉里·雷弗和马克·卡特科斯基（Mark Cutkosky）（右）。

介绍定义、公理和定理。这种介绍演变成为一种教学方式，意在快速而谨慎地介绍复杂的数学知识体系的逻辑结构。有趣的是，这种解释发现和发明方式的缺陷也同样给很多著名的数学家造成了麻烦，这已经引起了一些相关书籍的出现，这些书籍描述了数学灵感和发现实际上是如何产生的。[1]

类似地，大部分的科学论文都未能描述科学发明是如何产生的。正规的科学论文报告的主要是竞争性假设是如何得到验证的。对假设的验证大部分依靠证据。证据是建立在推论论据之上的一个逻辑而严格的过程。当中缺乏的是对于假设发明来源的阐述。梅达沃如是说："假设来自于臆测。也就是展示其最原始的形式。我应当说它们来自于灵感；但无论如何它们产生于那些构成主体心理活动的过程，但绝对不是来自于逻辑。"

皮特·梅达沃和其他人都认为，**发现来自于想像，证据或者假设检验来自于逻辑。**

在研究生院，未来的研究人员和发明者开始挑选出这些问题。机械性的学习和证据的标准——科学的常规部分对于创造一个建立在可靠经验基础之上的领域而言是重要的。但同时，想像力、好奇心以及在多学科研究团队中的工作技能，则对于培养激发下一轮创新的创造性具有重要作用。通过与导师一起工作，学生们获得的不仅是知识和方法，还有价值和态度。通过在团队中工作，尤其是那些融合了科学和工程方面观点的团队，他们学到了根本性研究的因素。通过这种方式，学生们掌握了作为职业研究人员所需的技能。

[1] 一些书籍描述了数学中的发现，包括雅克·哈达玛（Jacques Hadamard）的《数学发明的心理分析》，哈代（G. H. Hardy）的《一个数学家的告白》，和伊莫·拉卡托斯（Imre Lakatos）的《证明与反驳》。

第六章

有准备的头脑和灵光一现

在观察的领域中，机会总是偏爱那些有准备的头脑。

——路易斯·巴斯德

科学上很多重要的发现都来自于偶然性的观察。其中最值得庆祝的就是亚历山大·弗莱明的故事。1928年，弗莱明注意到，在培养皿中生长的培养霉菌会分泌出一种能够杀死细菌的汁液。在霉菌的周围，所有的细菌都死亡了。这种霉菌就是**青霉菌**，后来，正是基于这个发现，被称为“万灵丹”（wonder drugs）的盘尼西林（青霉素）诞生了。正是弗莱明有准备的头脑意识到了在培养皿中的死亡细菌之中存在的机会。假如没有一个有准备的头脑，弗莱明就会错失这个发现，对潜在的抗生素毫无知觉，从而扔掉样本。在观察领域中，机会只会偏爱那些有准备的头脑，这个故事是巴斯德这个观点的经典事例。

准备是非常重要的。它将必需的创意同时带入头脑中，因此它们就会以一种新奇的方式结合在一起。当结合产生时，它会导致一系列的洞见和发现的灵感（aha experience）。

发明者经常用一种神奇的感觉去描述他们的灵感，会说类似于“我想起来了”或“噢，我知道答案了”这样的话。这种描述会产生一种误解，让人感觉灵感仅仅产生于天才，而且无需前期的工作，只可意会不可言传。在《在爵士乐中思考》一书中，保罗·贝里纳描述了一个类似的对爵士音乐家即兴演奏的误解：

许多人将即席创作的概念看作“不做准备就表演”，这根本就是一种误解。事实上，每一次即兴演奏的创意背后都是一个人终生的准备和知识。

案例故事

让头脑做好准备

当加入一个音乐社团时候，一位年轻爵士音乐家的音乐生涯就开始了，在社团里，音乐家们可以在不同的场合聆听和练习。成年累月地积累这些经验都是为即席创作而做好头脑准备的重要部分。贝里纳说：

在这个爵士团体五花八门的信息中，学生们匆匆看到各式各样的要素在不同的场合出现和再出现，为学生们所遇到的演奏者们进行诠释。学习者带着对更高层次的传统的理解将毫无联系的事实进行综合。加里·巴茨（Gary Bartz）从每位帮助他的音乐家那里“基本上学会了一种乐器”——从一位那里学到“萨克斯管的技巧”，从另一位那里学到“强度和发音法”，而从第三个人那里学到“和弦”。类似地，一位有抱负的钢琴家从巴里·哈里斯（Barry Harris）那里学到了爵士理论的一般原则，在杰基·拜尔德（Jaki Byard）的指导下，发现了如何达到“两只手的自由，如何产生有效的左手低音”，还有与其他人一起增加自己的演出节目。（p.52）

艾伦·凯（Alan Kay）曾经说那种观点值40个IQ值[1]。发明者不断地学习其他领域、爵士音乐家对不同风格音乐的不断研究，一种看法认为他们这是在通过积累各种各样的观点，来为新的创造做好头脑准备。

[1] 这种说法的各种变形也都被引证过。在PARC工作过的艾伦·凯的朋友记得这种说法开始是在“10个IQ值”左右。最近，出现了高达“80个IQ值”的说法。无论如何，凯认为那种说法能够给人们提供一种洞见和启发。

富于创新性的学生的特征 约翰·里德尔是明尼苏达大学的教授。他称自己在计算机科学和电子工程的各种分支领域是一个系列发明者，他从事的发明包括信号处理、软件工程和联合过滤器（collaborative filtering）。里德尔的很多联合研究项目都来自于他所指导学生的课程计划和博士论文。里德尔想方设法让自己的学生在科研项目中富于创新性[1]，他说：

一些学生**在创造力方面是可塑的**。学生们必须具有开发一系列技能的强烈意愿，而不是想方设法知道哪一项技能是有用的。具有讽刺意义的是，我经常发现那些最有创意的学生却是那些将最多的时间花在学习如何使用工具上的学生。那些"浪费"了许多时间来配置他们自己用的 EMACS[2]系统的学生通常是那样的（富于创新性的）学生，当他们发现了什么，他们能够真正适应它。另一方面，你也必须指导他们。（大笑）同样是这些学生，他们需要你帮助他们来确立下一周的目标。你必须这么做，否则，他们的发散性思维会让他们偏离正确的轨道。

我观察到的创新性学生的另一种特点就是他们往往通过广泛地汲取知识去为自己做准备。这些人拥有很多生活体验、读过很多科幻小说，以及很多无关科学的小说，比如科学家的传记。我的书架上放满了科学家的传记，分发给那些也许对诸如图灵（Turing）[3]或拉玛努扬（Ramanujan）[4]等人感兴趣的学生们。

我认为这会丰富你的头脑，因此当创造力翩然而至，你的想像力就会激烈而疯狂起来。显然，其他事情也是很重要的：你必须经过训练；你必须拥有技能；你必须具有智能。但是我

---

[1] 里德尔的事迹引自 2001 年 8 月 29 日的访谈。

[2] EMACS 是一种可编程的基于文本的编辑系统。

[3] 阿兰·图灵（Alan Turing）是一位解出很多关于计算极限的深奥问题的数学家。

[4] 拉玛努扬是一位以其才华横溢和早年自学的经历而闻名的数学家。

发现一些其他的活动,如多种多样的生活体验和广泛的阅读有助于学生们做好准备。

有准备地跨学科学习 发明包括整合思想——尤其是不同领域观点。不同的观点带来不同的思考方式。新鲜的观点能够带来捷径，比如，如果在一个领域中解决了问题，那么可以将这一过程进行嫁接，从而解决不同领域中的问题。

帕蒂·麦厄斯深刻意识到寻找看待新事物的新方式的重要性。她从研究复杂系统的领域中找寻灵感。当我们访问她时，她正放下教学任务进行休假，她正用这些时间学习其他领域的课程[1]。她说：

我经常将两个迥然不同的事物放在一起,比如把一个学术领域的技术用于一个全然不同的类型的问题上。例如，我可能会把一个生物学中的有趣理念与人工智能领域的某个问题联系起来。

大概15年以前我就开始注意到生物学了，随着时间的推移，我也一直在关注别的领域。我经常不去参加我自己领域的会议,除非我报告论文加或者发表演讲。当我和罗德尼·布鲁克（Rodney Brook）在人工智能实验室一起工作的时候，我们所有人包括布鲁克都会学习其他的领域，尤其是生物学和动物行为学（ethology）[2]学者洛伦兹（Lorenz）和丁伯根（Tinbergen）所进行的工作。这些动物行为学家有非常复杂的模型，涉及动物如何决定去做哪些事情，以及如何进行学习。他们做了大量的观察，然后构建模型对所见到的事物作出解释。他们的模型并不为人工智能学术界所知晓，也很少应用于计算系统中。那是一个需要探索的肥沃土地，可以为人工智能和建构计算系统获取灵感。

[1] 帕蒂·麦厄斯的事迹引自两个访谈，一个是马克·斯特菲克2001年6月28日所作，一个是巴巴拉·斯特菲克2001年9月7日所作。

[2] 动物行为学是关于动物行为的研究。

我一直都在阅读和学习其他学术领域中的书籍，因为我将从中获得新鲜的观点，也能更清楚地看待共同的主题，这样要好于只读自己领域中的书，如果只是读自己领域中的书，虽然能够学到很多，但是却不会想到去做完全新鲜的事情。例如，我最近在MIT休年假，正在学习基因组学（genomics）、计算生物学和纳米技术（nanotechnology）。我想如果我开始思考所有这些知识的话，那么我就要学习它们是如何看待这个世界以及它们使用了哪种类型的模型。

很多年来，我一直对分布式系统（distributed systems）很感兴趣。如果你试图建构一个复杂系统，你可以通过利用许多简单且相互作用的小部件构成的系统来实现既定的功能，而不是把它做成一个笨重而集中的巨型复杂系统。这就是我很长时间以来颇有兴趣的想法。我做研究的时间越长，就越会经常看到共性，越会经常回到上述有影响的观点上。同样的想法源自完全不相关的领域，比如，经济学、生物学、机器人技术和电子商务。

我的方法就是以这样的方式了解自然规律，从而创造出人工复杂系统。通过研究自然界出现的复杂系统，我们会理解怎样设计出稳健和自适应的复杂系统。

智力更新　本·施内德曼是马里兰大学的一位成果颇丰的研究人员和发明家[❶]，他说：

下个月我就54岁了，所以，对于最伟大的创新是否都是在人们20多岁的时候做出来的这个问题，我还是比较明白的。当然，许多创新都是人们在20多岁时做出的，但是也有很多是在人们50多岁、60多岁和70多岁时做出来的。我的一部分愿望就是试图了解如何让我的智力保持在20多岁的水平。

---

❶ 施内德曼的事迹引自2001年7月7日的访谈。

这是关于创造力的老话题的一部分，也就是创造力短暂性的一方面。我非常注意将自己看作一个非专业人员或者业余爱好者，把自己置身于新事务之中。我认为，对于老年科学家来说，真正的危险就是他们一直在做他们已经做成功的事情。

我故意放弃某些问题，转向新的问题，在那里我并不是专家，也不为人所知，虽然我受到挑战，但却有一个充满活力的好问题。

对此，我能想到的典范显然是杰拉尔德·温伯格（Gerald Weinberg），他是《程序开发心理学（*The Psychology of Computer Programming*）》一书的作者。他是一位我一直非常敬佩的具有独立思考特点的人。他一直在影响着我。我和他一起教授一些课程，我还曾经去过他在内布拉斯加的农舍，当时只有我和他两个人，我们相处了三天时间。我们坐下来聊天，我还记得当时他提出了要当一个业余爱好者的观点。每年他都抽出几天时间参加研讨会，学习他从未涉足的东西，因此他一直都保持着初学者的感觉。

将自己作为初学者是非常重要的，这种想法在我头脑中一直非常明确。例如，我现在正将投身生物医学领域。看起来专业化的运作才是明智的，但是这也是我所承担的最大和最困难的事情。我工作的乐趣之一就是涉足不同的领域，与医药、图书馆和法律研究等领域的不同人士共同工作。

灵光一现的时刻

正如爵士音乐家一样，发明家积累不同类型的观点。当人们产生了灵感，或者在那灵光一现的激动人心的时刻，你会觉得以前所有的积累和准备工作都是值得的。

灵光一现的感觉是一种什么感觉？对头脑有所准备的发明家们来说，发明的那一刻是一种什么样的体验？很多发明家都会讲述一些轶闻趣事来说明此事。我们可以通过一个思想实验来进行研究。

这里有一个关于发明国际象棋的故事。这个故事在印度、中国或某个不确切的王国中有不同的版本。其中的一个版本是这样的：一个聪明的旅行者呈献给国王一副国际象棋。国王大喜，于是让旅行者提出一个合理的赏赐要求。根据故事的叙述，这位旅行者——发明者提出，他想要在第一格放一粒米，第二格放两倍的米，依此类推。旅行者打算每天来取一格的米。

国王认为这是一个非常简单的要求，于是让他的仆人把米准备好。第一天，赏赐了一粒米。第二天两粒。第三天四粒。第四天八粒。一周之内所获米粒的总量（2^7或128粒）刚好能够装进一个茶匙内。然而，到了第二周，每天的赏赐大约为半公斤。很多学生在此时得到了少许的顿悟感！当数量不断的翻倍，就会快速增长到庞大的规模。在月底之前，每日的供应量达到35吨。尽管在不同版本的故事中国王和旅行者的结局各异，但是这个故事的真正意义在于翻倍的力量。满足要求的米粒的总量是$2^{64}-1$，或者大约1.8×10^{19}粒米，根据一些计算，这些米粒能够覆盖地球所有的大陆。

学习数学和计算机科学的学生们对这个象棋的故事非常熟悉。这个故事旨在培养学生对指数函数和大数的直觉。1985年，当卡里·莫里斯（Kary Mullis）[1]发明聚合酶连锁反应（polymerase chain reaction）的时候，类似于上述传说故事的想法在他的头脑中闪过。莫里斯拥有生物化学博士学位，后来在Cetus公司从事分子生物学的研究，这是一家让分子生物

[1] 莫里斯在2000年出版的《迷幻药、外星人，还有一个化学家（Dancing Naked in the Mind Field）》一书中记录了他的发现。这个发现由莫里斯等人发表在Cold Spring Harbor Symposia on Quantitative Biology 51（1986）：263～273。

学家制造DNA合成链条（synthetic strand）的公司。在Cetus工作时，莫里斯觉察到需要一种好的方法"放大"或者复制DNA样本。如同其他任何地方的遗传学者一样，他也知道活细胞中的聚合酶可以用来复制DNA。加热和制冷循环可以用来激发每次聚合酶的复制循环。

根据莫里斯的叙述，当他顿悟的时候，他正行驶在旧金山的北部山区中，女朋友正在车中酣睡[1]。他意识到他可以用聚合酶的反应复制一个DNA样本。接着，他发现他可以一次又一次的重复这个反应，每次DNA的样本数量都会翻倍。继而，他又发觉10次循环可以带来1 024个复制品，20次循环可以带来100万的复制品，如此往复。莫里斯后来由于聚合酶连锁反应荣获了诺贝尔奖，这一方法如今在分子遗传学中得到了广泛的应用。

在他对此事的叙述中，莫里斯描写了一个洞见如何激发另外一个洞见，接下去形成一连串的新发现和潜在的顿悟。这种一个接着一个的灵感出现的模式也是很多其他发明家曾经描述过的共同经验。

置身于问题之中　罗恩·卡普兰（Ron Kaplan）对简单性有一种偏爱[2]。简单的理论优于复杂的理论。这个原则就称为奥卡姆剃刀（Occam's Razor）[3]原则。该原则认为，假定有两个竞争性理论都能很好地解释事物，应当选择那个较为简单的理论。卡普兰曾经说过：

我曾经发明过几种不同的东西，但是最为人熟知的一个就是有限状态构词法（finite-state morphology）。那是一个有趣的故事，但实际上，我所作的大部分事情都有同样的特点，那就是我非常注意那些看起来比自身的本来面目更复杂的事

[1] 他谈到这个想法是行驶至128号高速公路的46.58英里处时出现的。

[2] 罗恩·卡普兰的事迹引自两个访谈，一个是马克·斯特菲克2001年7月6日所作，一个是巴巴拉·斯特菲克2001年8月27日所作。

[3] 或者Ockham's Razor。简单性原则要归功于奥卡姆的威廉。

情，为什么会那样？我问自己，事情过于复杂是令人不快的！

卡普兰发明的有限状态构词法始于一个谜团。他对分析句子的问题很感兴趣，就是找到一个方法让计算机去确定句子的句法结构。在他作为计算机语言学家的职业生涯中，他很清楚计算机是否能够开始理解语言的无数种可能。他深知，在实现伟大目标之前尚有很多的简单问题摆在前面。

分析的第一步，是确定哪些词是名词、哪些是动词、哪些是介词，等等。部分研究工作是将词汇分解为它们自身的"词干"。词干能够让计算机辨识，例如，单词"playing"、"plays"和"played"都是"play"的不同形式。如卡普兰所说，每个人或多或少都知道如何抽出英语的词干，他说：

在英语中，你剥离后缀，去掉"ed"、也许需要加上一个"e"，或者去掉"ing"，然后去查字典了解每个词的意思。每个人都知道英语中去掉后缀就可以得到词干的方法，但我们试图超越这种做法。我们希望不仅仅对英语进行处理，还要对土耳其语、芬兰语和其他一些不是简单使用后缀的语言进行处理。在这些语言中，元音发生了变化，从英语的角度来看，这些规则复杂而可笑。

语言学家研究过世界上的不同语言，而不仅仅是英语。2000多年来，有一些规则出自梵文语法学家。这种规则很特别，现在我们称之为"上下文相关重写规则"（context-sensitive rewrite rules）[1]。很多年来，语言学家的主张一直都是，这些规则非常强大，足够表现出德

---

[1] 在计算机科学中描述计算时，正式语言有三个主要的层级。按照权重依次减少的顺序，它们分别是为**上下文相关**（context-sensitive），**上下文无关**（context-free）和**有限状态**（finite-state）（或正规的）。权重最大的语言—上下文相关的语言—需要更多的计算机内存和更复杂的系统去识别正确的表达。有限状态语言的权重则小得多。有力的形式体系能够进行一些简单的工作，但是其余的方式则不行。一般编写一个有限状态的程序不可能正确识别一种上下文相关的语言。

语中的语音变音、梵语中的连接音变和英语中的后缀等。我们希望解决如何贯彻这些规则的问题。

对一般性和简单性的探索，将卡普兰引领到最初由2000年前的梵文语法学家所开拓的道路上来。卡普兰和他们计算机语言学家小组把这些语言规则置于计算机中，并加以运行。一旦这些语言规则被写成计算机表达式，它们就可以进行检验和测度。当卡普兰和他的小组审视构词法的传统规则时，他们发现他们需要花大量的时间运行程序。[1]

这与卡布兰对简单性的追求相违背，为此，对发明的需求变得明朗起来。构词法——寻找单词的结构——**被认为**是一个简单的问题。句法分析——找寻句子的结构——**被认为**是一个**困难**的问题。令人惊奇的是，语言学家对词汇所应用的传统的上下文相关规则，在计算机上运行的时间要长于句法规则：

我们的工作断断续续进行了5年的时间，试图实行这些规则。我们可以运行上下文相关的规则，但是识别算法比我们用于句法分析的算法更加复杂——复杂太多了，更难于理解，资源更密集。

那看起来不太对头。我有一种预感，一定会有一匹小马就在某个地方[2]。所以，**如果**这并不是一个困难的问题，那么一定有什么窍门被我们遗漏了。

对任何一个特定的上下文相关的规则，马丁·凯（Martin Kay）和我会在黑板前演算一个半小时，找出在我们看来运行良好的有限状态机[3]。我们在黑板上所画的机器草图具有转换装置（transitions），可以检查上下文，进行重写，等等。但是，问题依然存在。问题在于我们不能证明我们用手炮制出来的这些机器是正确的。

[1] 在算法分析语言中，程序具有的“时间复杂性”（time complexity）超出了卡普兰的预期。

[2] 卡布兰所说的小马指的是一个关于两个男孩得到圣诞礼物的老笑话。一个男孩是乐天派，另一个是一个悲观的人。故事中，家长考验孩子们，给悲观的孩子最好的礼物。他的天性开始暴露，抱怨这个玩具也许很快会损坏。他们给乐观的孩子一堆牲口粪放在房中。他打开窗说道：“哦，好家伙！这附近某个地方一定有一匹小马！”

[3] 有限状态语法可以用来设计出“有限状态机”（finite state machine）。这些“机器”经常用圆圈（circle）和矢线图（arrow diagram）来表示，圆圈表示状态，矢线拥有代表进入下一个状态的条件的标签。语法和机器表格是相等的，两者之间很容易互相转换。

谜团在于，对于每一个特定的实例，卡普兰和凯都能够用简单的有限状态语法中的构词规则表达出来。有限状态机画满了白板。他们清楚在原则上，有限状态机不如传统的上下文相关的规则更为强大，他们没办法证明他们的规则是正确的。这种困惑的状态断断续续地让卡普兰烦扰了5年。这是常有的事，突破在卡普兰十分放松的一天出现了。他回顾到：

我清楚地记得。那是一个星期六的早晨，我正躺在床上，我有一种感觉，我不知道是否应当称之为恍然大悟式的灵感（“Aha!” experience），或者悔悟式的灵感（“Oh shit!” experience）。（笑）你知道，“见鬼，这原来是如此简单！”我意识到，如果你像有限状态机那样，正确地实施上下文相关的规则，你就能够表达出每一个具体的特征。有限状态机基本上是在列举字符串，某个有限状态机说明“有一些字符串符合这些特征。”换句话说，“这个存在，这个存在，等等。”但是上下文相关规则是一种全称量化（universal quantification），对吗？它说明“对所有这种情形下的实例，就这样做。”我的发现只是简单地认识到全称量化与“如果不在那里就不存在”（not-there exists-not）的原则在逻辑上是等价的❶。这意味着上下文相关规则并没有发挥出全部的力量。我们可以从有限状态规则那里获得实际上所需要的全部力量。

几件事情就从我躺在床上得到顿悟感中产生了。首先我明白了我们能够从有限状态规则那里得到所有的力量。接着我弄清楚了黑板上的有限状态机为何如此难以被确证——因为它

❶ 对于熟悉谓词演算（predicate calculus）概念的读者，卡普兰的“不在那里就不存在（not-there exists-not）”的言论就是指逻辑等价物 $\forall xF(x)\equiv\neg(\exists x\neg F(x))$。在通俗的英语中，卡普兰的看法等于注意到“没有苹果是不可口的”与“所有的苹果都是可口的”的意思是相同的。这种洞见的重要性在于使表达的转化成为可能。上下文相关规则易于理解，所以很容易推断它们是正确的。遗憾的是，一个完整的上下文构词计算非常的昂贵。卡普兰意识到有限状态表示法可以更加有效地进行相同的工作。但是，有限状态规则理解起来容易让人迷惑。卡普兰的顿悟引发出两个重要的洞见。第一个是上下文相关规则的全部力量没有得到应用，因此，有限状态规则能够做真正需要的全部工作。第二个是工程状况和编译器技术能够自动将优雅的上下文相关规则有效地翻译成有限状态规则。

们过于冗长和复杂。然后，我发觉我们得到有限状态机所需的基本操作的基本工作主要是一些固定的操作，如合并和交叉。我继而觉察到我们能建造基本上自动的和能被确证的有限状态机。于是，我意识到利用有限状态机就使得成批进行构词成为可能。接着，我发现如果我们开发出正确的语言学的工具，那么我们就能够在有限状态机中为任何语言实施构词法的分析。

这便是整个语言学工程之战的关键。当你将两个有限状态表达式合并，你会得到另一个能够辨识有限状态语言的有限状态表达式，数学家称之为闭环性质（closure property）。于是，从最初的对逻辑等价物的灵感作为起点，能够构建这些系统的整个方法开始在卡普兰的眼前展现开来：

关键的发明在于你可以对常规的映像（mapping）进行代数逻辑工作。一旦你获得这种观点，你会接着说："哦，接下来是什么，你怎么进行？"我有一系列的想法，一个接着一个。这种想法的结果就是使得人们用20年的时间去摆弄这些问题。它能让大家建造这些机器。也为人们指明了方向，认识到优秀的贯彻实施的重要性。所以，你可以建造这些经过两次取幂的机器中的一个，这将有，唉，上百种状态或者事物在其中。难怪我们未能在黑板上做出来。你难以做出如此复杂的表达。所以我实行了大量的基本操作，然后把它们放在一起。

我说这是一个悔悟式的反应，因为你一旦获得了这个想法，以前的难题就变得微不足道了，你想"为什么我以前就没有想到呢？"你接着还会问："为什么其他人也没有想到……"

当卡普兰和凯的发明出现时，很多公司都看重将词汇表置入打字机、文本编辑系统或掌上装置的想法。它的主要应用是拼写检查。如果列表中有这个词，它就会被认为拼写正确。在当时的计算机系统中，将大规模的列表装配在一个芯片中是不经济的。卡布兰和凯的办法是一个大胆的举动。他们的核心思想是形成英语词汇的理论而不是词汇的列表。他们希望拥有一个**内涵的**（intensional）表示，或者说明词汇产生的原因，而不是采用**外延的**（extensional）表示，或将全部词汇直接列表的方式。一个内涵的描述能够利用单词家族（word family）中词的共性，因此单词“make”、“makes”和“making”与“take”、“takes”和“taking”之间具有共性。内涵的描述比外延的描述更为紧凑，但是建构稳健的内涵描述需要有限状态语法的工程理论。卡普兰的故事是一个通往突破并使之成为可能的征程。

向问题挑战的益处　马克·斯特菲克[1]称自己是一个多产的发明家，他在一个领域连续研究了五六年，然后转向了新的兴趣领域。他在数字产权（digital property right）方面研究的专利和技术是施乐和微软在2000年合资组建ContentGuard公司的基础。

20世纪90年代初期，研究导向的阿帕网（ARPANET计算机网，即：Advanced Research Projects Agency Network：美国国防高级研究计划署建立的计算机网）正在经历向公众国际互联网的过渡。当时人们对适当使用网络的态度正在迅速转变。阿帕网是政府赞助的研究项目。所以任何商业广告或对商业的提及不但会违反法律，而且被认为是粗俗的。20世纪90年代，出现了一个在互联网上发展电子商务的运动。“数字产权”是一项技术，是为能够在网上进行分销和零售数字产品，如数字编码的电影、音乐、书籍和计算机游戏而设计的。这是为

[1] 本事迹引自巴巴拉·斯特菲克在2002年7月对马克·斯特菲克的访谈。

了便于消费者的下载和购买，同时对作者和出版商也更加安全[1]。斯特菲克说：

起初，在我内心并没有将数字产权作为一个研究目标。有一次，我和丹·拉塞尔参加了麦克世界（MacWorld）大会。我们在那里看到了PC[2]卡，这是一种刚刚引入的用于扩展计算机，尤其是膝上型电脑功能的方法。这些卡能够非常容易地扩展电脑的计算能力，也能容纳任何类型的处理器，这个主意令我着了迷。

我试图寻找与PC卡有关的有用之物，刚开始时的想法的确很糟。施乐公司正在考虑将软盘驱动器装入复印机，这样人们就能在上面复印文件，或者从软盘打印文件。我想创造出一个能够显示内部文件缩略图的、可视化的掌上设备。我希望把这个设备插入复印机以及膝上型电脑，这样就会很容易传送文件。我的想法看起来不切实际，因为它实在是太昂贵了。

当时，施乐公司的产品工程师在礼貌地倾听了我的想法之后，与我谈起了实用经济学。

电子商务实际上并不是始于互联网的。网络公司（dotcoms）依然在起起落落，网景公司的Navigator（Netscape Navigator）和微软的Explorer（Microsoft Explorer）之间的浏览器之战还要在未来持续很多年。与大部分美国政客相比，美国副总统阿尔·戈尔（Al Gore）被认为比大多数美国政治家都更有科技头脑。他对帮助互联网成为一支重要的经济力量很感兴趣，并在身边聚集了各方面专家探讨所需的举措。

从一方面来看，互联网似乎是进行电子商务的完美媒介。原则上，人们能够在网上“传送货币”（wire money），发送数字产品。然而，正如电影工作室和音乐公司很快指出

[1] 就在本书写作之时，数字出版业离接受数字产权和以消费者满意的方式进行使用还有很长一段路要走。音乐CD的销售几年以来呈下降的趋势，各种各样的版权保护方案也未能满足消费者的期望。同时，如果数字版权管理能够吸引消费市场的，就会带来巨大的商业利益。

[2] PCMCIA卡是专门用于为膝上型电脑增加功能，如调制解调器、无线调制解调器和额外的磁盘。

的那样，一旦某物成为数字形式，就会很容易并且廉价地复制这些数字产品。大多数关于互联网商务的技术和哲学讨论都显示出这个问题基本无法解决。这些数字知识产权保护的问题被戈尔纳入研究界的十大挑战之列——在互联网的前景能够实现之间必须要解决的那些挑战。斯特菲克说：

在一个头脑风暴会上，我们尝试找出与PC卡有关的想法，并考虑了在研究中心研制出廉价的显示器的事情。在研究这些概念的过程中，我们探讨把gyricon或者其他的平面显示器放在飞机座椅的背后，这样旅行者能够自己选择电影的主意。但是施乐公司对这个事情不感兴趣。

问题在于你是否能够在一张PC卡上储存一部电影。我立刻意识到当时没有能够满足要求的存储器。当然，存储密度总是在不断增加的。我想出不把电影置入PC卡的第二个理由，就是这样做会造成电影未经授权被复制这个大问题。我回想起戈尔曾经提到的挑战，也就是在互联网腾飞之前必须解决的十个技术挑战。其中一个问题就是必须拥有保护数字形式的知识产权的方法。在PC卡上复制电影也存在版权问题。否则这有必要吗？

接着我就想到了一些事情。与计算机自带的磁盘相比，我发觉PC卡上的存储与计算机之间潜在地存在着非常不一样的关系。在计算机自己的磁盘上，**任何**程序都能够在其上**只读或只写**数据。什么也阻止不了一个程序复制或者修改任何文件，那是早已设计好了的。

计算机系统结构的设计要追溯到数字计算机和它们的操作系统的初创时期。这种设计使得计算机成为通用的信息处理设备。这也是为什么用这种系统结构保护知识产权是错误的。强制性的措施和保护性的措施从根本上是不一致的。当某些程序复制数据的时候，你不能指望计算机制造商为此负责，因为计算机系统的设计本身就是灵活的，没有保护性。

我发现PC卡能够插入一个在处理器和特定数据之间进行鉴定和控制的屏障。对于数字成果的使用，你可以用语言描述处理规则——比如表示是否可以被复制。程序不应当仅仅是命令磁盘传递数据。它应当是可信的、遵循作者或出版商与数字作品相关的规则。原则上，它可以有一个处理器在里面，在允许访问之前检查是否满足了一定的条件。这种方法会迫使计算机采用某个协议，并且证明它们是可信的。

随着顿悟感而来的是一系列的洞见。首先，我认识到为何常规的计算机系统结构和它们的操作系统在保护数字成果的时候是有缺陷的。接着，我认识到PC卡能够被设计引入某种控制。然后我发觉基本想法的重要性要大于PC卡本身。它实际上是一个可信任系统的网络或社区，这个系统拥有一个安全协议，并且执行规则管理数据的存取和使用。数字作品可以与规则关联，也就是说哪些使用是被许可的，计算机就可以按照预期遵守这些规则。接着，我发现我对阿尔·戈尔列表上的挑战问题有了解决的办法；再接下来，我意识到这是一笔大买卖，因为它解决了一般认为无法解决的问题。再往后，我发觉这个办法在电子商务中会产生数十亿美元的市场效益。它是——嗖、嗖、嗖。我好几个星期都未能从那种创造的高涨情绪中安静下来。

在随后的几个月里面，我和拉尔夫·默克以及其他伙伴一起工作，与之相关的发明也出现了——如何处理银行业务、协议的细节、如何防范攻击，等等。

马克·斯特菲克为发明所作的准备包括在计算机领域长达30年的研究生涯。这也包括他投入了几个月的时间研究PC卡的性质，以及对互联网面临的所有挑战的关注。他的目的是寻找办法解决“下一步的重要事情”。他在这之前的调查以及对计算机和它们的体系结构的研究帮助他理解什么是可能的。他对PC卡的应用以及对戈尔所提出的挑战的兴趣帮助他理解什么是需要的。两个问题的选择使他在头脑中做好了认识数字产权的方法和后果的准备。

反思

发明家对他们的灵光一闪会念念不忘。每一个发明都包含一些小小的突破，而为了解决问题的挑战，都会带来洞见。伟大的洞见——灵感出现得不是很多。如果一生当中出现过几次，研究人员就会觉得自己是幸运的。灵感是发明的甘泉。伟大的洞见所带来的兴奋激励着发明家不断地尝试下去。即便是在对发明的追寻中，或者如米哈里·奇克森特米海伊((Mihaly Csikszentmijalyi)[1]所说的“处于漂流之中”(being in the flow)，这种兴奋仍然是促使人们集中精力和创造发明的动力。

发明者的典型历程——电影版本是以某个颇具才华的人为中心，此人拥有富于洞察力的梦想，在实现梦想之前与莫大的偶然性做斗争。这种神话式的故事也反映了一些事实。很多发明家都有片刻的敏锐洞察力。这些瞬间使他们产生了灵感。

而被发明神话的简单版本所忽略的往往是发明家在洞察之前的准备。长时间的准备将若干想法引入人们的头脑，因此，这些想法能被迅速地融合。这很像思维的聚合酶连锁反应。若干准备让若干想法渗透进人的大脑。接着，当正确的问题或者被忽略的关联在某种情形下突现时，灵感的连锁反应就会产生，我们也就看到了发明的诞生。

---

[1] 见奇克森特米海伊的《创造力(Creativity)》一书。

第七章

新手心态与游戏

对于一个新人，到处都是可能性；但是，在专家看来，处处都是老生常谈。

——铃木俊龙（Shunryu Suzuki）

突破性发明**不是**那些从过去人们所做的尝试中产生渐进的发明。它们是与人们过去的经验相**分离**的。在突破性发明中，难的是找到洞见。突破性发明需要“采取非传统的方式进行思考（thinking outside the box）”。当事情有突破时，人们的兴奋之情和喧闹的声音就会弥漫整个实验室。这种消息也会飞快地传播。（“你听说戴维·福克的‘翘起’了吗？”）

突破性或者不连续的创新处于一个连续“光谱”的末端，这个“光谱”开始于模仿创新，然后是渐进式创新，再到新技术在新领域的率先应用。理查德·罗森布鲁姆用这个“光谱”模型来分析美国工业领域的创新过程[1]。按照他的分析，美国创新系统的比较优势在于，它有能力发起和迅速开发利用不连续的创新，并且通过它们改造成熟的产业，或者创造新的产业来刺激整个经济的增长。突破性发明创造了新的知识、增加了新的机会。电话、电灯、雷达和个人计算机都是突破性发明的例子。

---

[1] 参见理查德·罗斯布鲁姆的“持续的美国创新：技术来自何处”，国家研究委员会，《国家科学技术目标论坛》。

案例故事

转变思维定势

思维定势是指导我们思考的一套假说。当我们从事某一领域的工作时，会获得相关的经验和特定的思考方式。随着时间的流逝，这种思考方式会变得根深蒂固。不知不觉地，我们会非常高效率地用这些思维定势进行思考。当面对一个新的情况时，思维的定势就会使我们忽略创造的可能性，以及潜在的突破。而转变思维习惯和定势则有助于摆脱那种顽固的思考方式。

转变思维定势就像新手心态。它使得创造性的头脑活跃起来。新手心态是向新视角和新观念敞开的，而这些新观念往往被专家们称为无聊和荒谬。与积重难返和忧心忡忡不同，新手的心态更加轻松和活泼。

我曾在实验室中听到这么一种说法："我喜欢将难题留给研究生。因为他们并不知道那些问题是不可能的，所以往往可以解决。"这恰好与旧金山禅宗大师铃木俊龙的说法类似："对于一个新人，到处都是可能性；但是，在专家看来，处处都是老生常谈。"

尝试相反的思路 当发明家寻找解决办法时，往往是从最先想到的点子入手。不过有时候，人们按照最先的想法尝试得出的结果，往往与人们所需要的是相反的。特德·塞尔克用自己在发明指点杆时候的亲身经历，来说明这个问题[1]。

我们沿着提高用户交互作用速度这一思路进行，就产生了一个加入动量的想法。在自然界中，如果你朝一个特定的方向推或扔东西，它就会保持原来的运动趋势。同样如果一

[1] 特德·塞尔克的事迹引自2001年4月18日的访谈。

个定位装置朝一个方向动，我们想它很可能就会继续朝着同一个方向前进。于是我们将动量设计到光标运用的程序中。事实上，已经有人对此享有专利。

结果，在程序中加入动量反而使得定位装置更**难**于控制。事实上，相反的想法实施起来效果会更好。也就是说放大对运动的**改变**要比现有的运动更好。换句话说，你对运动的求导，而且增大了运动的变化。当你开始移动光标时，它开始得更快；当你慢下来时，它也停得更快。这与动量是相反的。这个想法基本上就是定位装置的ABS刹车❶。放大导数就是发明。好消息是它使得控制水平提高了15%。

另一个反向思维的例子来自材料科学中的应力金属（stressy metals）。在制造计算机芯片的过程中，其中一个步骤就是使金属沉淀从而产生“导线”（wires），用于芯片中的电路。金属最初通过加工形成一个金属膜附着在硅的表面，这是第一步。后面还有其他的步骤金属总会受到一些应力（stress），这样就可能导致它从硅表面翘起。由于这种翘起是不符合芯片的操作要求的，所以制造工序要将把金属膜的应力控制在最小。

戴维·福克是一位材料科学家。我们采访他的应力金属有关的两个发明，一个被称为“翘起”（the claw）；另一个是“接触式弹簧”（kissing springs）。在这些案例中，发明者意识到一条与常规相反的思路，他们刻意使用应力来制造金属的三维结构❷。福克说：

唐·史密斯（Don Smith）在写书时候，有一章是关于薄膜应力与喷涂材料的，这时，他就有了关于“翘起”的想法。薄膜应力很多年一直是人们所头疼的（问题），在很多工艺工程师那里，应力问题一直比较头疼。一般认为，如果你不能在工艺装备中使得应力为零，那么

---

❶ 汽车的防抱死刹车设计就是调整在光滑的路面上的刹车压力以及其他一些事情让刹车更安全。

❷ 戴维·福克的事迹引自2002年8月25日访谈。

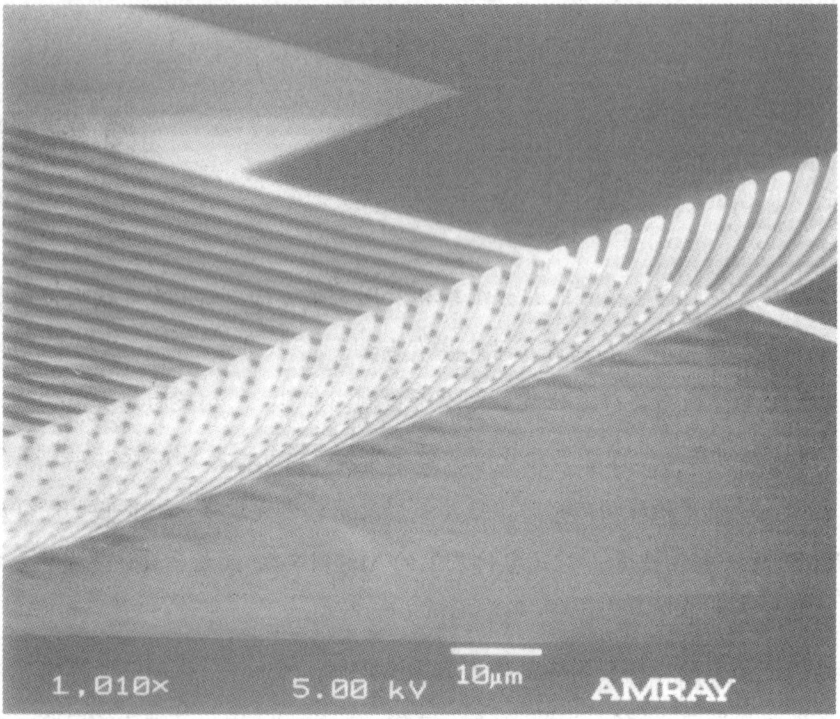

图7.1　一张"翘起"的显微照片（感谢PARC提供图片）

会出现很多问题。"翘起"的发明却正好相反，这个设计靠得就是在材料中**预设**非常大的机械**应力**。而实现的方式是通过一些三维的自组装结构，有意识的将应力提前装配在了金属材料中，就像把柠檬挤成柠檬汁一样。

通常，当金属薄膜的应力不为零时，就会发生不好的后果。它会出现破裂、剥离或者其他情况。但是它也会导致有趣的结构，如微小的弯曲或形成圆圈。而且这种弯曲会形成一束悬臂，突出在晶片的表面。我们称之为"翘起"（claw）。

关于结构的另一个例子——我们发明的、通过自组装制成的微感应器。它是在CMOS晶片[1]表面上进行加工的。我们通过使一对弹簧（springs）突出，并使其中部相互接触来

[1] CMOS（complementary metal oxide semiconductor）是一种较好的低能耗的硅技术。

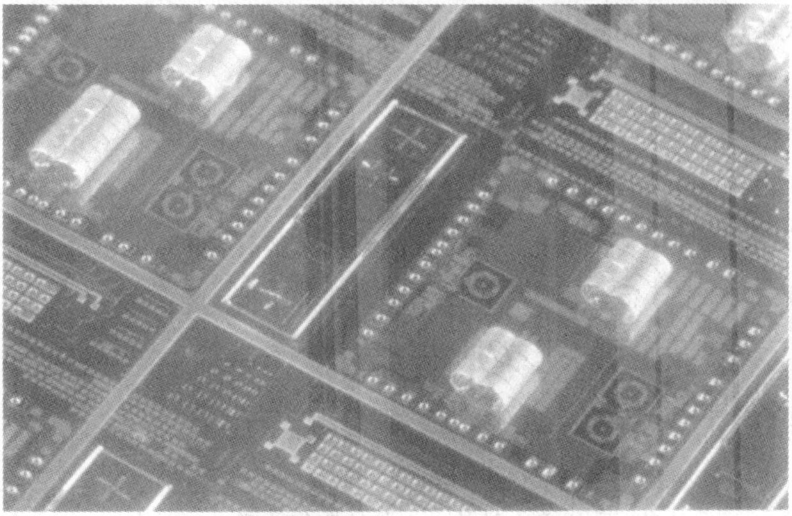

图 7.2　“接触式弹簧”（感谢 PARC 提供图片）

构造这种感应器。我们称之为“接触式弹簧”样式。这是关于结构的另外一个例子，克里斯·丘亚（Chris Chua）的发明——一个我们通过自组装技术得到的微型传感器。

“接触式弹簧”的发明可被用来作为电路板上插入设备的插座，代替传统的陶瓷插座。微线圈（coils）能被用来制作芯片上的高频率振荡器的感应器。这对于无线装置小型化是有用的。塞尔克和福克的例子说明了常规经验是如何被扭转的。尝试相反的思路能使我们获得超出常规的想法。

游戏的重要性　戴维·哥德堡对什么是努力工作，什么是“浪费时间”有自己的见解，他说：

想出一个好主意、拿出一个好方案来着手工作不是件容易的事情。对管理者来说尤其如此，他们希望人们**不停地做事**。他们要向**他们**的老板汇报，并且能够说明大家正在做什么。这样是不好的，因为顶着压力做事时，人们只能仓促行事，想到什么就做什么。而想出一个好方案是需要**时间**的。你需要放松。想出一个好点子所用的时间不同于我们通常作为工作式的思考所用的时间。

如果有一个非常好的点子，你当然要付诸实践去实现它。但是，我认为人们应该把50%的时间花在判断要创造什么，而不是埋头于具体的工作。

当研究者"没事可做"的时候，就会感觉不舒服，也往往会被激励。因为这时候，你可能会感到自己什么都没有做。但是，事实上你正在做更难也是更重要的部分，这就是判断要做什么。接下来，当你花一年时间来设计或者制造你的发明时，你就不会把时间浪费在世俗的产物上，而没有机会一鸣惊人。我认为想出一个好的设计方案比事实上去实现它要更难。

如果将要"干点什么"当作人生的第一要务来优先考虑的话，这不是什么高明的想法，因为这样的话，我会试图抛开一天中所有的纷扰。我会希望不要去开会或和别人交谈。我只想做这一件事。同时这也是非常不幸的，因为往往最好的点子是在你与别人交谈或者思考某件事时想到的。关键问题就在，人们在没有压力的氛围中做事才会有好的效果。

就这个问题，我们问哥德堡，游戏给他的创造性带来了什么，为什么他的办公室里没有任何玩具。哥德堡说"哦，它们在这儿！"说着他拉开充满玩具的抽屉。哥德堡以工作狂著称。在研究中心看到创作人员摆弄玩具来让自己放松，这种情况并不少见。

麻省理工学院的媒介实验室经常向访问者传递一种有趣

的实验氛围。比如，媒介实验室中有一个两层的空间，办公室分布在每一层的边上，中间部分是一个大的中庭。第一层中间圆形桌子上摆满了计算机，整个实验室处在一个咖啡厅的氛围中。放映机可以将东西展示到四周的墙上。装满拼装玩具和其他玩具的箱柜放在边上，在一天的某一时刻，这里安静得像个图书馆。帕蒂·麦厄斯这样来描述媒介实验室以趣味为核心的文化[1]，她说：

有时候我觉得MIT媒介实验室就像一个成年人的大沙箱。这里有你需要的所有工具。有铲子、耙子和桶，所有最新的玩意儿，你知道如何很好地使用它们。你开始制造什么东西时就像孩子在沙子里玩一样。你可以以任何一种方式开始而不必顾及后果会是怎样的。整个过程有一种持续的开放性和一种孩子气的特质。

大多数人都会认为科学是枯燥的。这使得他们对成为科学家毫无兴趣。因为它太严肃了。

保持创造性和玩的激情对一个人来说是十分重要的。我在自己的孩子身上看到了这一点。他们还很小。孩子们天生拥有这种激情。他们喜欢玩或做一些东西，但是到了某个时候，他们经常会变得特别严肃，不再天真，也不那么具有创造力，并有点愚蠢了。其实你应该允许自己蠢一点儿，对事情保持一种天真的看法。那些知道太多、对什么事都很严肃的学生往往很难有创造性。他们应该保持一种游戏的心态。

鼓励一种适宜的游戏氛围是很多研究团队的文化的一部分。戴维·福克与帕洛·阿尔托研究中心的电子材料实验室都信奉这样一句口号：“如果你不会娱乐，你就不会取得进步。”

物理学家理查德·费曼（Richard Feynman）以顽皮著称。他的书《别闹了，费曼先生》对此提出了一些佐证。对于费曼而言，游戏是培养思想的基本前提。他认为是自己对游戏的热

---

[1] 帕蒂·麦厄斯的事迹引自两个访谈，一个是马克·斯特菲克2001年6月28日所作的，另一个是巴巴拉·斯特菲克2001年9月7日所作的。

情引领他产生了关于电子如何移动的量子电动力学的想法：“我和别人一起在自助餐厅，互相开玩笑，在空中扔盘子。当盘子在空气中上升时，我看到它在摆动，我注意到盘子上的红色的康奈尔印章晃来晃去……我没事可做，所以我开始计算旋转中盘子的运动状态……我获得诺贝尔奖的图表和整个事情都来自于那些微不足道的摇摆的盘子。”❶

我们经常会看到发明家和有创造性的人身上都有种孩子般的特质，比如对事物的好奇心。在突破中，发明家与想法打交道，有能力将“明智的（sensible）”假定放在一边，去追求创造性的解决方法。这种能力可能也解释了为什么有些发明家是那种不停地说俏皮话的人。他们就像与新想法打交道一样与词汇逗乐。他们从惯常的用法转向没有什么实际意义的废话。他们喜欢在思想的海洋里兜圈子，从而产生一种超乎常理的视角。

想像力和创造性　雅克·哈达玛所著的《数学领域中的创造心理学》一书中包含了一些书信，在信中，爱因斯坦描述了他自己的创造性思维。爱因斯坦的故事与“逻辑”相去甚远。他描述的经验大部分都是形象的，有时甚至是肢体的经验。对爱因斯坦而言，最初不成型的想法是无法用连贯的词语表达的，毫无逻辑可言，他说：“词汇或语言，正如它们被书写或言说，看起来并没有在我的思想机制中起什么作用。”对于哈达玛和其他人而言，勿庸置疑，词语是无法表达这一创新过程的，因为它们很大程度上是无意识的。

尼克·谢里登描述了他运用直觉和想像的经验，他说：

创造是一种孤独的行为❷。同时它也是高度直觉化的。直觉化可能并不是一个很合适的表达，它只是表明了一种非

❶ 引自《智慧的火花（Sparks of Genius）》，第250页。

❷ 谢里登在这里所评论的是创新中一个阶段，而不是创新的整个过程，他说的是想法的无意识的“烹制”阶段。在访谈的其他部分中，谢里登指出社会经验的启发以及作为一个研究团队的成员对创新的促进。

常主观的行为。它不是一个条分缕析的过程。只用了脑的一侧，脑的另一侧用的并不多，只是用来拒绝或接受另一侧大脑所做出的某种想法，人的说话也是这样。有时候，虽然你已经有了解决方法，但是仍要花费几个星期来把它具体地表述出来。因为虽然你想到了解决的方法，但此时的认识只是一种模糊的感觉。这可能会让你泄气，因为你还没有能力对它进行分析。

我母亲是个画家。她作画时，经常是要表达一个自己的想法。虽然她不能用言语来表述，但却可以用画来表达。这种方式在创造过程中非常多。就如同你不能用语言表达一个艺术过程一样。最初，你必须运用相关的词语，来创造适合它的词汇，有时候这个过程会持续一段时间。

你可能会经历一个真正的受挫期。先是想法就在你心里，但你却无法把它表达出来。后来你找到了解决方案，并且已经解决了它。你已经有了基本的概念，而现在的问题是尽量使之抽象化并能够描述它，以便你那部分大脑能处理这些创新思想。

在他的工作中，谢里登试着想像墨水与纸如何在不同的光线下产生图像。他想发明一种显示器，像纸一样能够反射周围的光。一张普通的纸没有“活动部件”，但是，这种像纸一样的显示器要求材料能够一个点接着一个点地发生微小变化。从根本上说，这意味着电动纸张需要自己变换颜色——一点一点的，以便在页面上呈现不同的信息。谢里登想像在每一个像素上有一系列小球，它们能旋转，既能显示黑色的一面，又能显示白色的一面。

把自己放入这种“像素视角观点（pixel-eye view）”中会引发想像。一些发明家已经想到“试管中的墨水会在每一个点上上下流动”。当墨水流到上面，这个点就变黑。那条思想之线导致了电泳显示器的发明，该发明使得一种材料能在每一个像素上沿着微试管上下流动。

这种完全将自己想像成置身于实验情境的想法，是发明和发现中一再出现的现象。在《智慧的火花》一书中，罗伯特(Robert)和米歇尔·鲁特伯恩斯坦(Michèle Root-Bernstein)研究了许多有创造性的人是如何训练自己的想像力的。爱因斯坦年轻时在创立那著名的相对论时，他把自己想像成一个光子，在与另一个与自己方向相反的光子赛跑。芭芭拉·麦克林托克(Barbara McClintock)一直从事玉米遗传学的工作，并因此获得了诺贝尔奖，她说"我发现与它们共事越多，(它们)就变得越大，当我真正与它们共事时，我不是置身事外的，我就在它们之中。我就是这个系统的一部分。我甚至能看见这个染色体的内在部分——事实上所有的都在那里。这令我感到惊奇，因为事实上我感到我好像就是在那里，这些是我的朋友。……你忘记了你自己。"[1]

约舒亚·莱德伯格因为在微生物遗传学方面的工作而获得诺贝尔奖，他说"当我思考DNA分子时，我脑中有一个像绳子一样的模型。我知道，如果我拉DNA分子的两个末端，它就会从某处断开。然后我必须站在一个完全不同的角度上说'我知道DNA的结构并不是这个样子的。'……你必须能以相当粗略的方式幻想——同时必须能从一个参考的框架转向另一个。"[2]

思维的创造性部分可能包括形象的，或者肢体的那种直观感觉，而不是逻辑的或者数学推理的过程。然而，为了将人们的创造性直觉表达成科学殿堂里能够不断积累的知识，它要求科学家和发明者在最初产生创新的感觉或直觉**之后**，必须以一种逻辑的方式来撰写报告以向世人说明。

把心里的想法说出来 在一家研究中心工作的乐趣之一

[1] 引自《智慧的火花》，第4页。

[2] 引自贾德森的《寻找解决方法》，第184～185页。

就是能和同事交流。在一家大型研究中心工作，一个人经常走在大厅里就能碰见一个世界级的专家。马克·尹描述了他在研究中心的工作实践：

当我在研究时被卡住了，我就会在大厅里散步。通常，我会碰到一些人并和他们聊聊。我会解释我遇到的问题。在解释的过程中，一个想法或一种新的方法就会浮现在我的脑海中。几乎没有什么问题不能解决一直让我垂头丧气的。

帕洛·阿尔托研究中心的一些同事是非常好的宣泄对象。我经常会选择约翰·兰平（John Lamping）来诉说问题。不过你选的这个人也不必是专家或这个项目组的人，你可以和同一实验室的任何人说出自己的工作。

研究进展常常是偶尔发生的。有时候我们花几个月时间做一件事情却毫无进展，但是，往往在突然之间，一个想法就会在谈话中冒出来。我们说“哦，有了，我们为什么不试试这个？”随后我们进行尝试，整整三天之中，我们都在异乎寻常地工作。我们也许不是遵循着我们以前的思路。也许更是完全不同的路径，但是一个真正可行的方法。

向别人解释一个问题或一个想法的过程有助于我们采取非传统的方式进行思考。有趣的是，即使与你讨论的人并**不是**这一问题的**专家**时，但是，“说出来”的过程也总有帮助的。因为对某人而言，当他需要向一个具备科学头脑的同事解释一个问题时，原本隐藏着的那种无意识的想法就会浮现出来。而在独自工作中，这种无意识的想法会很长时间都不被人注意。只有当我们在谈话中想要清楚表达这些想法时，我们才第一次真正**意识**到它们的存在，才有可能放弃或“软化”这些问题。一般来说，与你讨论的人对你的日常问题越不熟悉，就越需要你给予更多的解释。这样，向别人解释一个问题不仅有助于我们培养新手的心态，而且使我们看以不同的方式看问题。这种现象可能是学术圈所养成的共同智慧习俗的基础，在这个圈子里，人们认为最好的学习途径就是在相关领域教一门课。

另一个可以产生有趣想法的现象是**创造性的误解**。当一个人向另一个人解释某事时，另一个人却错误地给予了回应，此时就引起了创造性误解。他以为自己理解了，但事实上他却深深地曲解了这个问题的某些方面。当这种误解揭示了一个解决方案，或是给予问题一个新的框架时，奇迹发生了。

从具体问题中解脱出来 在那些旧知识不能发挥作用的地方，帕洛·阿尔托研究中心的研究者戴安娜·斯迈特斯有一个办法可以应对自如[1]，她说：

基本上，我会大量地阅读，特别是在我不知道该怎么办的时候。如果我不能立刻想出解决办法，我就会去阅读有关新想法的大量原始资料。

当我感到很无奈，进行得很艰难时，我知道我该离开一会儿了。如果你能够离开一会儿，你就可以停止如此艰难的尝试。然后，要么那个最初的想法会变得更明显、更合理，要么你会意识到所有令你烦恼的细节其实并不是问题。或许你会有新的想法——这个新想法通常是超出你已有思考范围的。离开工作只是让你停止过分地强调这些细节，以便让自己好好想一想。

“释放”（letting go）一词非常像铃木俊龙所说的“新手心态”。培养新手的心态就是释放贪心培养豁达。因为太多的选择、过于艰难的尝试都会引起焦虑。而新手心态则是一种游戏的、灵活的和善于接受新事物的感觉。

但是当我们进行得很艰难时，我们如何让自己放松呢？本·贝德森是一位在人机交互领域多产的发明家，特别是在用户缩放界面（zooming user interface）方面。他是马里兰大学的教授，担任由本·施内德曼所创立的人机交互实验室

[1] 戴安娜·斯迈特斯的事迹引自2001年4月12日的访谈。

的第二任主任。贝德森在回顾他的研究经历时，想起了他在早期研究生涯中注意到的一些事情[1]，他说：

我注意到，我最好的想法中的百分之九十都是我骑自行车走在布鲁克林桥（Brooklyn Bridge）上时想到的。骑车时，我在小心翼翼地保持着身体的平衡——关注平衡使得我专心于我是怎么骑车的，而不再去想怎么解决我当天发生在实验室的问题。那时我会在潜意识里反复琢磨这些问题。这样就会产生洞见。

有一些发明家用休息或出去散步来让自己的头脑清醒。有时候，发明家像其他有创造性的人一样，也会有意识地培养一种思维交替的状态，看看会产生什么灵感。帕洛·阿尔托研究中心的高级研究员斯图尔特·卡德注意到，当他在临睡觉前使得自己的大脑放松下来时，这时他往往会看到自己研究问题的形象模式。这种鲜活的模式产生、消退，然后被其他的系列模式所取代。这种情形，被人们称为**催眠状态**，在不同的研究中与增强研究人员的创造性紧密相联。

摆脱自己固有的方式　巴巴拉·斯特菲克是一位超个人心理学家。她的客户中有很多是非常有创造性的人。当一个作家的思路被"卡住"时，他可能会在工作中一筹莫展，或者他们会觉得有必要改变一下生活[2]。斯特菲克说：

我的工作是有关人们的梦境、精神的无意识方面的。很多时候，我是和那些搞创作但思路被卡住的人打交道，比如正在写书的人。想法已经有了，可他们就是无法表达。

我经常通过一个引导调解的过程来使客户感到身心相连。然后我开始调查他们的兴趣所

---

[1] 引自2001年4月19日的私人交流。

[2] 巴巴拉·斯特菲克的事迹引自2002年8月16日马克·斯特菲克所作的访谈。

在。我要求他们不要“想”答案，而是让答案自然地冒出来并一直保持开放的状态，有获取惊奇的心态。对冒出来的想法不作任何主观判断。只是去关注它。

人们通常对冒出来的东西很吃惊，即使有些事是他们尽量试图避免或不想反映出来的。在沉静中，他们或许会理解令他们迷惑不解的东西。通过这类实践的培养，他们开始感到有信心来理解即将到来的东西。也许不是在那个时间，但只要它准备好了就会出现的。这样，他们就不会有迷失或者无望的感觉，也不会陷入深深的烦恼。有时候当一个人深刻理解了原来不明白的某些东西时，结果会立刻变得不一样。

很多事情可能会成为我们自己的羁绊；突然发生的某些事情往往会阻止我们深入倾听自己内心的声音。各种各样的恐惧和羁绊对我们的妨碍可能是无穷的。每个人都必须去调查和了解那些看似妨碍我们的东西，以及如何将它们移开，并继续倾听。

从本质上说，这些都属于意识实践范畴的东西。信息已经有了，但是如果你的意识很忙或不是那么敏感，你就很难理解正在试图克服的困难是什么。从瑜珈的观点看，精神的变化是很微妙的。一种沉着的、平静的头脑更加敏锐。而一种忙碌的、激动的头脑则更加粗糙。如果我们的头脑太过活跃了，那么它就可能与我们自身失去了联系。我们失去了与我们生活的意义和职业的联系，当我们陷入更精细、更深的冥想时，那我们会听得更清楚。

经常会出现一些混淆和对立——自我的不同部分彼此会产生矛盾。这让人们感到烦恼。人们很难在自身存在的两种对立矛盾中权衡。所以我们要观察这种混乱，注意到不同的观点。通过保持开放、空灵的心态，权衡对立的矛盾，新的观点，以前没有想过的视角就会出现。我想这个与众不同的观点，可能很多人从来没有想过，但是，对于发明者来说，这个观点却可能是一个新的洞见。

通过调节和引导的沉思冥想，使我们更容易接近身体（大脑）的实际。我们的身体（大脑）是知道答案的。所有需要我们知道的东西就在我们自己体内。调节思索的过程是一个与自己的身体相连的过程，深入身体的呼吸，真正理解自己身体（大脑思考）的习惯。令人惊异的是，我们经常只关注自己的头脑而与自己的身体自己的心灵失去了联系。因此，被引导的冥想是关于我们对身体的意识，而且能使我们更能够与我们的身体以一种越来越巧妙的方式相协调。

如果你对正在谈论的具体发明或者要解决的问题没有答案，你可以不带任何预先的想法让身体来一个彻底的放松。你不要理会那些它看起来应该怎样、它应该是什么的想法。你只是安静地等待。如果还是什么都没有，那就是本来什么都没有。我会对客户说"'什么都没有'会像什么呢？"

"哦，我胸部感到有些闷。"

"你能到那个闷的地方吗？那里是什么呢？"

这些问答可能会启发更多的内容。当你正千方百计地想得到什么东西时，会有各种各样微妙的限制和困难。所以，你坚持进行耐心的工作，以期待到有所涌现。我告诉我的一个客户要去了解、倾听，并且深思熟虑。要欣然地接受所带来的惊奇，当然也不应成为它们的附庸。

涌现出的东西可能与你想像的不同。关键的一点是，当我们继续使用原先对我们有帮助的、熟悉的技术时，我们应该如何理解这些从原先的技术中所揭示出的东西，它应该像什么。如果这些原先的经验都不能对我们有所帮助，我们就会迷失或者一筹莫展。其实，新事情经常是独特的、令人惊奇的、也根本不是我们所想的样子。

当人们突然有了某种想法时，他们会说"啊哈。我从没想过它会以这种方式出现。在事后的回味中，这会带来美妙的感觉。但是如果在这之前有人问我，我一百万年也不会想到会是这种方式。"

经常会出现一些令人惊奇、非常有趣的事情。一些深谙此道的人，就能得到更多的享受。"哇，我想知道这一次将会展示什么，我的确不知道。"有很多人会毕恭毕敬地举起手说"我不知道会发生什么，但我愿意并敞开心扉迎接可能会发生的一切。"

系统的探究方法

系统的探究是寻找解决方案的一种程序性的方式，它通常是组合式的。比如，我们可能画了满满一桌子的备选方案，一排排，一列列地来加以描述和比较。系统研究的方式提倡这样的一种方法，它让人们列出不同的解决方案，然后通过排除、排列和组合的方式产生更多的备选方案。系统研究方法中产生的"好"想法通常很少，而且多是藏在许多"不好"的想法中间的。如果我们保持对事物的敏感性，引起足够的注意，系统探索方法可以有助于我们找到突破。

早一点失败、经常失败　加里·斯塔克维泽于20世纪70年代后期在施乐PARC发明了激光打印机，他现在是微软公司的研究人员。他把高效率的研究描述为学会快速地失败。他说："研究的关键就是搞清楚如何会很快失败，这使你能很快得到正确答案。你可以通过研究人员会多快地犯错误来评测他的研究效率。这已经成为一个公司中专门机构的职能，它的工作就是对此进行探讨。"[1] 斯塔克维泽的格言强

[1] 引自克里斯蒂·海尔姆（Kristi Helm）在《San Jose Mercury News》中发表的采访，题为"重新定义PC"（2003年1月11日）。

调了这一点。大部分新想法都是不好的，从这种探索的视角来看，一个好的研究策略是，不要怕失败，要尽快地找到可选方案。

斯塔克维泽的故事与一则轶闻是类似的，这则轶闻是关于莱纳斯·鲍林（Linus Pauling）的。有一次，鲍林被一个学生问到“如何才能有好的想法？”鲍林回答说：“你必须有大量的想法，然后将不好的剔除。”

学会早一点失败、经常失败是工业设计的原则，也是斯坦福大学设计研究中心科研实践中的主旋律，拉里·莱弗说到：[1]

在设计中，我们总是使用这个短语“早一点失败、经常失败”来形容如何在一个产品设计和开发的早期产生很多想法和概念。这有助于在后面的进程中相对较少地犯错。甚至在产品设计的结构化模型阶段，我们也有可能很快转换到另外一个版本——又一次“早一点失败、经常失败”。这样，这种态度主导了我们的设计实践。

通过对设计实践的有针对性的研究，我们发现，“快速失败”原则确实很有用。我们的研究通过“双盲”研究的方式，判断设计质量与设计工作特点之间的关联性。我们用外部的评审小组来测定设计质量，这些评审专家并不知道是哪一组做的设计。然后，我们通过对设计草稿的分析来测定设计效果。我们用加入名词短语频率来表示引入新的设计概念，换句话说，我们通过计算人们所用的名词数量来测算他们产生的新想法的数量。我们也观察某类问题的提出率，用以表示批评和他们否决的想法数量。秉承“早一点失败、经常失败”理念的团队会比其他团队产生和否决更多的想法。试验结果表明这些模式是设计质量好坏的预报因子。团队越迅速地产生和抛弃想法，他们设计的质量就越好。

---

[1] 引自2003年3月10日的私人交流。

“快速失败”的理念与人们的常识相违背，人们往往期望设计会通过一个有根有据的线性过程直接呈现在人们的面前。事实上，设计的实际要求完美主义走开，不断试错的过程也不断增强人们的信心。

七个杂七杂八的子问题 戴安娜·斯迈特斯曾在实验神经系统科学、密码学和安全学方面做过研究。她现在的研究是为移动装置进行用户友好（user-friendly）的安全设计。她办公室的门外面写着“警告：厌倦时极度危险。”她说：

我开始思考无线装置的安全性问题。无线技术的大问题是，过去人们通过房子的墙壁来为人们提供保护，墙壁限制人们的视线，也限制了人们的行动。但是，对于无线装置而言，它辐射的范围不再受那些看得见的物理结构的限制，我们通常认为，这些看得见的结构才能给我们提供保护。

如果你走在街道上或者坐在地铁里，你可能不想让别人知道你的名字，想独处而不受干扰。即便当这些装置放在你屋里时，你如何才能把把“墙”安回来呢？

因为研究安全性问题，所以我通常会关注那些让我感到恐惧的事物。当我在阅读关于蓝牙（Bluetooth）的资料时，我第一次开始思考这个问题。蓝牙是一种局域的、特别的无线技术。它像工业组织生产出的大部分东西一样非常没有安全性。

它的确有些弊病。它的最小范围是十米。我想它一定是住在郊区农场的大房子里的人发明的，在那儿，十米远意味着一定超出了任何坏人的范围。这可能是在自己的房子里面。而我第一次读到这些时，正住在曼哈顿。距离我公寓十米以外的人是栏杆的另一边。这种辐射范围有十米的想法让我感到非常焦虑。任何一个处在这个圈内的人，即使他们没有利用我的装置都可能会看到我正在干什么。住在另一座楼上、比我楼层低一层的邻居在栏杆的另一边。十米的距离大概完全覆盖我的邮政编码的最后一位那么大范围了，基本是我的公寓楼的一层半。所以，我得有所行动了，而不是在那里心惊胆战。

同时，我试图跟着汤姆·贝尔森（Tom Berson）的想法走，他的想法是，如果你给人们更多的密码，他们就会接受。在我看来，我们已经到达了Quicksilver项目的结尾，这个项目为人们提供廉价的、可获得的安全操作。问题是密码不是内在的促进因素。你给人们更多的密码，他们也不会接受的。除非有贼进了自己邻居的屋子，就不会买一个防盗警报器。

我和德克·巴尔凡兹（Dirk Balfanz）、保罗·斯图尔特（Paul Stewart）开始研究这种无线安全项目。我们假定，将来你生活在一个充满无线装置的世界中，当然这些无线装置不会特别复杂；它们本身没有太多的功能，人们拥有大量装置，这些装置永远不会被系统管理员发现。人们必须自己控制所有的装置。你不能向他们解释他们的公共密钥（public-key）加密技术，因为大部分人并不想知道。

问题是，如果你最关注的是可用性，那你能得到多少安全性？如果你想让人们用这种东西，而不会因为安全性问题的复杂和繁琐而关掉安全装置，那你能给予足够的安全性来保护他们么？我们假定这种威胁只是一种低层次的，而不是来自有组织的政府或其他类似的机构[1]。

你能给他们一种如何安全地连接两种装置的模式么？或者让他们每人拥有一种装置，然后让这些设备足够“聪明”从而控制双方交互作用。通过在家庭系统中“引入”一种新装置，从而在安全性上预先做一些努力。家的环境有足够的智慧来消除交互作用中持续的安全问题。

---

[1] 在安全性研究中，建立一个反对攻击的防御需要估计对手的能力。一般认为作为对手的一个单独的电脑黑客比起受到政府和机构良好资助的那些拥有大量理论家以及极快的计算机的团队来说是缺少威胁性的。

一旦你解决了这个问题，接下来的挑战就是下面七个杂七杂八的子问题了。这些子问题是大问题的各个小方面以及解决方案。当然，这些问题中的大部分我们还未解决。还有其他的事情——诸如“我们在实际中如何实现？”、“你如何处理多个设备组的情况？”、“你如何协调不同组的用户？”以及“你如何用一个组中的信用体系来与其他组的设备相联系？”这样的问题。

所以，你有了一连串的问题。你得知道哪一个问题已经解决了，哪一个还没有。解决方案只能像挤牙膏似的挤出来，你不会一下子得到所有事情的解决办法，因为这些细节始终困扰着你。

你需要随时关照所研究的问题，摆弄它，也许可以建立一些系统来掌握整件事情。从这一点来看，我们事实上正在做许多思想实验，从而建立一些原型系统。

这个例子的关键是关于如何“划分”（dividing）和“克服”（conquering）的。当斯迈特斯说“七个杂七杂八问题”时，她是在处理移动装置安全性设计的大问题。她面临的挑战是对这个问题进行辨别，并将它划分为更小的易处理的问题。当斯迈特斯和她的同事以不同于常规的方法重新确认了这个问题时，这个问题才有了突破，而这种方法需要复杂的“公共密钥基础设施（public-key infrastructures）”，而且难以应用。

当斯迈特斯谈论密码研究和用户组时，在对这个项目进行深入的研究中，她不知不觉地越过自己研究项目的边界，从问题出发找到了问题的根源。这一研究的最初形式被看成是系统网络中由无线网络带来的安全性问题。一开始，问题看起来好像是缺乏公共密钥基础设施［即，注册用户，并分配给他们惟一的密码钥匙（cryptographic key）的一种基础设施]。一些公司以这种方式来处理这个问题，这样所有已知的解决方案都是复杂的，因为这就需要网络管理员。然而，它在小办公室和家中很难使用，因为这需要网络管理员的劳动，这对于家庭来说是一笔昂贵的成本。这就暴露了一个新的困难：如果安全系统使用起来太难，它们就将被忽略。安全性团队邀请了PARC的社会科学家来与他们一起工作，并开始确定一种不同的方法。经过寻根刨底的深入探究，研究团队产生了一种新的技术方法，它强调人们在适当的安全水平上的轻松应用。

生成和测试　解决问题的“生成－测试”模式组成了一种系统的、形成备选解决方案的模式，它能有效地将不好的方案扔到一边。这种方法背后的理念就是，识别一种好的解决方案是容易的，但产生备选方案却是困难的。

当马克·斯特菲克还是斯坦福大学计算机科学专业的研究生时，他从事了用计算机程序来计算DNA分子片段结构的研究。一天下午，他在解决一个问题时遇到了两个生成－测试方法，这个问题的解决给他留下了难以磨灭的印象。[1]斯特菲克说：

那时，我正是计算机科学方向的二年级研究生。在准备我的论文时，我花了大量时间待在医学院约舒亚·莱德伯格的遗传实验室。约舒亚的实验室中的研究者总是在操作实验消化DNA，就是使用酶把DNA切成片段。杰瑞·费特尔森（Jerry Feitelson）和我提出通过编写计算机程序，从数据来推断DNA结构这样一个想法。

实验室的研究者总是在用酶加以消化。而计算出片段结构相当难，所以在每次实验

---

[1] 马克·斯特菲克的事迹引自2002年8月16日的访谈。

中，人们可能会花费几个钟头来这么做。我认为，对我来说第一个好方法就是运用自动化系统进行推理来解决这些问题。

我从实验室的人如何解决这个问题入手。有一套基本规则控制着DNA分子是如何被酶分成不同部分的。我的程序假定看见消化数据，并计算出DNA片段在原来的分子式中是如何排列的。在任何给定的实验中，一个分子可能被不止一个酶消化。也有一种称为“局部消化（partial digests）”的实验技术，这种技术要求用酶进行消化分解的过程提前中止。局部消化给出了中等尺寸的片段，这为彼此之间是哪一片连着另一片提供了线索。

起初，事情看起来非常简单。我访问了研究人员，写下他们的推理规则，然后将程序编在电脑中。程序将片段表现重新集合为大分子的表现。但是当我研究更多的数据时，程序中的一些问题开始困扰我。程序有越多的数据——关于片段结构的越多线索——就需要越长的时间。这在我看来是完全错误的。因为当你有更多的线索时，这个难题就应该会简单一些。于是我准备向莱德伯格寻求帮助。

在求教之前，我辛勤工作了两周。我非常佩服约舒亚。在我看来，他的地位非常高。我不想问他愚蠢的问题。最后，一天下午，在我们约定前一个小时的会议上，我把这个问题提了出来。我需要重新编程，以便可以用酶的数据作为约束或修剪规则的数据，而不是作为组合的线索。让约舒亚告诉我这是**可能**的一直是令我难为情的，因为他首倡Dendral运算法则，将这种方法用于器官的化学问题。

对于这次会见，有一种有节制的优雅。在关注了这个问题很长时间以后，我想出了一种新的实验来说明DNA结构，并急切地想把我的想法告诉约舒亚。我认为这种方法会使我们更容易地解决复杂结构，而不是像现在实验室所用的方法那样。我的想法是，用一种酶做一个局部的消化，然后用其他的酶完成其他部分的消化。我为我的想法感到非常骄傲。

当我见到约舒亚以后，就和他说了我的想法，最令人吃惊的事情发生了。他刮了一会儿自己的下巴，说道"有趣。"然后，我记得他走向白板列出我们可以控制的变量：一种、两种或三种酶，完成相对的局部消化，两维，甚至是令人信服的凝胶体似的三维排列，消化执行的顺序。他将我的一个变量代入他的实验中，两三分钟后产生了一组额外的实验变量。我一下子说不出话来。

约舒亚给我展示了一种思考问题的**新方式**。你可以把他所作的称为一种维度分析。这给我留下了难以磨灭的印象。现在，当我寻找产生变化的方式时就总是会想起那个下午。

莱德伯格关于产生**各种实验**的演示是另一个"生成－检验"的变体。他用实验维度来作为**产生**新的实验的基础。斯特菲克所上的深深的一课就是，在许多问题的解决上，对备选方案运用**系统研究**经常是可能的。

"生成－检验"方法的力量是戏剧性的，它很可能产生一个完全的发动机——即可能会产生所有可能的解决方案而不会错过任何一个。斯特菲克编写的DNA片段程序就是这样，并且，早期由莱德伯格、杰拉西、费根鲍姆、布坎南（Buchanan）和其他斯坦福的学者所创立的组织化学的Dendral系统[1]也是这样。

卡尔·杰拉西（Carl Djerassi）当时是斯坦福大学的化学教授，他支持自己的研究生运

[1] 更确切地说，Dendral是一系列结构说明系统中第一个计划的名字。即，没有循环的结构。它也是这个计划的名字。Congen是这个计划中后来发展出的程序，它有能力处理循环结构。

用新一代Dendral系统来检测化学期刊上发表结果的完整性和正确性。[1] 他要求每一个学生选一篇论文来研究，这些论文是通过各种物理方法对自然产物的结构进行研究的论文。然后他让学生检验结果，将发表的信息输入计算机系统。正像杰拉西所说的，结果充满戏剧性："无一例外，每一个学生都发现，这些公开发表的文章中所引用的证据至少与一处作者所没有考虑到的结构可能相一致。"换言之，化学家经常会犯错并错过答案。显然，领先于那个时代，杰拉西就建议编辑在刊物的评审阶段引入这样的计算机审查手段。

杰拉西的研究生运用Dendral说明在化学中，结构分析的问题对科学文献中可靠的报告来说已经变得非常复杂。杰拉西的研究生发现，这种错误经常被论文的作者和他们的评论者所忽略。正像莱德伯格指出的，[2] 化学文献的一个重要部分现在变得不可靠了。背后的困难在于，科学家在他们报告的结果中使用了没有证明的假定。当问题非常复杂时，避免这种推理错误对人们来说是很难的。

反思

有准备的头脑Vs新手心态

从某种视角来看，"有准备的头脑"和"新手心态"看起来似乎是对立的。有准备的头脑会说"运用你已有的经验"；新手心态会说"抛弃你已有的经验。"协调这种看似相反意见的一种方式就是对日常问题和新问题进行区分。我们对日常问题要采用有准备的心态；对新问题要培养新手心态。对于日常问题而言，我们的经验足以很好地帮助我们更有效地解决问题。然而对于新情况，我们的一部分经验可能

[1] 杰拉西在其自传《避孕药，矮种大猩猩和德伽斯的马》中描述这件事情。

[2] 参见J.莱德伯格，"Digital Communications and the Conduct of Science：The New Literacy，" Proceeding of the IEEE 66（1978），no.11：1314～1319。文章被摘录在斯特菲克的《互联网梦想（Interenet Oreams）》。

会妨碍我们产生突破。

当发明者面临着日常问题和新问题混杂在一起的情况时，有准备的头脑和新手心态这两种方法是创造性解决问题的阴阳两极。一个发明者研究的问题始于对过去经验的应用。如果过去的经验看起来不起作用，发明者就会面临僵局，“我以前从来没有见过这样的问题。”“我有一些可选的方案，但哪一个也不起作用，我不知道该怎么办。”僵局是培养新手心态的一个信号。当旧的知识对新问题不起作用时，培养新手心态有助于使发明者从预想的概念中脱离出来。发明者能注意并把“合理”的假定放在一边，并把它放在一边去寻找创造性的解决方案。

从哲学视角来看，学习如何培养新手心态也可以被理解为有准备的头脑的一个变化而不是相反。当我们学着尝试相反方面，放松或实现一种组合探究时，我们就找到了**通向新问题的路径**。研究解决问题的人有时候将新手心态这种方法描述为在元层次上（meta-level）解决问题。换言之，培养新手心态为思维方式的突破提供了心智上的准备。

平衡游戏与工作

游戏包括有准备的探究和没有目标的运动。与想法打交道可以给发明家提供一种安全的方式来逃脱过去的抑制性潜意识，支持下意识的智慧。如果你厌倦了，你不必使出自己的全部能力。在《智慧的火花》一书中，罗伯特和米歇尔·鲁特伯恩斯坦收集并分析了人们如何培养创造性的论述。在一个又一个例子中，他们发现，科学家、艺术家和其他有创造性的人将游戏和他们的工作融为一体。其中的一个例子是关于亚历山大·弗莱明的，他是青霉素的发现者。弗莱明的同事都知道他很喜欢玩游戏。他总是把时间花在运动和玩游戏上。他也喜欢改变规则来使游戏变得更难。比如，他可能会只用一根球杆来打一轮高尔夫球。弗莱明将他的职业描述为与细菌玩耍。他的一个表面上看来无用的消遣就是为细菌着色：在琼脂盘中把细菌刷上不同的颜色，[1] 等它们生长时就会出现令人愉快的图景。

弗莱明显然在过分整洁方面是与同实验室的同事V.D.艾里森（V.D.Allison）开了个玩笑。艾里森在每天快结束时会坐在实验椅上扔掉那些对他们没有更多用处的东西。弗莱明则相反，他会把培养出来的细菌留两到三周的时间，在扔掉之前仔细观察它们。这使他偶然发现了**青霉素**。

弗莱明与马克斯·德尔布吕克（Max Delbrück）有很多共同之处。他们都是分子生物学的奠基人。德尔布吕克有一个"有限邋遢原则"（principle of limited sloppiness）：当足够邋遢时，一些不可预见的事情就可能发生；但不要邋遢到什么弄清的地步。[2]

有时候研究团队会面临着窘境，比如，当利润减少时，研究团队的存续就成了问题。当出现"用汇报来证明我们正在做什么"的情况时，管理层就会创造出一种紧迫感。这种紧急行动是在和时间以及培养创造力的头脑共享来赛跑："没时间玩了！你难道意识不到我们处于危险中么？"但是只有埋头苦干，而没有游戏与灵感，只会通向厌倦和平庸。

研究和发明并不总是在游戏。发明是有节奏的。当创造性最至关重要时，游戏就显得非常重要。没有游戏，工作中就没有快乐。倾听内在的声音和采取新的思考问题的方式就变得很难。对于许多一流的科学家来说，游戏是他们方法中必要的一部分。多产的发明家在游戏和工作之间找到了一种平衡，有时候他们非常努力地工作，有时候做游戏，他们有适合日常工作和创造性工作的节奏。

[1] 琼脂是一种有营养的凝胶体，它被置于有盖培养皿中，作为细菌生长培养的媒介。

[2] 引自《智慧的火花》，第247页。

第八章

在黑暗中摸索

夜已深了
很晚了，狂野的夜，
路上充满了落下的
树枝和石子。
但是一点点的，
你将它们的声音抛在身后，
星星发出亮光
穿过厚厚的云层
传来了一个新的声音
你慢慢的
意识到那正是你自己的声音，
它陪伴着你
你大步向前，渐渐地
走进了世界的深处。

——引自玛丽·奥利弗的《征途》

对于那些多产的发明者而言，迷路的感觉并不陌生。对于他们来说，迷路是一种经常出现的事情，是创造性过程中的常态。就好像当一个人的旅程很长时，迷路就成为自然而然的事情一样。当一个发明者迷路时，就会产生不自信、怀疑以及混乱的感觉。这时，发明者会很焦虑，认为"也许没有解决方法"，或者说，"也许我们正在研究的问题是错的。也许我们应该试试别的。"

处于思维枯竭期会使人感到混乱和气馁，一种挫折感油然而生。不过有办法可以使你重新产生灵感，重新回到正路。经常发明的人一旦了解了这些方法，就不会被迷路的恐惧和混乱打垮。他们也许并不知道解决方案具体是什么，但他们知道大致的方向。他们学会了"在黑暗中摸索"的技巧。而具备这种技巧和信心的发明者和研究者往往可以承担更难的问题，接下来的故事是关于发明者如何处理迷路的问题以及当想法枯竭时，他们如何应付那种盲目的状态。

案例故事

黑暗中的第一个经验

亨利·白尔德以他在统计图像分析、[1] 光学字符识别（optical character recognition）以及模式识别（pattern recognition）方面的研究而闻名。他在贝尔实验室、美国无线电公司（RCA）的大卫·萨诺夫（David Sarnoff）研究中心以及帕洛·阿尔托研究中心有多项发明成果。他回忆了早年在拉特格大学（Rutgers University）读研究生时的奋斗经历，他说[2]：

我记得那是在我写硕士论文的时候，当时，我的论文

[1] 统计图像分析是对图像内容的分析。白尔德的工作更多关注文本的识别。这个领域是统计性的，其中有错误的正式统计模型——说明了类似偏移、噪音以及诸如此类的东西。

[2] 亨利·白尔德的事迹引自两个访谈，一个是马克·斯特菲克在2001年3月15日所作的，另一个是巴巴拉·斯特菲克在2001年6月27日所作的。

研究所发明的东西现在被称为扫描算法(sweep algorithm)。这在计算几何学(computational geometry)中是一项基础性技术，同时也广泛用于计算机辅助设计（CAD）[1]的布线验证(artwork verification industry)产业中。我在写硕士论文时，发现了所有的算法。

当时我觉得非常不确定、不熟练也非常孤独——我坐在小小的桌子前，试图解决这个问题。我试图强迫自己相信这个问题是重要的，我也许会想出有用的答案。但什么都不清楚——一切都不是很清晰。我研究的是合适的问题么？也许答案是否定的。也许我应该放弃它重新换一个问题？但我也知道如果我换另一个问题也会面临同样的恐惧。我的确需要很大的精神力量来支持自己继续这个研究，即使可能花费几个月或者几年时间才能知道我在做的是不是一个正确的问题。坚持是非常重要的。忍受孤独是成功与否的决定性因素。

没有人能帮你，此时你正在和问题进行着一场精神的较量，你并不知道它是不是一个正确的问题，也不知道你是不是可以给出一个好的答案。但你必须相信自己，向前推进。

在向前推进的过程中，你会有各种各样的感受。我并不知道是什么使得人们能够忍受把手放在火中的痛苦。但我想成为一名研究者。成为一个有创造性的聪明人。我希望那是我的形象。我的愿望十分强烈。我晚上在学校加班，选择通过写毕业论文而不是更简单的小文章的方式来毕业。那时，我的每一步进行得都很艰难，因为只有这样才可以得到最好的结果。我希望自己可以把这些事做得非常非常好。但对此我并不能做任何保证。这事实上是在冒险。正是当时以研究生几年的探究，以及几个月孤独的工作作为赌注，才有了我后来的成绩。

具有讽刺意味的是，一直到论文公开发表时，我一点也不知道它究竟有多好。怀着非常

[1] CAD：computer-aided design。

不确定的心情第一次讲这个题目时，我甚至感到是在浪费大家的时间。然而我的论文居然赢得了一次研讨会的最佳论文奖。这令我震惊——这使我脱颖而出——这个奖是给研究领域的年轻人带来了回报。它表明青年人的工作十分重要，得到大家的认可，值得获得表扬和奖励。如果不是得到大家的认可和表扬，年轻人可能不会意识到自己做得有多么好。年轻人经常会害怕自尊心受到伤害，或者意识不到自己出色的工作。因此，能及时获得奖励就会使他们受到鼓励。公开发表成果也很重要，因为它是得到大量读者回应的惟一途径。

自由在一个发明者的生活中是重要的。如果你是一个优秀的研究者，你就处于自己的研究领域的最前沿。没有人能告诉你正确的方向在哪儿。

很少有职业能让一个人因为擅长某些事情，而不是相反给别人带来好处而得到回报。研究我想就是这样的职业之一。研究是否有用可能会在遥远的将来才能得到体现，甚至在研究者一生中都不会被揭示。所以对于那些只想做好一些事情的人来说，研究是个好机会。我想那是数学家在他们职业中所具有的一种欣然的、平稳的、纯粹的快乐，这种快乐科学家和发明家也有，它可能也存在于创造性的艺术家身上。我想这是这些领域中共有的快乐。这种快乐很难在艺术、研究和数学等诸如此类的领域之外找到。

我想说大部分顶级的研究者在很大程度上是孤独工作的。因为你经常凭着你的本能拿你的职业打赌，这是孤独的。

虽然白尔德有过心理斗争，但他还是决定要成为一名研究者。

向数据进发

斯图尔特·卡德的专长是理解和发明有效的人机界面（human–machine interface）。错误的界面设计会导致人们做出效果不佳或错误的行为。卡德经常被要求迎接一些困难的挑战，他知道有时候可能会迷路。比如当他被要求帮助理解控制战斗机的一些问题时，一但迷路就会引起巨大的风险。在这个故事中，卡德调查了那些发生故障的情况和需要的数据。

飞机的驾驶员座舱，特别是对直升机和战斗机而言，是人机交互最极端的环境之一。卡德多次接受空军、国家研究委员会和陆军的委派，参与了处于这些情况下的人机界面的研究。在每一个例子中，之所以需要研究，都是因为飞行员或飞机的行为已经出现了问题。大部分研究的参与者来自军队或飞机行业，他们一直为详细说明、设计或飞机的制造而工作。这种情况涉及很高的风险，这取决于研究的发现。通常，当研究委员会试图确定哪里出了问题时，总会引起混乱（有时甚至是在无端指责他人）。

当卡德参与进来时，他所面临的一个问题是飞机是全新的，因而关于它们的信息高度机密的。于是他感觉自己压力很大，他想先试着找出不正常行为的原因：[1]

我主要负责空军“夏季研究”的一部分，这部分是研究人的因素的。我的搭档——一个是空军的前任首席科学家，另一个是麦道公司(McDonnell Douglas)的副总裁，第三个就是我。我负责行为方面的研究。其他人都提出了重要的发现，但是我们的委员会却做得不够好。

好几次当我陷入麻烦的时候，我就返回来检查人的行为，然后我就解决了这些麻烦。于

[1] 卡德的事迹引自两个访谈，一个是马克·斯特菲克在2001年7月6日所作的，另一个是巴巴拉·斯特菲克2001年8月2日所作的。

是我试图继续按照这个原则向前推进。我让试飞员带着我一起飞了几次。他们给我派了两个参加过越战的战斗机飞行员。后来又给我派来了空军的首席试飞员。他们让他驾驶一架F-16喷气式战斗机绕着内里斯空军基地(Nellis Air Force Base)飞行以便我能仔细观察。

当我和飞行员在一起时,我让他们给我描述他们在空战中的行为特点。他们给我讲故事。事实上我得到了一些时间常量。我发现,他们以每5秒一步循环进行操纵。❶ 他们一步接一步,并在做最后一个动作之前想着下一步。这很像下棋。一个国际象棋大师每5秒下一步棋。❷ 不仅如此,如果我计算他们的飞行时间,我发现他们可以达到10 000~15 000小时。换句话说,他们实践的小时数可以与国际象棋大师相提并论。从某种程度上说,国际象棋是一种知觉-认知(perceptual-cognitive)的技巧。你可以看到,一个大师五秒钟下一步棋(动一下手指),一次可以下二十场棋,俯下身去,看着棋盘,在五秒钟之内移动并回来。我之所以了解这些,是因为有个人[汉斯·贝里纳(Hans Berliner)]在这方面做了很多研究,他是我读研究生时的室友。我过去常为这些事与他探讨好几个小时。这种技巧有知觉基础。因此,国际象棋文献的很多东西可以用在战斗机飞行员的情况中。时间会告诉你很多东西,比如模块分析 ❸ 。

在认知心理学界,人们对下棋中的人类行为特点的研究已有很长的历史。卡德的兴趣是把"5秒钟一步"的现象与一个象棋国际大师(或其他工作中的某个专家)紧密联系在一起,他们都是要在很短的时间内对形势进行判断,并以娴熟的技艺作出反应。当他意识到一个飞行员在空战中的行为存在5秒钟环路(loop)时,卡德就发现了如何继续深入研

❶ 卡德用术语"步"(类似于国际象棋中的步)来指代空战中的操纵。例如挑选目标并瞄准可能需要5秒钟。

❷ 不是所有的象棋比赛(特别是那些象棋大师间的比赛)都是以这么快的速度来下的。

❸ 模块分析——将一组概念添加进一个单独的大块("chunk")中以便将它作为一个整体进行推理——对于理解行为效果在重复的任务中得到提高十分关键。

究的知觉与认知部分的路径。

理解的关键在于亲身去观察，将自己置身于数据中，坐下来和它打交道。如果你坐下来研究数据，并愿意花一些时间注意细节，你就会有新的想法。这就是我原型分析的基本方法[1]。如果你花足够长的时间，就一定会有想法的。

我们必须在三十位空军将领面前做一个简要的汇报，这些人可不愿意被当作傻瓜。最后我们的简要的汇报是最成功的。关键在于关注了行为的细节，获得了足够的数据。我请求飞了几次以便我能坐在驾驶舱里看到显示器，并与实际的做法很好地联系在一起。

后来，在同一个研究中他们测试了F-18战斗机，那时，全美国只有二十架这种型号的战斗机。当时，一个海军陆战队试飞员正在弗吉尼亚的某个地方测试飞机，很不幸，他必须为我再次起飞。我们前往当地的国民警卫队基地。这架飞机降落时，它是这个空军基地所有人所见到的第一架这种飞机。几分钟后，载着一名地勤人员的一架塞斯纳飞机着陆了。地勤人员是从麦道公司赶来专门维护F-18战斗机的，因为其他人并不知道怎么维护它。他们把飞机停在跑道的尽头。然后推出一个巨大的发电机，起动发电机，把一个连接装置放进去，以便我们可以爬进驾驶员座舱，观察平显，而无需真正在飞机中飞行。这很重要，因为看不见显示我就不能明白操作杆是多么复杂，你想想飞行员必须做的每一件事就明白了。我需要看到显示器的亮度是怎样的，以便对此进行解释。飞行员将告诉我"这个、这个和这个发生了"现在我就能想像是怎么回事了。

同样的事情发生在另一个研究中，那是为建造LHX直升机的模型而工作。杰瑞·伊坎德（Jerry Elkind）和我让一架直升机飞往NASA。他们驾驶飞机在空中为我们做

[1] 原型分析是一种研究执行某项任务的人的方法，它将执行者的行为编码化为一系列"原型"步骤，分析每一步的标签以获得有意义的模式。

了所有的操控。这样，我得到了理解基本问题所需的所有信息。

在这些例子中，卡德冷静地面对形势，需要搞清楚自己要做的是什么。问题可能是来自飞行员训练，也可能来自系统的设计，每一次的答案都不一样。答案可能是下列的任意一种，包括认知的超负荷、糟糕的屏示器设计、响应的延迟或者是一个设计得糟糕透顶的操作杆。卡德从最初的报告中无法知道到底是什么出错了。但当他深入到对行为情况（实际的驾驶员座舱、飞行员的故事以及飞机的控制及仪器）的研究中以及性能数据时，他意识到**自己的**专长可以发挥出来了。

太使劲了

当某件事情不能非常容易地得到解决时，人们通常采取的一个做法是再加把劲。事实上我们都在这样做。当用手推不动一辆车时，我们就会再加把劲。然而在发明中，再加把劲却往往不是度过黑暗的最好办法。

尼克·谢里登对很多发明都有贡献，包括声学全息术[1]（acoustic holography）、图像录制装置（image-recording device）、衍射光栅的改进（diffraction grating）以及早期的多功能桌面设备（传真机、打印机和复印机）。他经常一次研究几个方案。像其他的多产发明者一样，他知道最初的洞见只是个开始。不可预见的问题会不断产生，人们也不知道解决的办法。在尼克的电子纸张的研究中，没有哪一种强大的理论是专门用于这个发明的许多问题的。（旋转的小球形成的）空腔的样式、附着力的大小、温度的敏感性，小球尺寸的控制以及薄膜加工方面的问

[1] 声学全息术是一种用声波记录和显示图像的方法。

题接连不断。

当问题无法在工程上快速解决时，谢里登常常会感到自己晕头转向，没有任何确定的书本和理论可以依靠。他开始理解那种进入死胡同的感觉了。当这一切些发生时，他往往变得深思熟虑，他说：[1]

有时你在研究一个项目时，会走到一个死胡同，至少是暂时的，因为你的想法枯竭了。产生这种问题的原因就是因为你太使劲了，结果丢掉了开放的心态。你可能被产生想法的**固有的思维模式**所限制——这样可能分析性更强，但却缺少开放的心态。我强调一种真正的开放的心态。你要毫无顾忌地、心甘情愿地接受每一个概念。心甘情愿去了解你不知道的；去认识你完全忽视的。这些都是开放的心态。其中，谦虚是非常重要的部分。你可以沉浸在神学中所说的空虚状态。这可能在某种程度上是与此相关的。

如果你已经得到了你需要的所有信息，那么你可以更有逻辑地将它们表达出来。也许你偶然会陷入那种的确没有足够的信息来支持你进行逻辑选择的情况。这时你只能做各种尝试，但没有足够的信息作为逻辑判断的基础。在这种情况下，你寻求直觉的帮助，至少是倾听直觉，观察直觉所说的。我经常将我希望一些发明所能实现的功能列一张单子。

在列单子时，你是以逻辑方法开始尝试这个想法、那个想法，然后根据列在单子上的内容进行调整。一些天才的想法或闪现智慧的灵感就会出现。专利办公室喜欢谈论“天才的故事”。这个术语正是从那里传出来的。你想提出的概念会以你不能解释的方式出现。这些概念常常也无法描述。那只是一种感觉。你有了这种感觉就找到了解决办法。有时

---

[1] 谢里登的事迹引自两个访谈，一个是马克·斯特菲克在2001年3月17日所作的，另一个是巴巴拉·斯特菲克在2001年6月12日所作的。

候你得到这种感觉需要几个星期的时间，在这个过程中你不是在进行真正的发明。你是在试图把那个概念用语言描述出来。

有时候，研究会发生在长途驾车途中，或是在洗澡的时候。它是下意识的。它就是这么出现的。它还与问题有关。有些问题简单，这种方法可能用不着。但对于那些更为基础的问题——那些更难的问题——来说，它们很可能会出现。所以你要完全敞开你自己的心扉。

尼克·谢里登参与了很多发明也迷失过很多次。对他而言，迷路促成了一个熟悉的反应："哦，是的，我在这儿，又一次迷路了。这是一条死胡同。我可能太使劲了，我需要停下来让办法自己浮现。"解决方案是不会自己冲出来的。

反思

放弃"天才"的想法

能碰上灵光一闪的机会可以成为令人陶醉的经验。想出一个好主意可以让人更有积极性，信心大增，所以，以一种欣赏的眼光和珍视的态度来对待一个想法是非常好的。不过，在激动和欣赏过后，将这种想法归于个人的"天分"可能就成问题了。

为一个想法而自满，或对一个想法产生强烈的认同感也会为后来的研究埋下隐患。当出现障碍时，对想法的强烈认同会导致**个人**的怀疑。"我错了么？**我**这么聪明，为什么会迷路呢？"这时，每一件事看起来都有风险。此时人的自信心就会下降。

对于多产的发明家和有经验的研究者来说，对迷路的迷惑和恐惧很少会变成一种个人化的情绪。在实践中，多产的发明家不会过于执著创意来自于自己的天分的信念。相反，他们会对创意产生的**条件**更感兴趣。

创造创意产生的条件

前面，我们发现了发现和发明的四种主要路径：需求驱动型、数据驱动型、方法驱动型和理论驱动型。这四种路径能够有助于陷入困境的发明者走出困境，因为每一种形式都提供了重新点燃发明火花的方法。

在斯图尔特·卡德参与驾驶员座舱控制研究的故事中，他反思了在遇到困难时所做的工作。对卡德而言，等待想法出现是没用的。"不要坐在那儿，去做些事！"但这里他并不是简单的对实践有更多的偏爱。一些实践比另一些实践更能带来想法。卡德的方法就是收集并研究数据。

卡德听取飞行员的讲述，对驾驶员座舱控制进行实验，画图显示执行不同的行动所需的不同时间。他的方法是泡在数据中，了解那些会告诉他什么出错了的**事情**。事实上，他清楚如何通过数据寻找可能作为线索的模式。卡德的故事中所用的方法反映的是数据驱动型路径。

需求驱动的路径始于为问题寻找答案。使用需要驱使路径的新灵感可能会通过探究满足部分问题的要素而产生。与这种路径相关的另一个想法是重新检查要处理的问题。也许问题有一些不必要的假说是可以改变的。改变假说可能会改变问题从而产生新的解决方式。

方法驱动路径运用先进的仪器工具获得数据。通过改变仪器工具，能够看到或测量现在无法看到的事物从而产生新的灵感。也许一种适合于问题的新的"望远镜"或者"显微镜"，会有助于研究者理解什么是可能的。

理论驱动的路径是运用理论来为所思考的问题提供有利的方法。如果尝试不同的理论可能就会产生新的灵感。比如，一个研究者可能在现有理论中寻找最极端的例子。也许一个类似的问题已经在其他领域中产生了。这时一个来自其他领域的类比可以为我们提供一条线索，使我们找到意想不到的解决方案。

所有四种途径都有助于发明家应对迷路。它们可能使人走出黑暗和迷惑，产生更清晰和新颖的想法。

努力要恰到好处

各种策略看起来好像是矛盾的。在亨利·白尔德的故事里，他在研究生时曾有过深深的孤独感和怀疑感，他的坚定为日后能成为一个研究者而打下坚实的基础。白尔德意识到毅力是必需的，他也想知道："我并不知道是什么使得人们能够忍受把手放在火中的痛苦？"近年来，他成为一个自由的网络工作者，他与同事们紧密地联系着，并积极地将大家的想法收集在一起。

尼克·谢里登明白，再加把劲不一定总会带来解决方案。冥想教师西尔维亚·伯尔斯腾（Sylvia Boorstein）把这个意思经过改编作为自己的书的标题《不要只做事，要停一停！(Don't Just Do Something, Sit There!)》发表出来。忙忙碌碌却不反思是不会拥有变革的能力的。迷路成为一个转变策略的信号而不是开始害怕的信号。

显然需要一定的平衡，多产的发明者要学会"加把劲"

也要懂得“别太使劲了”。这种平衡包括意识，也包括经验上的学习。这需要有足够的毅力和耐心去克服困难，也需要有足够的认识去分辨什么时候有必要保存精力，对改变方法保持开放的心态。

BREAKTHROUGH

第三部分

孕育创新

第九章

创新型研究团队

当我们第一次开始学习创新和设计课程时，我们以为设计者一定像是文艺复兴时期的人——他们能掌握完成一个项目所需的所有专业知识。后来，我们痛苦地认识到，现在的人不可能做到像他们那样。大概一百个学生中也仅有一个能做到。我们转变方法以建设和指导**设计团队**。

——拉里 · 莱弗

研究人员在互动交流的环境中，更容易相互激发产生新的想法。为此，无论是研究人员，还是发明家，他们都更愿意在团队中工作，一个足够大的团队能够为智力支持提供**临界物质**(Critical mass)。(如果团队过小，就可能没办法给人们提供足够的刺激，以及足够的视野。)无法一个人单独完成的大项目依靠团队的力量也许能够有效地解决，工程方面的项目尤其如此。

案例故事

建设创新型团队

所有的研发组织都想吸纳并留住最顶尖人才。研究管理者和部门负责人都很清楚，高质量的雇佣活动对建立一个世界级的组织来说至关重要。不过，仅仅通过雇用最顶级的人并不能使组织自动成为创新型组织。没有协作，就几乎不可能产生杠杆作用。这样的研究团队是松散的。彼此间缺乏配合，整个研究团队的生产力不可能大于研究者彼此独立工作产生的生产力。

招聘人才的实践 鲍勃·泰勒帮助人们实现了利用计算机进行沟通的共同梦想，从而使得人们能够方便地在一起工作，他因此备受赞赏。许多年来他一直担任数字设备公司的研究主管。在此之前，他曾领导过施乐公司帕洛·阿尔托研究中心的计算机科学实验室（CSL），个人计算机当时正在那里进行研发[1]。泰勒说：

我不知道这该叫发明、研究还是工程，我们不妨说，这些过程包括了上述所有的东西在内。

你可能从拥有一个梦想开始——那些他们想要实现的东西。当然，我并不是说个人实现这个词意味着薪水的高低或者职位的晋升。不是。他们想通过自己的影响使世界发生一些变化。据我猜测，世界上最好的发明家最初都从这种来源于自身的刺激开始走上发明之路的。

我认为第二件最重要的事是选择能帮助你实现梦想的人。我想告诉我实验室同伴的是，他们选择雇用谁作为同事要比做什么工作和碰到什么问题都要重要。也许雇用好伙伴会产生杠杆效应，如果你运用好了，就会产生巨大的杠杆效应。

CSL与施乐公司其他实验室相区别的特点之一就是它招聘人员的方式方法，我在数字设备公司同样采取这样的方式来招聘。在我们选择面试任何人之前，我们会先翻看他们的简历、申请书或者他们的工作履历，进行仔细的筛选。这样

[1] 鲍勃·泰勒的事迹引自2001年7月3日的访谈。

就缩小了范围；接下来要做的很可能还是这样，彻底考查每一个应聘者。在招募新博士时，由于他们是我最想招募的，所以我会了解所有与他们相关的情况，至少向他们的导师以及最要好的研究生了解一些情况。对那些已经工作过的博士而言，他们已经有工作记录，因此，我主要向和他们一起共事的同事了解情况。在面试这些人之前会有大量的工作要做，并且我们要做一个排序表。每年只能约见数量有限的人，你不可能约见表上列出的所有的人。你只能从表的最上端开始，依次往下。这是非常彻底、非常系统化的。

应聘者参加面试时，首先会花几个小时的时间来对自己做一个介绍。他们会讲已经从事过什么工作，或者想要从事的工作，以及他们认为最重要的问题。他们演讲时，实验室全部的成员都要参加。这是个惯例，应聘者可以自由地介绍自己的历史，当然你也可以随时打断他们——我们自己人演讲时也是允许被随时打断的。“庄家”（Dealer）[1]这个概念就是这么产生的。两者有异曲同工之妙。

当应聘者完成了大约两小时的陈述后，我们这些非典型的听众通过这样的演示会了解应试者的有关信息。在接下来的两天中，应聘者会一个接一个与实验室的人会面，在时间允许的情况下，会面的人会尽可能地多。

两三天的面试期临近结束时，应聘者人回家，而我则召开实验室会议。我们要对每一个应聘者展开充分讨论，实验室的每一个人都要表达自己对应聘者的看法。讨论到最后，这可能会持续几个小时，我会看团队中有没有一致的意见，如果有，我们就会让这个人与我们一同工作。

---

[1] “庄家”是PARC计算机科学实验室每周实验室会议的名称。作为庄家，一个说话人会讲一段话并决定团队一开始将如何处理问题。那就是“庄家的选择”。

为了达到目的，我会问实验室的成员：“如果我不录取这个人,你们有谁会觉得很失望？”我不是说一般的不高兴。而是说会**的确很失望**。如果这种想法代表了会议室大多数人的意见，我们就会录取这个人。如果不是，我们就不会录取。最终你不可能录取很多人，已经在实验室的人会对这个新人的**成功**给予强烈的承诺。因为他们公开表示“是的，我的确想和这个人共事。这个人将会成功的。”这是对此人成功的承诺。

整个过程是由一个个前后相连的阶段组成的。在这个过程中，合作的精神自然而然地产生了。在研究方向、研究目标等方面也建立了相互分享的机制，同时，这样的过程使得你和同事共同解决问题的工作作风成为一种自动的、理所当然的事情。

雇用高品质的人才相当重要，这一点是人们的共识。从预算的角度看，劳动力成本是研究型组织中最大的支出。但这又不仅仅只是预算的问题。好的人选可以使得整个机构良好地运转起来。他们有创意，而且为创意而兴奋。因为研究者通常长年累月待在一个实验室，因此，对人员的选择不仅造就了一个组织的性格，同时也决定着这个机构的发展潜力。

洛克菲勒大学（Rockefeller University）是一所在医学科学领域带有研究生院的研究型大学。它由若干实验室组成，而且每一个实验室有很大的自主性。各个实验室的规模差别很大。有的实验室只有四名研究人员，而有的员工总数多达四十多人（其中包括一些教授、一些技术人员和一些学生）。作为该校的校长，约舒亚·莱德伯格发现，在自己忙于平衡学校的各种需求的时候，他自己是将学校作为一个整体来看待的，而不是过分迁就某些系领导的狭隘利益[1]，他说：

得到合适的人选绝对是非常关键的。在人员的雇用和晋升方面，作为校长，我必须与任人唯亲和固执己见作斗争。我认为，这个问题总是个问题，因为，假如没有选出合适的代表，或者要照顾什么特殊人物，就没有什么选谁不选谁的问题了。我们的员工包括许多好市民，他们有时候会非常乐于合作，来满足机构大局的需要。但是，他们也往往首先想到的是他们自己后院的那些东西。如何平衡权威和合作是非常重要的问题，但是，作为校长，你不能凭发号施令来解决问题。

时机合适的时候，你需要在人才的招聘、培养、解雇之间保持一种平衡。我认为上述各个方面的重要程度是60:30:10的关系。你需要将研究机构变得对你所需要的那些人来说是具有吸引力的。研究人员不是被招募来的。他们一定是自愿加入的，同时他们也必须是你所期望的那种人才。

如果一个研究机构已经运行了很久，维持起来就变得更困难一些，因为那些死气沉沉的的人会变成最能在这个机构生存的，并且他们大部分是实验室的负责人。他们可以施加很大的影响，还有副手和下属机构，这些对于他们的利益和他们身为实验室负责人职能的发挥起着至关重要的作用。他们的兴趣往往不一定与整个机构的目标相匹配。

有时候，某一个实验室的负责人会说这个实验室离不开某一个助理教授，这时，我不得不施加一些压力来阻止这个助理教授的晋升。我会问“如果我们为其他所有的实验室都这么做了，这地方会成什么样子？”这样一说，他们也许能理解一些。

在没有继任者时，团队的平均年龄逐年增加。为了补偿这种年龄问题，院系经常会倾向

[1] 约舒亚·莱德伯格的观察资料引自2002年8月26日的访谈。

于雇用年轻的研究者[1]。除了研究巨匠和多产的发明者以外，一般认为经验丰富的研究者相对于新人而言可能更不容易提出突破，因为新人通常会带来有关最前沿的方法和技术的知识。不过，在做雇用决定时，一个年轻的研究者相对有经验的研究者而言缺乏可以追溯的工作经历，也难以预测他的表现，有时也很难给予评价。

学科院系在雇用年轻的新教授时，通过让这些新来的博士担任的职位，以此来降低风险，任命要以充分实事求是的评价为基础，即使被任命为全职教授，一般也只有6年的期限。与此类似，企业研究实验室有时候也限制将初级岗位设定一定的期限。

创新机构中人员年龄的具有一定的散步时才能最好地发挥效力。完全由新研究人员组成的机构可能会运行困难，因为他们在选择最佳研究方向上缺乏经验。新研究人员也缺少管理项目的经验。如果一个机构新老研究员年龄差距很大就会产生裂痕：老一点的研究人员可能会过度支配年轻人，年轻人可能看不到什么晋升机会。这种社会矩阵是很难维持的。要想持续地创新，最好的方式就是使得机构人员的年龄有一个相对平均分布。

按照乔治·奥威尔（George Orwell）的解释，所有的研究者都是平等的，但是一些比另一些更平等有效管理研究者的生态需要做出区分。有经验的研究管理者会对新研究者和经验丰富的研究者采取不同的管理方式。他们会给予经验丰富的研究者更多的主动权，使他们能在项目中发挥积极的领导作用。大多数研究者在选择项目上需要指导，从而取得进步。他们挑选的项目要么没有什么前途，要么太过困难。有经验的管理者能意识到这一点，并且让他们保持在一个高水

[1] 春季有时候称为“产仔季节”，意思是这时，博士生毕业，可以雇用他们了。

平上，这时，这些年轻的研究员可以清楚表达自己的研究目标，并且能够很好地保持成果产出和发表文章的节奏。

寻找明星　作为斯坦福大学的校长，约翰·亨内希认为雇用和招聘对塑造一个大学的未来是很关键的，同时决定着学校能给社会带来怎样的影响，他说[1]：

有时候我会告诉年轻的教工，斯坦福大学希望雇用的是那些为了击出本垒打而挥棒的人，我想起了贝比·鲁斯（Babe Ruth）[2]击球时的情景。许多人在玩创新游戏时从不挥棒。为什么要挥棒呢？如果你挥棒就有可能错过球或得到一击。所以你没有挥棒。其实那是错误的。

我们要寻找的不是那些跑得快，做短打，或者试图击出安打登上一垒的人，斯坦福不是这样的地方。因为那些人不是那种想要改变一个学科或想要改变世界和对世界产生巨大影响的人。

雇用最好的人并不总意味着要雇用那些符合大众模式的人，或者能为一个大团队的目标而积极工作的人。亨利·白尔德说：[3]

我记得我听的第一个招聘谈话是关于一个年轻研究者的。她非常年轻，很害羞，声音也很小。她有个癖好，当她说话时会用手捂着嘴，很难听清她在说什么。光听见她说话就要费很大力气了。这种方式的谈话进行了三分之一时，我后面的头发突然竖了起来，我感到十分激动。她说的东西说明她的思维好像坦克一样。她在方法论上绝

---

[1] 约翰·亨内希的思想引自2002年10月10的访谈。

[2] 贝比·鲁斯是美国著名职业棒球运动员。译者注。

[3] 亨利·白尔德的事迹引自2001年3月15日和2001年6月27日的访谈。

对是不满足的、是非常系统性的，而且与时尚格格不入。她的语言没有任何修饰。她只是在以令人惊讶的和原始的方式收割一个又一个想法。所以我把她招进了贝尔实验室。

我意识到，这是我很长时间都没有遇到过的一种思维品质，尽管她的言语表现看起来不被人接受。事实上，甚至在贝尔实验室的四年工作过程中，大家一直认为她是在为我工作，就像我的初级助理一样。大家不知道她对我所说的毫不在意。整整四年，她“不务正业”，同时我在某种程度上注意她，试图把她与其他人联系起来。我们合作了大量的工作。可以说我们进行了充分的合作，我也对她产生了一定的影响，反之亦然。但是基本说来，她一直是在自主地工作着。在这个例子中，如果我对研究气质带着很强的成见去和她谈的话，我可能不会在意她。或者如果我希望过多地控制研究人员，我也不会雇用这样一个有独立头脑的人。

作为一个研究机构的管理者，我并不想强硬地控制每个研究人员的研究，这一点可能有点不寻常。这可能看起来是极端的，但是对工业研究中的个人而言，而许多合作的机会，这一点有助于保持一种平衡。你会有更多的同行，对资源的竞争也会相对弱化。在学术界，即便在同一个系，教授之间也很少会有紧密的协作。他们把精力集中在和自己的学生、用自己的资金来进行自己项目的研究。这种做法是比较封闭的。工业研究不同，它会邀请你加入一个集体，同事之间基本上在同一个基础上工作，也乐意自由地协作。

研究人员就像加里森·凯洛尔（Garrison Keillor）的

那些渥贝根湖的孩子一样："都在平均水平之上"[1]。亨利·白尔德提起他在贝尔实验室工作的日子时说，"三分之二的研究者相信他们的表现是排在前三名的"。这种情况对研究者的满意度和生产力来说是很好的，因为它提供了一个好的风气，研究者愿意冒风险并且很少会互相妒忌进行合作。这也反映了一种管理实践，在这种实践中没有对排名的公开讨论，对评价特质也没有明文规定。虽然这种方法也可能导致对排名的自我满足，但是顶尖的研究者一般会自我激励，非常努力地工作，不需要管理人员的督促。

之所以采取这种管理方式还有另一个理由，因为，通常一个研究机构的目标并不是单一的。它们既希望在短期内获得成功又想在长期获得突破。研究人员的不同群体有不同的目标和导向，同样也会做出不同的贡献。单一的标准或一套简单的排名制度并不能反映研究群体的多样性，也不适于研究型组织为了兴旺发达所必须实行的复杂选择。

所有的机构都需要自我更新和发展。如果一个团队将太多的注意力集中在其局部环境和特殊兴趣上，整个团队就会变成一潭死水。这种狭隘的观念使团队面临危险。要想在世界上打造一个更大的研究学术圈，树立更高的目标，需要强大的领导能力。正像约舒亚·莱德伯格指出的，洛克菲勒大学的教师在雇用新人时往往倾向于首先看自己那一亩三分地。事实上，他们会说"要雇用更多的像我一样的人。"有时候，多学科的交叉需要重新平衡，组织的目标也需要不断更新。如果允许一个没有生产力的研究人员长时间待在一个组织中，就会削弱整个组织的士气，甚至为年轻的研究者树立一个不好的榜样。

机构有必要采取措施辞退低水平的人员。不可避免的，有一些人在他们受雇时非常好，但

[1] 加里森·凯洛尔1985年出版了一部小说《渥贝根湖岁月（Lake Wobegon Day)》，书中描述在虚构的渥贝根湖畔村庄，所有小孩皆在一般水平之上，后来心理学家称此现象为"渥贝根湖效应"。译者注。

是，因为这样那样的原因却不能在机构中很好地发挥作用。一种相当极端的做法是每年裁掉排在末尾的百分之十的人员。这个政策看起来似乎是明智的，清除了许多无用的人，提高了整个机构的质量但是这样也会带来意想不到的结果。因为，新的想法和新方法在本质上是未经检验的，许多突破性研究需要冒险。如果一个研究环境变得让科研冒险看起来很危险时，人们就会转向那些安全保守的做法。一种文化若是缺少冒险，那几乎不会产生什么突破性的结果。因此，苛刻的裁员政策在减少最有效率的和最没有效率的工作人员的生产率方面，具有你所不希望的影响。

在招聘时，研究机构应该考虑他们看重的技能是不是有持久的价值。因为，这会导致一个问题，就是组织是更看重一个人的匹配性，还是更看重这个人的特质？一个研究机构是应该雇用那些适合特定项目的人，还是应该雇用那些"明星"？正如上文所指出的，研究者会长年待在一个实验室中。随着时间的推移，项目不断变换。人们要在不同的项目中一起合作，共同承担一个又一个项目，因此那种特质起到决定性作用，而短暂的适应性是不应被过分强调的。

多学科的交叉

当来自不同的领域研究者聚到一起时，很容易在观点的碰撞中产生新的想法。新想法往往出现在学科的边界处，或者快速前进的学科的前沿。当创意萦绕在一个团队中时，它们就会相互结合、互相补充；并变得更加敏锐，更加完美。托马斯·爱迪生——以他个人的驱动力而闻名——曾说，他的 400 项专利是在十四人的团队的帮助下产生的。

边缘的创新　一个领域的前沿之处往往是发展最快的地方。创新不仅发生在一个领域的前沿，也发生在不同领域相互碰撞的交叉点上。作为未来研究所的主管，保罗·萨弗从技术和商业的前景方面来看待这些交叉点，他说：

在本所中，在一个单独领域的前进不可能引起实质性的变化，这一点是不言自明的。变化是由事情共同运转、相互影响引起的，而不是由单个事情独自运转引起的。

当你制定技术标准以及对技术做预测时，需要关注各领域之间交集当中的机会。如果你想创新，就找边缘。发现创新的一个最快的途径就是把每一个被忽略的学科联系起来。

研究中心有时候会培养一种促进学科和团队间交叉研究的文化。没有这种合作，一些项目就很难出台。帕洛·阿尔托研究中心的戴维·福克的"接触式弹簧"项目，它将带有CMOS集成电路与砷化镓垂直腔激光器相联系，就是交叉研究项目的一个例子[1]。福克说：

第一个印刷弹簧（lithographic spring）就是在帕洛·阿尔托研究中心的文化和在走廊中讨论时产生的。最初，唐·史密斯把它发明出来作为平板显示器的工作元件，但是，它的功能并没有实现，所以该项技术在PARC里很长时间没有被注意到，都快要完全离开人们的视野了。大约就在那时，罗伯特·桑顿（Robert Thornton）提出了关于密集排列垂直腔激光器的问题，但是没办法把它们连接起来。因为你能够做出激光器，但输入驱动信号启动激光器发光。激光在砷化镓中形成，但是无法把它与在CMOS中的驱动电路连接起来。

激光器和驱动电路都是独立构成的。砷化镓用来产生激光，而芯片用来制造驱动电路。在材料科学领域，这被称为异质集成，因为需要将不同的电子装置按照一定方式进行组合。硅不能发光，砷化镓不能用来驱动电子设备；所以就产生了连接的问题。我的想法是利用

[1] 戴维·福克的事迹引自2002年8月25日的访谈。

唐·史密斯的印刷弹簧，按比例把它缩小，使它真正小到你可以用来制造配线。这使得不同实验室以及不同组的人都对这种快要枯萎的技术产生了兴趣。

唐所制造的弹簧最初可能是60个微米，而我们所需的大约是4微米。所以需要缩小到一个恰当的数量级，但这并不需要在技术上有大的改变。它与以前工业上使用的（连接器件）相比，的确产生了一个更密集的相互连接的数量级。这正适合了罗伯特·桑顿神奇的垂直腔激光器的需要。

人们经常说创新出现在边缘。这就是一个真正的例子。你有一些尖端的垂直腔激光器技术，它激起人们对非常规相互连接技术的兴趣。它引导新的研究团队重新拾起这项技术，并为此做一些相关的研发。

在任何时候，我们都会进行头脑风暴式的研讨，我认为最重要的就是我们要分享彼此的想法，并致力于每一个新的细小的见解，并且检验这些不同见解之间的区别。其中的很多见解在确定可行之前是不会让老板知道的。但是我们一直在尝试。

在软件系统中，拥有**水下项目**（submarine project）是十分正常的，当你需要的时候，你可以将其展示出来。在材料科学的项目中，你需要确定可以达到的制造工艺。如果研究者要求他们自己进行制造方面的预算，那么，隐藏私设项目（bootleg）[1]的代价是昂贵的、困难的。批量制造的一个好处是，小范围的版图设计可以在同样的工作晶片上开展，你不必从你从事的主要工作中分心。只要方法流程不是区别太大，你就可以免费地获得大量资源。这些实验是非常有机会的。所以这就是那种你想鼓励研究人员去

[1] 私设项目是在官方项目剩余资源的基础上运行的。管理者和研究者试图规避检查，以使他们免于被太多的关注或者被详细检查，直到他们能够做大。“自检项目（bootstrapped project）”也被使用，代表“引导自己自我检查（pulling yourself up by your bootstraps）”的比喻。

做的事情。

对于EML[1]的人来说，坐在一起吃午饭是非常普遍的。我们会在午饭的氛围中讨论一些新想法。我经常会把人拖进我的办公室，或者当我突然有新想法时会走过去打断别人。我也经常在半夜两点醒来，草草记下我的想法，直到四点半再睡。第二天，就那些看起来值得交流的想法与相关人士商讨。许多时候，只有当研究人员的版图设计已经出来时，我们才能理解他们的聪明想法。所以许多科学家在与别人谈论这些时更愿意自己很快地构造一个实验。我认为这些方法都有合理性。

如果某个人向你展示他们正在秘密从事的研究，这是非常好的。我会想“哦，天哪。你们已经做了。让我看看。”我认为，我们在没有对一个项目进行大量投资之前，允许它有一个从思想到实践的转化过程是非常好的。

福克为其他人所取得的进步而激动，这体现了一个研究团队中大家紧密团结工作、并且彼此分享劳动成果的特征。在这些团队中，有很强的团队观念，人与人之间互相依赖，共享成功。这不是那种典型的充满竞争、有时甚至有秘密行为的团队。

有效的工艺碰撞　多学科的结合如何在根本性创新方面起作用呢？约翰·西利·布朗认为合作的魔力来自于同行间的碰撞，他说：

很多惊人的创造性和创新都来自工艺间的冲突，而且不仅仅是想法上的冲突。计算机科学实验室早期的运作就是这样。在帕洛·阿尔托研究中心，特别是在物理实验室，你仍然可以看到这种现象。

[1] EML：帕洛·阿尔托研究中心的电子材料实验室。

如果你同导演交谈，你会发现整个电影摄制过程中充满了想法的冲突。在研究中，你会发现更多的摩擦以及同行间有效的碰撞。如果你看一下凝聚态（solid-state）物理学中的做法和“智能事件（smart matter）”是怎么做的，你就会明白材料科学的工艺与算法科学的工艺是怎样合作的。

真正肥沃的领域就是人们还未涉足的地方，这一点并不奇怪。突破经常出现在工艺间的空白处。这通常是当今的制胜策略。但是为了成功，你必须对这个问题**刨根问底**，我认为这与巴斯德象限一样。在刨根问底的过程中，**对于问题的探究**会将很多工艺联系在一起，接下来这些工艺会发生碰撞，在这种碰撞中，就会产生全新的东西。在计算机科学实验室的早期，你会发现参与其中的软件研究者、算法研究者和硬件研究者之间的碰撞。

本章的故事表明了创新是如何在学科和工艺边缘产生的——即在多学科的项目中。许多世界最领先的研究中心，包括贝尔实验室、IBM公司，帕洛·阿尔托研究中心和大学的专门研究机构，对多学科的交叉都给予了高度的评价。

很明显，一个机构中，在关键的大多数和多样性之间有一个平衡。如果每一个人都来自不同的学科将会出现最大的多样性。然而，这种情况下，每一个学科中不会出现关键的大多数。研究者更多的是与别的机构中的、与自己领域相同的人合作。大部分机构对不同学科赋予了不同的权重，关注一小部分的学科，同时也要为其他学科的一小部分人提供空间，这些人使得不同学科文化的交融更有味道。

PARC 的管理层会定期对曾已知项目的清单[❶]进行检查。其中，评价这些项目的一个参数就是某一个学科的贡献。比如，在帕洛·阿尔托研究中心的"内容和知识"的项目中，计算表明有 9 个主要的学科参与其中：心理学、人工智能、计算机科学、社会科学、语言学、物理学、经济学、界面设计和统计学。在 2002 年的清单中，仅有一个项目只涉及一个单独的学科。有 11 个项目涉及两个学科，有 3 个项目涉及 5 个学科。

可能相互影响的边缘数量会随着学科的增加而增加。首先关注成对的学科，成对的学科间边缘数量的增加会比学科增加得快——它是成平方增长的。比如，在 3 个学科之间会有 3 种可能的边缘，但是 5 个学科就会有 10 个可能的边缘。这取决于你怎么计算，帕洛·阿尔托研究中心有大约 25 个学科，所以有上百个可能的边缘对。对一个项目中 3 个领域的相互作用而言，数量会随着可利用领域的数量增加得更快。

这种计算方法给我们一个简单视角，通过这种视角，我们可以在不同范围上比较机构，同时也使我们很容易理解那种热衷于将创意进行组合的组织文化的真正潜力。在很小的机构中，比如小型新兴公司，只有很少的人和很少的学科，因此，也只有很少的学科间的边缘。它们不会产生涉及很多跨领域的交互作用或想法。很多学术机构人不少，学科也很多，但不见得能开发潜在的学科边缘。在非常大的组织中，比如大学，个体之间的

[❶] 清单并没有包括所有的项目：一些项目是新的，正在形成中；一些私设项目有意识地被排除在过早的检查之外。帕洛·阿尔托研究中心的研究者们不在管理层的监控之下就开展探索性研究的自由。这种实践自乔治·帕克（George Pake）（帕洛·阿尔托研究中心的创立者）建立中心之初就有了这样的文化。在后来关于帕洛·阿尔托研究中心的文章中，帕克说"把研究人员带到实验室，仔细描述一个现在没有但又渴望得到的技术或程序，然后发号施令：'发明！'这样不会取得成功。如果一些全局性的目标和需要被描述和理解清楚，并且如果研究计划是有创造性的专业人员所渴求的，那么事业将会越来越好。控制研究，然后通过调整项目的预算以给予选择性鼓励。"帕克在帕洛·阿尔托研究中心很受尊敬，不仅仅因为他是创立者，保护它经历了不同的企业竞争以及管理的变革，还因为他掌握不过多干预创造性的分寸。

距离会阻碍多学科项目的产生。而另一个起抑制作用的因素是难以穿越的院系边界。如果，一个组织在研究和部门领域间的合作有很宽的边界，那么它将不能有效地开发位于边缘的研究。

总之，在不同学科中孕育创新的潜力取决于团队的规模和文化。为了实现不同学科间的"授粉"，机构必须足够大。并且文化也要鼓励人们为了解决共同的问题而跨越学科的边界。

团队的动态性

从本质上说，突破性想法不同于普通的、惯常的想法。创造突破的人习惯于以一种不寻常的想法来进行研究，并且对它们进行进一步开发和维护。他们有时会有棱角和很强的个性。因此为了防止他们"脱离组织"，组织会发展一种文化来鼓励他们探究自己的想法。研究者必须在一起工作才能充分明白疯狂的想法，质疑它们，并最终合作解决。

创新的声音　一个创新团队的魔力来自成员间的化学反应和互补的技巧。戴夫·罗布森是发明了Smalltalk[1]语言的团队的一员，见证了这个团队中两个成员间相互作用的动态性。艾伦·凯和丹·英格尔斯（Dan Ingalls），这一点是这个团队成功的关键，戴夫说：[2]

在Smalltalk开发的早期，艾伦·凯早上很早就来了，经常会先冲个澡。他说在冲澡时常常会有好的想法，水压也比他家里的要好得多。当丹·英格尔斯来到办公室后，他们两人就开始讨论他们所做的东西，以及各自的想法。艾伦利用自己深厚的计算机科学和艺术知识的背景，描述自己关于

[1] Smalltalk是由施乐PARC在20世纪70年代末开发的一种编程语言和环境。它是第一个实用的的面向对象的编程系统，这对后来的许多编程语言有很大影响。关于Smalltalk一本经典著作是阿代尔·高德伯格（Adele Goldberg）和戴夫·罗布森所作的《Smalltalk 80：语言（Smarttalk 80:The Language）》，（Addison-Wesley，1989）。

[2] 戴夫·罗布森的事迹引自与马克·斯特菲克2003年4月2日的对话。

Smalltalk或Dynabook[1]如何工作的最新想法。丹讲述他关于具体执行的想法和设计。丹所遇到的实际问题可以指导艾伦的想法，告诉他如何理解自己的想像力。早上的会谈结束后，在剩下的时间里，两人就按照他们所讨论的分头开始自己的工作，在第二天早上会谈时又会有更多的想法。

艾伦·凯是个伟大的幻想家。他提前十年或者二十年就预测了计算机科学领域的最重要的变化。我们在一起工作时，他从不写代码，至少不经常写。艾伦的主要产品就是想法——这些想法呈现在他的著作和谈话中。有时候人们并不能一下子明白艾伦在说什么。虽然他的著作是鼓舞人心的、充满诗意的，但是他的想法实在是太前卫了。在对话中，他的思维太快了，以至于其他人很难跟上。特别是，一些执行者事实上并不明白到底该如何真正实现他所说的。

丹·英格尔斯是个伟大的执行者。他设计并实施了一系列优美而有效的系统。他和艾伦之间能够进行良好的沟通。他理解艾伦所说的，也确信能够实现。我认为他们两个人对于说明第一代Smalltalk来说都是必不可少的。没有艾伦，丹就不能看到可能性。没有丹，艾伦就不能把它变成现实。

在所有关于丹的故事中，我最喜欢的是有关bitblt的[2]。正如你所知的，在一个图像的比特图（bitmap）中，把一个像素矩形从一个地方移动到另一个地方，bitblt是一个低层级的程序。帕洛·阿尔托研究中心为比特图像演示编写程序的每一个人都知道编写一个通用版本

[1] Dynabook是艾伦·凯的“梦想机器”的名字——他想像中的个人计算机的草图。凯初步构想的Dynabook在很大程度上类似现在的膝上型电脑。

[2] Bitblt（发音“bit-blit”）是一个程序，用来移动一个矩形区域内的字节，使它从显示的地方移到另外一个地方。

的程序将是非常有价值的。但是他们也知道这是非常困难的，因为比特图像显示中具有很强的复杂性——比如内存中的词等。丹说“是的，是很难。但是只有你做了才会成功。”他知道这是要被反复使用的重要程序——所以值得一次性的投入来解决它。他编写出一个非常快的bitblt程序，这使得现代图形用户界面成为可能——窗口，弹出式菜单，诸如此类。

在突破性发明的语境中，你经常谈论的是那些有超常才能的人，某种程度上说，他们在某些能力上是处于99.99%的位置。显然这些人很稀少。不过，许多突破性发明需要在不止一个方面都具有的超常天资。所以你会发现，同时具备这**两个**非常能力的人就更加稀少了。这就是为什么找到一对能紧密合作、一起工作的人在突破性研究中是多么重要。在Smalltalk的例子中，艾伦是个伟大的幻想家，丹是个超级执行者。他们的合作是发明和实现Smalltalk所需的。

一个伟大的幻想家和一个伟大的工程师间的合作会产生一种强大的动力，这种动力可以推动其他伟大的发明的产生。一个非常好的例子是索尼公司的井深大和木原信敏之间的相互作用。井深大，索尼公司的创立者之一，他以对新技术的预见能力，以及能鼓励公司的工程师在完成他的目标的同时充分施展才华而享有盛名。木原信敏是一名有才气的工程师，他与井深大紧密合作来帮助其实现想法。约翰·内森（John Nathan）在他的专著《索尼（Sony）》中，引用了木原的话：

井深大说，盒式磁带的构想将比一卷一卷的磁带方便很多，并且一个更小更轻的录音机也更容易使用也更容易销售。他总是在想这件事。我也总是在听。当我们完成了一个新产品的工作后，我就开始考虑制作更轻一些的录音机了。无论什么时候我闲下来，我都会自己进行实验、进行装配。

我的桌子下面塞满了五六个这样的原型——实验的模型。有一天，井深大说："木原，盒式磁带式的便携式模型非常方便，你觉得呢？"——第二天早晨，我就从我那一堆秘密的模型中拿出和他想的很接近的模型给他看。他非常高兴，"木原，这正是我想要的！"我们继续努力。（p.26）

井深大和木原合作研究产生了700多项专利，从索尼第一个成功的产品（磁带录音机）开始一直到晶体管收音机和Beta制式的录像机。

一起工作　在团队工作中，一个团队的不同成员擅长不同的事情。让人们仅仅在**一个**项目中一起工作容易，但是，打造一个团队很难。罗恩·卡普兰认为，团队需要在**很多**项目中配合得很好才行[1]，他说：

我认为，近20年来NLTT[2]已经成为一个很成功的团队，因为其中结合了不同的兴趣和不同实力的人。他们虽然有不同的兴趣，但却围绕着一个共同的核心问题工作。人们的特长很广泛，从语言学——比如特蕾西·金和玛丽·达尔瑞普（Mary Dalrymple），到算法，像约翰·麦克斯韦（John Maxwell），以及像迪克·克劳奇（Dick Crouch）、我和马丁·凯（Martin Kay）这样处于中间的人。而斯蒂芬·瑞泽尔（Stefan Reizler）这样的人则带来了一种新的关于统计性学习的专业维度。

NLTT中成员间的联合总是非常不固定的。作为管理者，**这三个人**这个星期为了一个问题而一起工作，下星期**那三个人**一起工作，这一点是我所喜欢的。每一个人都明白问题从总

---

[1] 罗恩·卡普兰的观察引自2001年7月6日和8月27日的访谈。

[2] NLTT：帕洛·阿尔托研究中心的自然语言理论和技术组（Natural Language Theory and Technology group）。

体上是很难的。他们知道自己仅仅明白其中的一部分，而和其他人一起工作时就可以明白其他的部分。这对每个人来说都非常振奋。

项目总是一个接一个，所以研究者不是因为合适某一个单独的项目被雇来的。他们需要加入团队，在团队中随着时间的推移，不同的人们会在一起合作。

赢得不平等的竞争优势 在研究或者扶持合作的过程中，为赢得"不平等的竞争优势"而开发的技术是广为人知的，而且它们在文化中已有专门命名。学习这些做法是打造创新型环境的开始。马克·斯特菲克描述了一些发生在帕洛·阿尔托研究中心的文化建设实践❶，他说：

获得研究优势的一项技术就是建造或得到一个"时间机器"。对当前来说，一台时间机器是个秘密平台，它为**目前**提供了预测**未来**会发生什么的手段。这时，你就变成了将来的一个先行者。你可以抢先探索，绘制创新的版图，并最先收获成果。

当我1980年第一次来到PARC时，计算机科学实验室发明的个人计算机（PC）就是时间机器。我们已有联网的、高性能的个人工作站用于研究，而世界上其他地方几年内都不会有这种东西。

自从Sillicon Graphics公司创立以来，他们生产了先进的3D图形计算机来产生特殊的效果以及进行计算机辅助设计。斯图尔特·卡德注意到，这些计算机就像时间机器一样，因为这一技术将在近几年内变得非常便宜，成为每个人都可以得到的。他的团队使用这种昂贵的工作站开始了视觉化的研究。另一个例子是当网络第一次出现时，斯图尔特的团队买

❶ 马克·斯特菲克的观察资料引自巴巴拉·斯特菲克2002年8月所作的采访。

了一台带有大容量硬盘的服务器。他们称之为“盒子中的网络（web-in-a-box）”，因为它能保存互联网上的所有文本，以便研究小组对网站的连通性进行测量。

作为一种研究策略，时间机器可以让你具有超前的眼光。世界上有许多计算机科学实验室和院系，你需要不平等的竞争优势才能走在前沿。

时间机器的用途不仅仅是赋予研究团队一种优势。它在对一个未来产品的概念进行验证方面也起着基础性的作用。对于许多公司来说，最难的挑战莫过于找到一种“发现未来消费者的未来需求”的途径，从而保持自己研究团队的领导地位。一个组织对此该做些什么？第一步往往是参与一个重要问题的根本性研究——找到一个“痛点（pain point）”——这是当前技术解决不了的问题。这个问题一定非常重要，解决它就会带来很大的价值。

对于那些能够被人们直接运用的技术而言，这一过程包括用户测试和快速模型制造。实际上，需要创造一个测试台以便实验未来技术。让用户尝试新技术并且通过细心观察技术是否适用，你可以看出这项技术能否成为一个“杠杆支点（leverage point）”——也就是说，它是否解决那个“痛点”。还有额外的设计问题么？还有不可预见的可用性或者机会么？时间机器这一方法的口号是“预测将来的最好方式就是去发明它。”

互相理解　在一个实验室中，文化行为能够有助于人们提高创造能力，加强相互合作。对此，鲍勃·泰勒说：

当一个研究计划面临困难时，人们就会产生不同的意见希望能绕过这个问题，所以你必须剔除这样的意见。但是最后可能还会有不同意见。我把它们分为类型 1 和类型 2 两种情况。

类型 1 的不同意见是大部分人都有的。他们仅仅是不同意，没有人能以其他人满意的方式说明他人的观点。而在类型 2 的不同意见中，每一个人都能以别人满意的方式说明别人的观点。所以，在类型2的不同意见的最后，你可能还是不同意，但是你理解别人。我**以你所满意的方式**理解你**为什么相信**你所相信的。在一个研究项目中，这些都是在面对困难选择哪一种途径时必须考虑的因素。所有的事情都为进一步明辨是非作了很好的铺垫。

我们每周开一次会，被称作“庄家（Dealer）”[1]。这是本实验室惟一一个必须参加的会议。会议希望每个人都出席。在会上，实验室的一些成员将作为“庄家”站起来讲他所愿意讲的东西，无论什么都行。另一些人可以通过打断或别的方式给予质询。之所以称为庄家是因为在纸扑克游戏里，庄家决定要玩什么游戏，规则是什么。在我们的庄家中，在那一天，站起来的人可能会说“好的，我不想被打断，直到让你们明白为止。”也许对他的说法有一些争辩，不过通常不会发生这样的事情。事实上，压力来自于庄家会说“是的，我可以被打断，因为我知道我在说什么。不要担心这个。”所以打断庄家说话不是问题。这种自由的会议鼓励讨论，从而带来实验室的创造性，使每一个人都关注同一个问题。

丹尼尔·鲍勃罗曾经是帕洛·阿尔托研究中心多个实验室的成员。他曾经在CSL为鲍勃·泰勒工作。他有一些关于人和人之间相互交流和讨论的方法和经验，通过这种方法，人们在争辩讨论的时候会避免指向个人，有利于培育合作和明辨是非的氛围。回顾通过这种方法进行交叉学科研究的令人激动的场面，他说：[2]

多学科之间交互合作是我曾经做过的最激动人心的事。这感觉像漫步在一个大的空间里，在这里，我们能看到一些模式而其他人可以看到另一些模式。我们看着这些模式在一起相互作用，并产生了某种新的事物。我不是个音乐家，但

[1] 在CSL，庄家（Dealer）会议仍然每周举行一次。

[2] 丹尼尔·鲍勃罗的观察引自2002年9月3日的访谈。

是我有演奏音乐的感觉，我知道，音乐是不可能从乐器的独奏中产生的。音乐出自相互协奏。对我而言，人们之间的相互作用是令人激动的。

我将进入这些讨论。我们可以在一起进行这种思想游戏，在游戏中，人人可以互换角色，然后说："好的。现在我们交换一下立场！你为另一个立场做最好的辩护。"我会记得从这些讨论中跳出来，所有的观点在人们之间流动，因为我们都不会固执己见。

放大争论　研究是有韵律的。人们既需要自己独自工作又需要与团队中其他人合作。研究者喜欢在团队中工作，因为没有哪个人知道所有的事情。当发明家研究一个很大或者很新的问题时，他们就会碰到自己不理解的事情。原则上，他们可以自己能够调查并计算出结果，或者出去找一个专家咨询。但更快的办法是在大厅里和有关专家进行讨论。马克·斯特菲克说：

我经常走进某个人的办公室，问"能不能借用一点你的时间？"帕洛·阿尔托研究中心的成员互相之间都这么做；他们彼此都会倾听对方的想法。有时候他们的研究与我的类似。在要讨论的问题上，他们可能会挖掘出一些新意，或者帮助我建立一个更一般性的概念。

这种小级别的合作几乎每天都在发生。有时你们可能解决实验中的一个小麻烦，另一些时候你们将想法组合成了一个大主意，人们相互之间的反馈提高了每一件事的效率，也产生了讨论的热潮。

讨论的风气是发明过程中具有创造性的能量。是兴高采烈的人们组成的团队所蕴涵的能量，人们之所以高兴，是因为很多新生事物出现在他们的交流过程中。当他们都为同一个项目工作或至少是在同一个空间中工作时，讨论的风气是一个取得了非凡进步的信号。他们很激动，也很惊奇。每一个人都像看待"新生儿"一样看待新的思想。

当人们观察新生儿时，他们就会发现新生儿需要什么。这是一种比喻性的做法，他们可能会离开为他（新生儿）准备衣服、鞋子或者其他东西。在很热烈的讨论的声音中，你可以让许多头脑同时工作。每个人对小孩子需要什么都了解一点。这就是人们为什么喜欢在帕洛·阿尔托研究中心工作的一个原因。

当讨论的声音蔓延时，通常人们希望分享它。当讨论的声音响起时，更多的人会聚过来听你讲。这就是大家愿意分享争论的信号。他们可能会问“想看演示么？”很明显他们现在有新东西要给大家看。

每个人都有自己的社会网络。很可能大多数讨论的声音只在自己的研究小组的转悠。但它会传到其他的研究小组。有人可能会问“那个组你认识谁？谁是很好的交谈对象？”研究人员对于谁和谁一起工作、谁认识谁有一个大概的模式。这就是一个伟大的研究中心的魅力。人们传播着他们的想法。传播者就是那些从一个组到另一组散布消息的人，这就使得这种争论得到放大。

有时候，年轻的研究者只与自己争论。不过，当年长的研究者带来他们的意见时，年轻人也会喜欢争论。因为这提高了他们的见识。有时候，人们在没有准备好之前会先藏起自己的意见。他们可能想在与他人分享之前想出下一个点子。他们也可能会害怕别人跑得比自己快，也许他们想把点子打磨得更漂亮一些，这样一拿出来就能赢个好彩头。

在帕洛·阿尔托研究中心的文化中，大部分人都敞开着他们的办公室的门。如果你工作时看见许多人进进出出办公室，来往于大厅之间，你就知道哪里又开始讨论了。一些人会被其他人拖来观看。你会注意到这些争论。也许你会过去看看。这种讨论的声音也会在午餐时间的餐厅里传递。

一些人会比另一些人更愿意和别人讨论。如果你从不与别人讨论，那么你一直在干什么呢？一些人会有助于你将讨论变为现实。项目开始后他们加入进来并努力工作。一些人可能并不喜欢一开始那混乱的讨论，而更愿意在想法更成形时再进行讨论。

反思

很多不正确的管理会扼杀创新。认知心理学家和计算机科学家艾伦·纽维尔观察到在创新团队中，有些管理妨碍创新，他说：[1]

人们认为，与实际情况相比，科学活动要更富有冒险性。如果你带着一队聪明人，把他们领到某条路上，他们一般会带回来一些有趣的东西。然而，你所作的事也可能会阻碍他们的成功，那就是反复改变他们的方向。快速的方向变换会使研究者不能在一个问题上坚持很长时间，也就不能获得一些细节来取得进步。

管理人员有时候意识不到，要求特别"快"的项目、以及朝令夕改所带来的消极影响。假设一个研究管理者说"你们为什么不能与ABC公司谈谈，看看我们能不能解决他们的问题？"过了几天又说"我觉得你们最好调研一下与XYZ公司的合作计划。"这些变更和交互作用，在某种程度上对开放式发明来说是关键的。它们给组织发出需求信号。但是，很频繁地改变指示则是另一回事了。可能会有太多的要求与多如牛毛的参观者打交道的指示了。这样的要求说起来容易，做起来就费劲了。这会减少思考和进行创新的时间。而且，如果提出这种要求的频率不合适，根本就不会有研究和发明出现。

---

[1] 纽维尔的话引自斯图尔特·卡德2001年7月6日的访谈。

建立联系，进行演示，明白做什么（如果有的话）是适当的，然后报告，这样才能开发新的机会，但是这些机会并不是免费的。对一个新合作机会的评价工作可能需要耗费几天时间，这几天可能会中断其他的活动，阻碍已经协调好的工作以及时间。

如果一种研究文化容忍太多的干扰——比如，行政会议、汇报或者为来访者进行的做秀式的展示就会打破发明所需要的持续以及协调好的专注。当管理者不能相对稳定地驾驭整个团队时，就会使研究组织的活力逐渐被侵蚀。太多的干涉会带来如下明显的后果：高质量的发明和论文产出会急剧下降，而且，当研究者没有足够的时间来有效地整理他们的想法和思路时，整个研究组织会进入一种低生产率状态。

艾伦·纽维尔引用的另一个有趣的例子来自于他在卡内基·梅隆大学计算机科学学院担任大学教授（University Professor）时，与校长的一段对话。❶ 大学教授是在教授之上的一个头衔，它可以授予一些独立于具体院系的人。纽维尔好多次被询问能否担任系主任，但是他认为"担任系主任"对于他是个糟糕的想法。他经常被校长要求出席各种充门面式或者其他样子的场合。后来，纽维尔告诉校长："我可以做你所希望的任何事，但不是每一件事。"这明确表达了他希望在大学的帮助下积极做事，但不要要求他做一些特殊事情的愿望。同时，他把自己作为一种资源进行了限制和预测。他削减了很多事情，只是保留了对每一个人来说重要的事情，并且他试图根据这个原则建立一种契约。

纽维尔的故事的中心意思是，人要建立自己合理的时间预算来满足这些要求。有时，在帕洛·阿尔托研究中心，当

❶ 这个故事引自斯图尔特·卡德 2003 年 3 月 29 日的个人通信。

某个研究团队频繁被各式各样的参观者所打扰时，一些管理者会说“在这段时期，我会给你三颗银子弹。”换句话说，他们将满足来自更高的管理者那里的三个参观请求或其他“特别快的项目”，不过不会再有别的了。太多了就会妨碍其他已确定的承诺。

有效的管理者知道什么时候驳回请求，要在“向下管理（managing down）”和“向上管理（managing up）”间找到平衡。向下管理意味着要关注研究团队，营造一个好的环境来使研究团队更有效率。向上管理意味着要明白上面管理层的感受和需要，并且对他们的目标和要求做出反应。不注重向上管理就会使整个组织看起来缺乏响应，这样就容易错过一些好机会。而不注重向下管理就会忘记创新发生在哪里。

要在向上管理和向下管理之间实现恰当的平衡，必须处理好信心和灵感这两件事。成功的向上管理需要维持高层管理者的信心。成功的向下管理则需要维持一个让研究人员对成功有足够信心的环境。当研究任务转换所付出的太多时，这种信心就会受到侵害。当方向上的变化是必需的时，就要提倡**灵感**。没有灵感，研究就会陷入混乱。有了灵感，研究者就会**树立**、保持和聚焦他们的能量。

第十章

根本性创新的障碍

明智的人总是调整自己，以适应这个世界；不明智的人则试图改变这个世界，以适应自己。因此，所有的进步都要依赖那些不明智的人。[1]

——引自《人与超人》(《致革命者的箴言》) 乔治·萧伯纳

各种类型的障碍

所有的创新都面临着障碍，但是有一些类型的障碍要比其他类型的障碍大得多。

我们最熟悉的障碍是**创新**的障碍。这些障碍是所有的发明变成创新前需要走的"漫漫长路"上的障碍。这些障碍包括形成共识、掌握资源、掌握工程细节、测试、制造以及开发市场。

但是，突破面临着更多的障碍。突破会在创意的世界中引起争论和激动，因为它们是出人意料的，而且开启了新的机会。突破的创意总是在传统思想的范围之外，因此，它是相当困难的、不连续的，更是令人惊奇的。突破性发明最困难、最大的障碍是"**洞见**"。在突破性

[1] 这段引文是本书的两位作者之间很多争议的来源。从一种观点来看，"不明智的人"似乎是完全与世隔绝的。他或许是所谓的进步的来源，但是，环境为此付出了多大的代价呢？还有另一种观点来看，"不明智的人"或许对于社会世界做出了更多的反应，预测前面会发生什么。他实际上完全与内在的指导相协调，而远远走在他所处时代的社会准则的前面。

发明中，来自洞见的困难和挑战被称之为**创造力**障碍(creativity obstacles)❶。根本性研究——对问题寻根刨底式的多学科研究——是产生突破的主要路径。

根本性创新所面临的障碍是所有障碍中的最大障碍。根本性创新会带来广泛的变化，通常也会遇到大范围的阻力。破坏性的变化会引起障碍。越是根本的变化，所引起的障碍也就越大。变化的传播要经历很长一段时间，通常为数十年。根本性创新所面临的巨大挑战往往是经济和社会的，这些根本性创新所面临的挑战是**变革**障碍❷。

一些创新会面对上述所有的三种障碍，这是，创新起来就很难，它们要挑战传统思想，而且，在这些创新变得切实可行之前，需要广泛的变革。

漫长的创新周期

克服障碍需要的是时间。克服创新中一般障碍所需的时间倒是可以估计的。一般而言，技术开发的时间是不同的，快速变化的产业其开发时间是几个月，而产品制造和市场开发比较复杂的产业，其开发时间则可能长达三四年。开发周期是组织中不断重复的"产品开发周期"的一部分。其所需的时间取决于产业特性的多种因素，包括设计时间、开发时间和客户的支持。

突破所需要的时间相对创新而言比较长，而且，难以预测。突破需要两个主要的步骤：概念层面的开发和完善。估计概念开发所需的时间就像是锅上不断跳动的锅盖。每个人都饿了而且饭菜闻起来特别香。最没耐心的成员问："饭菜准备好了吗？"厨师回答："还没有。到时候会准备好的。准备好了我会通知你。"

❶ 突破性发明和它们的障碍是与"什么是可能的"这个问题相联系的。当存在着严重的突破障碍的时候，回答"什么是可能的"就很困难了，因此需要一个突破。

❷ 根本性创新和它们的障碍是与"什么是需要的"这个问题相联系的。当发明指向未来的消费者和他们的未来需要时，回答"什么是需要的"的问题是很困难的。一项创新也许会因为若干理由先于它的时代出现。例如，需求也许刚刚出现，发明需要发展得更充分一些以更完美地满足需求，或者在发明实用之前需要开发一些其他的发明要素或基础设施。

改善一个突破性发明比改善一个渐进性发明需要更长的时间，因为突破所涉及的技术是不熟悉的，而且突破也往往是工程工艺的扩展。培育、开发一项突破性技术需要**持续不断**的研究活动。孕育、开发到完善一个突破性发明的典型周期往往是2～3年。

根本性创新所面临的障碍通常是最难预见的，因为这些障碍来自于变革的阻力。有时这种阻力的产生是因为这种创新迫使人们的工作方式发生根本转变——所以这可能是一条非常缓慢的采用曲线。采用旧技术的企业通常会试图保持住原有的市场，而且试图从市场和法律方面来减慢破坏性技术的采用。有时新技术需要开发一套辅助的技术来为新的创新作一些铺垫。社会采用根本性创新的时间往往要以数十年来计算。

根本性创新和突破的时间被拖长会造成很多影响，其中之一就是，它使得创新的资助人需要等更长一段时间才能看到他们投资带来的平均经济收益。在股份公司中，股东所关注的是投资的季度收益，因此，企业对投资的急功近利式的期望往往会打断突破性创新所需要的耐心。如果公司缺乏资源来改善突破性发明，或者对根本性发明缺乏耐心以引导其进入市场，那么，这些创新的主要收益将会被损失掉或者被其他人所夺走。

突破和根本性创新的利益被社会广泛地分享。这样的创新让明天更有可能变得比今天更好。然而，没有一个不同寻常的、合适的环境，这些在人类的进步意识中贡献最大的创新往往是最难推进的。

案例故事

创新的抗体

由于**信息包的传送技术**的发明使得因特网成为可能❶。当有人发电子邮件、阅读网页或者下载音乐时，计算机将信息分解为小信息包。这些小信息包在通信线路上通过网络计算机结点进行交换，从一个结点到下一个，直到到达它们的目标；这时它们重新集合为完整的信息。

信息包传送交换是当今发送数字数据的标准方法❷。罗伯特·卡恩（Robert Kahn）是数字交换通信协议的发明者之一。尽管当今企业认为信息包传送与其他的技术都是理所当然的，但是在企业理解这些技术之前，卡恩❸ 等人遇到了巨大的阻力：

许多发明之所以没有被投入到市场中去，只是因为存在着一些阻力，这些阻力不允许他们这样做。例如，信息包传送在19世纪60年代末、70年代初被设计出来时，它们并没有得到采纳。当你回顾历史时，你会发现，30年后，世界上建立的每一个通信系统都使用了该项技术。它不仅仅用在计算机通信上，而且还用在了内部资源的管理上。

信息包传送之所以没有被马上采纳是因为它太有挑战性，太有威胁性了，并且与文化相背，因此没有人能决定是否使用这个技术。我认为这是大部分创新共有的问题：创新程度越深，其接受过程就越有可能遇到阻力。就好像系统存在抗体一样。

我一直感兴趣的很多事情都与**基础设施**有关。基础设施的改变往往会导致整个商业领域的改变。想像一下，如果在一个区域设置一条铁路或轻轨将会发生什么，周围的土地与

❶ 在技术上说，信息包的传送技术使得阿帕网成为可能。阿帕网然后进化为因特网。

❷ 信息包传送解决了数据通信的很多问题。它十分稳定，因为如果结点繁忙或者损坏，代码可以依据可获得的途径使信息改变传播渠道。它也提供了传输数量巨大的信息的手段，而不需要所有的中介结点有足够的本地存储空间来存储整个信息。

❸ 卡恩的事迹引自2002年9月23日的访谈。

其他土地相比会马上会变得极其昂贵，仅仅是因为在这里可以使用基础设施。新的基础设施会引发广泛的变化，并且将会产生很多种反弹作用。

还有很多例子表明，新技术难以一开始就被接受，为什么分时计算没有被立即采纳？当你看到早期的计算机大公司，它们是GE、霍尼韦尔、IBM和Burrough这类的企业。早期分时系统对IBM是一个很大的威胁，因为以前企业可以卖很多的机器，现在只能卖一台了。分时系统有葬送他们生意的潜力。然而最终，整个领域的经济学迫使这项技术成为一个长期的方向。我相信你一定能想出很多例子，来说明一项新技术能比现今市场上的固有技术更有竞争力，但其发展往往会遇到阻力。

安于现状的文化障碍

在20世纪70年代和80年代早期，鲍勃·泰勒担任施乐公司帕洛·阿尔托研究中心计算机科学实验室的主管，这是实验室成果辈出的时期。在泰勒任职期间，CSL发明了个人电脑。系统硬件方面包括比特图显示、鼠标、以太网、文件服务器和激光打印机；系统软件包括带菜单目录、用户界面、现代文本编辑器、画图工具、电子地图和可视网络游戏。在我们的要求下，泰勒回顾了阻碍发明被采纳的一些障碍，他说：[1]

我们所面对的障碍大部分都是文化上的。例如，我们在佛罗里达博卡拉顿（Boca Raton）组织了展览，来向施乐公司宣传个人电脑。在这次展览上，施乐公司的250位高层管理人员

[1] 泰勒的事迹引自2001年7月3日的访谈。2004年，罗伯特·泰勒、查尔斯·查克、艾伦·凯和巴特勒·兰普森荣获了美国国家工程院为首个网络电脑的发明而设立的查尔斯·斯塔克·德雷珀奖。这是美国国家工程院的最高奖项。他们把它看作几乎改变我们的生活各个方面的技术进步。威廉·伍尔夫是美国国家工程院的主席，他说“这个奖项的四名获得者是令人惊奇的工程思想小组必要的核心，他们重新定义了计算的属性和目的。”在美国全国公共广播电台的”讨论国家“节目畅谈获奖感言时，鲍勃·泰勒认为个人电脑是一项集体发明，是PAPC内部团队的发明。

以及他们的妻子召开了为期几天的会议。在四天展览中的最后一天，我们讨论了施乐公司的未来规划。礼堂里，有一个巨大的显示屏，许多爱好者也进入大礼堂，人数达到500人，我们展示了我们在帕洛·阿尔托研究中心创造的发明。介绍了Alto、以太网、激光打印机、Bravo[1]、桌面印刷系统和Smart talk[2]。

这完全是一个展示。我们有专业的制作、剧作家和顾问帮助我们将这个故事整合为一个好莱坞类型的故事。实际上，我们在加利福尼亚南部的好莱坞摄影棚里进行了排练。在展示结束后的下午，我们将展台移到一边。我们重新布置了展台，以便于一对夫妇能走到一台Alto旁，坐下并试用，然后再到激光打印机旁去看结果。这些都是亲自实践的。

这个博卡拉顿展览举办于1976年或者1977年。从那时起，我开始注意墙上所写的东西。这项技术对于施乐公司来说并不是那么容易理解的。使我沿着这条线开始思考的是那个下午从展览旁边经过的那一群人，坐下来并且动这动那的是夫人们。而丈夫们却在后面站着看。夫人们觉得这项技术非常美妙，而丈夫们却无动于衷。

我终于意识到，夫人们所从事的工作是在办公室里准备文档，而这些工作是我们的系统所擅长的。而那些丈夫们则认为，他们是高级经理，坐在键盘前打字是他们下属所做的，不关他们的事。当时，那些夫人们明白办公室人员以前所做的事和Alto及其系统让人们所做的事之间的区别。因此，她们真正对这些新技术充满了热情。而那些丈夫们则完全地厌烦这一切。他们是在一家复印机公司工作，而不是计算机公司。复印机仍旧给他们挣了很多钱，它们仍很成功。因此，他们说："为什么我们要对其他的事情感兴趣呢？"

[1] Bravo是PAPC为Alto电脑开发的可视化文本编辑器。Bravo的发明者，后来为微软工作的查尔斯·西蒙尼(charlel simonyi)以"Word之父"而闻名。两种程序有着很大的相似性。例如，甚至许多命令的名字都一样，包括有些难懂的单个字母的缩写：<control>-x、<control>-c、<control>-v，分别代表着剪切、复制和粘贴命令。

[2] Smalltalk是最早的和最有影响的面向对象的编程系统之一。它是以前的系统如simula-67观念的延展，并且它把这些观念植根于图形用户界面的编程系统里面。Smalltalk是PAPC开发出来的。

管理者缺乏远见。他们也缺乏勇气和想像力。他们处于一个舒适的状态中，而且很愿意待在那里原地不动。这个情形不只存在于施乐，还存在于其他很多公司里。一旦他们的公司取得成功，他们就会发现，为了保证企业的成功而做出一点点的改变几乎是不可能的。这种情况在施乐公司是这样；在IBM公司是这样；在DEC公司也是这样。

我知道的惟一能阻止这种“安逸障碍”出现的方法，这也不一定管用，就是建立一个类似于帕洛·阿尔托研究中心这样的一个令人讨厌的地方。我的意思就是说，一个与公司其他地方隔离的地方，暂时的隔离也可以，这样它的管理不会受公司常规管理的影响。它完全不受约束；有合理的预算；能做任何它想做的事。这种方式是佐治亚州的洛克希德公司采用的方式，它们用这种方式开发了很多采用了全新技术的飞机。它们建立了臭鼬（skunk）工作组。它们挑选了一组航天工程师组成臭鼬工作组并在受保护的情况下工作。U2就是在臭鼬工作组设计出来的。后来的（SR−71）超过了U2。

在意识中会出现一个计划，这个计划会说：“嗨，看。你们将要设计一个全新的与以往的飞机不同的飞机。所以，你把以前所有的固有观念都扔在了窗外。你想试图建立具有这些特质的东西，但这需要你发展新的技术。”

这就叫做“破坏性技术”。如果你想成功，或者如果你现在已经成功而你又想持续成功，那么你最好去开发这种破坏性技术。如果别人也做了这件事，那你就死定了。这种命运已经在IBM和施乐的个人电脑业务上发生过。

从上述泰勒的前瞻观点和后来的分析来看，施乐公司的管理人员缺乏远见。当然，许多施乐公司的管理者工作都非常勤奋，并且对他们所专注的领域有丰富的远见。他们忙于扩张其复印机生意，他们的注意力和创造力都集中在那儿。他们没有时间，也没有看到将公司注意力从一个快速增长而且获利甚丰的业务领域转型至围绕一个具有风险的但根本性的发明而开发一项新商业的紧迫性和价值。

施乐公司没有成功地开发个人电脑业务的案例已经是许多书籍的主题。没有既得利益阻碍该公司个人电脑业务的开发——电脑业务无法取代施乐公司当时正在关心的任何系统。但是，个人电脑被视作这个有利可图的复印机行业的捣乱者，由于在复印机行业的众多专利，施乐公司在当时几乎成了这个行业的垄断者。正如泰勒指出的，施乐的执行者“处于一个舒适的状态中，而且很愿意待在那里原地不动”。这也可以从施乐不知道如何销售电脑这一点看出来。当施乐出售它的第一台个人电脑时，它的方式与多年后其他公司卖PC的方式完全不同。一个顾客不可能只买一台电脑。他必须同时购买许多台，并连同一台激光打印机和一个文件服务器一起购买❶。简言之，购买者实质上是在用新技术配备一整套的工作组（workgroup），在大楼里布线以组建一个以太网❷，并训练人们以一种崭新的方式进行工作。而在施乐发明个人电脑的早期，在大公司工作的，很少有人愿意买这种电脑来冒险。

施乐在试图出售它的复印机时，它也经历了类似的难题。与个人电脑一样，早期的复印机十分昂贵，因此大部分顾客不愿意倾其所有来购买一台复印机。他们认为自己不会有很多复印需求，所以买复印机是不值的。顾客的态度是由于他们曾经使用过复写纸和油印机而形成的，因为这样的复印设备使复印的数量十分有限。

施乐公司认为，一旦当顾客在办公室里拥有一台复印机并体验到复印的高质量后，他们会找到更多的理由来复印东西。他们开发了一个计划，即费用多少取决于人们复印的数量。Auditron装置是一种手持计数器，是用来登记利

❶ 当应用新技术生产的产量不是很大时，个人电脑是十分昂贵的。Star工作站在1981年的价格是16 595美元，大约是在市场上的其他个人电脑价格的5倍。另一个因素是施乐的销售组织，它们习惯于出售复印机，并不知道如何销售电脑系统。

❷ 在那个时候，连接本地的电脑网络超出了一名熟练的手脚麻利的员工的能力。承包商对于技术和网络的要求并不熟悉。

用办公室的复印机所做的复印量的，它是一种市场营销的发明。每个客户部门都拥有自己的Auditron。每个月，Auditron会记录下客户这个月复印的数量，施乐公司根据这个数字来收钱，这是根据复印品数量支付而不是为复印机支付。于是，人们发现了很多新的有用的理由去复印。所以说，后来施乐公司爆发式的增长可能要归功于Auditron的发明。它使人们在不知道一项新技术是否会对自己有所帮助的情况下、以很低的风险使用了这项新技术。总之，施乐在市场上**有能力**进行突破，在其复印机业务中也证明了这点。但是，正如其他许多公司一样，施乐也陷入了创新者的困境[1]。成功后的施乐发现，将注意力从其快速发展的业务上移开，而围绕另一项根本性创新成功地开展业务是十分困难的。

好Vs最好

当特德·塞尔克为IBM工作时，他的一些发明是有关膝上型电脑的。在他的故事中，塞尔克将注意力集中到其计算机电源方面[2]，他说：

有一次，当我向IBM高层主管人员介绍一项有关定位设备的发明时，他说："但是，考虑到电源，这个问题该如何呢？它与鼠标有相同的特征。它有着纠结的长导线，并且常成为大问题，我该如何去处理它？"

我过去一直在考虑电源问题，并有了一个主意，就是去掉20伏以下的电源线部分，将其放置到笔记本电脑的电池组中，好似电池组是一个电容器一样。我将这个想法告诉了他——所做的就是去掉电容器和电感器，每一个都是电源大小的三分之一。

我的想法就是使用电池的容量来消除这些部件。从一个高层面的角度看，变压器会储存

[1] 参考克里斯滕森《创新的困境》。

[2] 特德·塞尔克的事迹引自2001年4月18日的访谈。

一部分能量用于部分循环，然后延迟释放。我的假设是电池能通过脉冲充电，这样就与持续电源有相同效用。我收获的另一件事，就是我的主意去掉了电源这个大块头。我雇用人员完成了这项工作。有趣的是，在这件事情完成的过程中，每个人包括电源工程师都不认为这是一件有价值或有用的事情。

但我从来没有放弃，同时在继续尝试着，并解决了很多其他的问题。例如电源的重要问题之一是隔离高压。如果一个电压高于47.5伏，在现代电子的使用者必须与它保持至少4mm的物理距离。常规上，我们使用变压器线圈来分离二者。我有了一个想法，就是将电池分为两个电池，并有一个继电器，凭借这个继电器，我们可以对其中一个电池组充电的同时用另一个电池组供电。通过这个方法，电池组能为笔记本提供电流而不用再物理式地连接到110伏电压上。对此我非常骄傲。

如果有可能，我喜欢有**一百种**不同的想法。所以当我解决一个问题时通常会给出两种或三种不同的解决方案，我希望从不同的角度给出观点。我曾经为改善膝上型电脑的电源供应器而同时忙于几个项目。这其中包括一个与电源线相结合且效率很低的变压器，和一个拥用微小的核心及长线圈很有效率的变压器，但会发射出大量的电磁辐射。我也发现了一些其他改进电源供应器的简单方法，即在工业设计时稍作改动。

通过观察工业设计，我们发现有三种方法可以使电源变小。我看到应力消除使得他们的长度加长了四分之三英尺；我看到，由于导线插到其中使它的整个体积增大百分之二十；我还看见，EMC（导线中的电磁辐射核）增加了一些东西，这个东西是你手里拿着的、将导线插入的把手的两倍大。因此我使这个电磁辐射物**成为**插入电缆连接插头的手柄。我想出如何将应力消除放在内部。于是，我发明了可以在世界任何地方插入的插头，它还可以根据墙内压力自动地选择正确的弹簧。

在这点上，我犯的错误是，没有完全彻底地解决**任何一个**问题，使得他们能够采用。产品经理说："我们可以用自己的工业设计师实现你设计的这个导线。其他的技术方案困难一些。研究这些技术会让我们组织一个开发小组，来创造那些对于其他企业来说是非标准的电源，相比较而言，我**更愿意**花10到15元来买一个松下电源。"所以，最后，由于开发组织自身的限制，同时也因为这些组织都希望做出最简单的东西，致使这项根本性创新很难再往前进一步。

最后，他们惟一的选择就是改变产品的工业设计，除了形状之外，他们不会改变任何东西。不过，这些改动仍然使产品有了改进，并使一群执行经理和其他人感到满意。直到今天，我不知道，我是将所有的可能性都展示给他们好呢，还是将它们打包分配出去呢？

塞尔克的故事阐释了对问题寻根刨底的方法。其中的难题是产品部门带给他的。对一个问题，他孜孜以求几套解决方案引入了许多学科。这需要工程师和数学家寻找方法来去掉变压器。这还需要工业设计专家为了更简洁的方案而使传统的设计更加紧凑。通过一次性提供多种解决方案，塞尔克的团队能够为产品小组提供一系列的选择。尽管许多最根本的方法最终没有被采纳，但是，团队将它们开发出来，足以解释了真正的困难是什么，以及攻克这些困难需要付出的成本和代价。

拥抱非传统的东西

戴维·哥德堡是PARC的一位数学家和发明家。他因为发明Unistrokes而闻名，这种技术是简化手写字母的早期版本，就像Palm Pilot的Griffi[1]一样，这个方法之所以叫Unistrokes，是因为所有的字母是一笔(stroke)写就，而不用抬笔。

哥德堡开始研究Unistrokes是在参与PARC的Ubicomp项目的时候开始的。Ubicomp项目研究的是人的工作环境与人机界面问题，小到一个非常小的“标签（tabs)”，大到一面墙大小的实时显示器，无所不有。Ubicomp项目组的研究人员在他们日常研究工作中可以使用各种尺寸的计算机。他们使用在会议室中应用的显示器[2]，以及身着“标签”发射器向控制系统发射信号告知他们自己在楼中所处的位置。当他们来回走动或是坐在会议室中的时候，他们用掌上电脑来读取邮件并做出反应，同时开发了手写平面电脑，以便在会议上作记录。

当我们问哥德堡是如何开始Unistrokes项目时，他形容他的想法是在一个正在进行着的项目中“寻找一个漏洞”[3]，他说：

我有许多自己所喜欢的工作方式：其中一种是看着一个项目并且说：“噢，看，他们留下了一个缺漏!”我会寻找一些东西来填补这个缺漏。

当Ubicomp项目正在进行中的时候，我问过一些人：“如果你拥有一个小装置，但你不能拥有一个键盘。你会做什么？”他们说：“我不知道。”这是第一步。我发现了一个漏洞。这很有意思，因为你可以有自己的疑问，但同时你又是一个大研究项目中的一个成员。对于我以前的工作来说，寻找漏洞是一种策略。

另外一个对我有用的工作方法，是重复早先已经做过的工作、以便更好地理解一个这个领域。我知道，其他一

[1] 在本书写作的时候，施乐和参与制造Palm Pilot的公司正在协商关于Unistrokes对于Graffiti的贡献的权利问题。

[2] 实时显示器是以计算机技术为基础的、供开会时使用的电子显示板。PARC在20世纪90年代末分化出一个公司制造并销售这种产品。

[3] 戴维·哥德堡的事迹引自两次访谈。一次是马克·斯特菲克在2001年3月29日完成的，另一次是巴巴拉·斯特菲克在2001年4月2日完成的。

些人早就在从事手写笔迹识别的工作。我不是想使自己成为鼻祖。我发现了一些关于手写笔迹识别的论文，并在这些文献的算法的基础上编写了一个程序。这是一个迎头赶上的好方法，尽管你在重复已经做过的事情，但是当你知道别人曾做过什么之后，你会前进得更快。

当与笔迹识别技术斗争了一段时间后，我想："这是一个很笨的方法。它永远也不会做得很好。"也许我很懒惰，不希望将我生命中的下一个五年花在一个好的笔迹识别器软件上。也许这是我真正的想法。但是我想："不，我在这有一个很好的想法，其他所有的人都是错误的。"认识到其他所有人都朝着错误的方向前进是很刺激的。至少你自己认为他们是错的。

哥德堡有一个想法，即创造一个新的字母表，这个想法几乎遭到了所有曾与之交谈的人的批评。人们都认为计算机应该变得让人们更方便使用。为了使计算机更加容易地识别而让人们改变他们怎么写字，这看起来是错误的。

马克·斯特菲克曾与哥德堡一同研究Unistrokes的处理器，这个处理器被称之为"抬头书写"。"抬头书写"项目的诞生来源于人们的观察，人们看到，在会议期间用便携式电脑做记录是一件很分神的事。因为敲击键盘[1]的声音也会对会议产生影响，因此，用笔书写输入是一种潜在的选择，但视觉注意力仍然是需要的，它要求人们把笔保持在一条线上，并在一条线的结尾使笔复位。"抬头"的想法是在很小的空间内[2]将一个字母写在另一个字母的上面，而不用将手移到右侧。一项挑战性的技术就是寻找一种可靠的方法来确定什么时候一个字母

[1] 这种敲击声在今天看来很少见，原因有两个：笔记本电脑在今天比过去越来越流行，键盘也越来越安静了。

[2] 这个空间大约有一平方英寸见方，相当于一张邮票大小。

结束，而另一个字母开始。例如，系统必须区分'l–'与't'。当哥德堡建议通过创造一个新的字母表来避开字母识别问题的时候，斯特菲克转到其他项目中去了。因为他认为学习一个新的字母表会强迫使用者在他们工作方式上做太大改动，斯特菲克说：

抬头项目帮助我想出了"一笔通"的主意。当这个项目开始运作时，人们开始对它作出了回应。一些人会说："噢，多有趣呀!"另一些人会说："嗯，太荒谬了。没有人会愿意那样做。"例如，我记得，当戴夫·派特森（Dave Patterson）[1]访问CSL时。派特森认为整个事情都很荒谬。他说："语音识别——是你们应该做的事情。"但其他人并不认为语音识别是一个好想法。

几乎所有试过的人都会说："我原以为学习一个新的字母表会很难，但实际上却很简单。"这太好了。这使我度过了众人反对的困境。

当工作都完成以后，我写了一篇论文，并提出一份发明计划（IP）。我也做过其他的创业计划[2]。我认为这是我**较好的**一个想法。不久报告返回来了，被TAP专家小组[3]评为二级（总共五个级别）。这是你能得到的最差的级别。你几乎不可能得到一个二级。三级通常已经是最低的级别了。我从未**听说过**任何人得过二级。这时，开始有人议论了，我确信这些议论曾被查克·赫伯（Chuck Hebel）"过滤"过。一些人议论说"这真是一个愚蠢的想法。没有人会去学这个"还有这样的话——不像这么难听，但是其主旨大概是"既然你显然无法想出任何合理的实验项目，这里有一些更有价值的事情你可以做。"

我为TAP小组的报告感到自豪。多年以后我将这份报告

[1] 戴维·派特森是加州大学伯克利分校的教授。与约翰·亨内希一起，他开发了RISC（计算机精简指令集）。他也是美国国防高级研究计划署的项目管理人。

[2] 在PARC公司，一项发明计划（IP）是发明者为了开始申请专利而撰写的正式文档。它是这项发明的描述，由发明人签字画押并由其他人签名作证。

[3] 在PARC，一个TAP（技术咨询）小组评价创新计划和进行专利推荐。它为优先级、相关的发明以及创意的进一步开发提供建议。

挂在了门外。

我把TAP评级的事告诉我的老板马克·韦泽尔[1]（Mark Weiser）。我说："他们不想为它申请专利。我该怎么办？"马克·韦泽尔说："好吧。那就把它发表吧。"

因此我写了一篇论文向CHI[2]投稿，一些人建议我做一个录像带，我也做了。我将录影带给了韦泽尔。每次我见到他都会问："你看过录像带没？"他都回答："没。还没看过。"

一天我走进办公室，韦泽尔过来了，他说："喔。我看过录像带了。我们申请专利了吗？"于是我提醒他TAP小组不喜欢这个主意，而且他曾经告诉我别想专利的事情了。韦泽尔拿起电话打给汤姆·韦伯斯特[3]（Tom Webster）叫他写一份专利申请。

不久，我在CHI发表了一篇关于Unistrokes的论文。我很少参加会议。我也从未见过唐纳德·诺曼[4]（Donald Norman），他是用户界面领域的权威，曾经在加州大学圣迭戈分校工作过。你在CHI做报告之后，会有人进行评论我与诺曼交换了邮件地址，并了解到他会来作评论。我知道他曾写了一本书，但从未见过他。

在会议期间，还有另一篇论文，是比尔·布克斯顿[5]（Bill · Buxton）的学生写的关于单手键盘的。我不记得第三篇了。这时轮到唐·诺曼来评论它们了，他发表了长篇激烈言论来

---

[1] 马克·韦泽尔是施乐PARC的一位发明家和计算机科学实验室的经理。在他所被记得的事情中有一件是他领导了对无处不在的计算科学的研究。

[2] CHI：一个关于人机交互的作用的研讨会。

[3] 汤姆·韦伯斯特是PARC的一位专利律师。

[4] 唐纳德·诺曼是一位认知科学家，当时在加州大学圣迭戈分校任教。后来他成了苹果公司的高级研究员，随后成为惠普的经理。他目前是西北大学的教授以及内尔森－诺曼小组的成员，后者是一个关于可用性和用户界面设计的咨询组织。他因为1988年的著作《日常事务的心理学（The Psychology of Everyday）》而闻名。

[5] 比尔·布克斯顿是有关人与电脑交互作用方面研究最有影响的专家之一。在那时他是多伦多大学的教授。

说明所有这些论文多么糟糕。我希望有机会去反驳他。我很高兴参加讨论。但是诺曼拥有最终的决定权，而且他真的很令人讨厌。某种意义上讲这是一件好事，他如此让人讨厌而我却不怎么在乎。

布克斯顿的学生十分沮丧，因此主持人让他为自己辩护。诺曼所说的有一半是不正确的，只是在痛斥他的工作而已。但这只是一段经常被汤姆·莫兰（Tom Moran）拿来开玩笑的小插曲而已，当时他也在场。

当我做关于Unistrokes的演讲时，我发现从事笔迹识别问题研究的人与其他人相比更加容易被打动，因为他们立刻想到“噢，对啊。这个解决了我正在研究的问题。”反之，那些对笔迹识别问题一点也不了解的人倾向于认为一个新的字母表不是一个好的想法。

在那时，如果你告诉我将会有成百上千的人使用Unistrokes，并且最终它会价值几百万美元，我是不会相信的。我认为Unistrokes是一个好想法。但是我曾经有过许多好的设想。它们中的大部分都没有成功。我从未想到这一个会成功。

哥德堡的故事向我们展示了传统思想是如何阻挡发明的道路的。让人们学习一种新的字母表这个想法，不仅对于他在PARC的同事来讲是荒唐的，对于他发表论文的CHI会议上的人们来说也一样。哥德堡的想法不是将字母表变得更可爱或者更不同。他是为了探索建立一种笔迹识别系统的可行方案而这么做的。即使当他手中已经有了解决方法，人们也很难接受这个合理的想法。

这里值得注意的是，戴维·哥德堡的发明所面对的所有反对意见都是消极态度的同行评议。当斯特菲克放弃了抬头显示器项目后，他的同行采用“用脚投票”的策略来评议他的项目。访问者批评了这个项目，PARC发明小组否定了这个想法，唐·诺曼在CHI会议上批评了这个研究，每个事件都是消极同行评议的一个例子。

是什么支持了哥德堡并给他信心使他继续前行呢？或许主要的原因是，尝试过Unistrokes技术的使用者报告说学习这项新技术一点也不难。与此相似，今天人们使用Palm Pilot产品会发现他们立刻就能使用Graffiti。与哥德堡同事的预期相反，作为一个成人，学习一个书写系统并不像孩子接受一个字母表并且进行朗读那样困难。

这个经验也给了我们启示，让我们了解了在研究中心里，拥有不同的方法和职业的价值。尽管同行评议的概念是科学组织的中心，但在工程和设计中就没那么重要了。当哥德堡通过让使用者试用的方式来评估他的成果时，他就是在采用工程和设计的方法，在这些领域的评价标准里，对于同行评议的结果并不十分信任。同行评议假设我们可以通过思考来评价一些东西。因此受到了先入之见、暗藏的假设和想像力限制等偏见的影响。另一方面，使用者的学习过程也衡量了一个东西自身的有用性。使用者不需要想像这个装置的来龙去脉——他们可以直接体验。所以说，使用者的学习是天生不受固有偏见制约的。

挑战不可能的事情

数字产权是一项管理数字作品传播的技术，例如数字音乐、数字图书或数字报纸等。马克·斯特菲克相信这种技术能使作者、艺术家和其他创作者的作品更加自由地进入市场，并以这种方式谋生。与其他更为激进的方法相同，实施这项技术不仅会涉及支撑出版行业的法律经济基础，而且要影响到整个出版行业的结构[1]。斯特菲克说：

[1] 马克·斯特菲克的事迹引自2002年7月巴巴拉·斯特菲克的访谈。

数字产权方面的第一个障碍立刻就出现在PARC的内部。我曾有一个大胆的设想，于是写出了一个发明计划。无论是PARC实验室还是其他地方的传统观念都认为，数字版权问题是无法解决的，因为数字信息总是可以被轻易拷贝的。因此，同事们听了我的建议之后，认为我的想法中一定存在某些错误。当时，人们对密码理论并不熟悉，他们说我是一个在自己专业领域之外研究人工智能的家伙，这点是对的。我对密码和安全技术知道些什么呢？

约翰·西利·布朗当时是施乐PARC的主管。他知道我应该比较聪敏，听到了人们的一些议论后，他认为我的想法很有价值，但是这取决于这种想法是否切实可行。他让拉尔夫·默克来考察我的建议。默克是公开密钥密码系统的发明者之一，也是世界上最好的密钥密码研究者之一。他仔细阅读了发明计划并对此进行了思考。

默克尔有着低沉的声音，他通常要花点时间才能切中要点。这或许是因为我没有耐性吧。不管怎么说，几天后他来找我讨论，他开始给我讲述与他之前此相关的一些发明。我记得当时我打断了他的话，于是，他直截了当地说："哦，好吧，一句话，它可行！"这句话改变了一切。人们说："喔！太好了"于是我被PARC中的各种实验室邀请去作报告。

这时，数字版权从不可能变成了仅仅是"不道德"。这就是下一个大难题。PARC的计算机实验室的人员中学术计算机科学文化和黑客文化。复制程序和共享数据对于建立科学名誉以及发展这门学科而言都是很关键的。传统上，PARC已经创造了自己的计算机，并写出了自己的程序。这是一个使用商业工作站和个人电脑的过渡时期，并且人们正在逐渐地习惯**购买**软件，但是它的逻辑尚未被人们真正认可。

人们不断提出反对意见。“当我必须为我买的一些东西做一个备份的时候该怎么办?我应该能够防止磁盘损坏的出现。但是假如我可以做一个拷贝，那么我也可以制作任意数量的拷贝，因此你的方法是行不通的。”这些反对意见是能让我们提高认识的好礼物。通过分析这些意见我能完善我的发明。

基本上说，社会的转变实在太大了。PARC的研究人员不喜欢一个软件不是免费的世界。当然，他们已经生活在这样的世界里了，但是他们不理解规则到底是怎样改变的。尽管概括而言，许多人认为这个想法是有趣的。我的工作的大部分使用场合都与买书、借书、或者买电影票或音乐有关。Napster——音乐和文件共享服务——那时还未曾兴起和没落，我忙于解释人们怎样经营电子商务。当网站兴起之后，人们对于电子商务的兴趣升温了。

在出版行业领域，我与图书出版商之间的接触是最多的。我们在施乐公司内部成立了一个共谋小组，想把这项技术从施乐公司扩散出去。普拉萨德·拉姆（Prasad Ram）领导了一个高级开发小组。贝蒂·斯泰格（Bettie Steiger）领导了商业计划的起草和完善工作。在美国出版协会的资助下，普拉萨德和我去了几次纽约市。他们的技术领导卡罗尔·里舍尔（Carol Risher）早就一直想帮助出版行业找到自己的方式来进入数字技术。她让我们接触到了该技术的早期接受者和观念领导者。

出版商们对数字产权很感兴趣，但是这里有非常多的困难。我想其中最严重的一个难题是数字书籍需要一个阅读平台。但并没有一个现成的平台可供使用，而且人们又能负担得起。由于缺少一个可用的阅读电子书籍的阅读平台，我们的谈话变得很短暂。人们认为没有人想要在他们的PC机上读书。假如没有一个便宜的书籍阅读平台，我们为什么要谈论数字传播和数字版权呢?

我在《网络的边缘(Internet Edge)》一书中讨论了这一切。一个阅读平台需要一个能持续很长时间的电池、一个清晰但廉价的显示器以及一些其他的东西。类似的平台同样可以用于电影、报纸和音乐。尽管如此，当你沿着技术发展曲线(这种技术曲线告诉人们什么时候技术能够大规模地投入应用)分析的时候，你会发现，技术大规模应用是几年以后的事情了。

由于没有一个电子书籍阅读平台,主要的商业机会就只能是按需求印刷小批量的书籍。你可以去一家书店定购一本书，他们会当场为你印刷，而且出版商收益也会得到保障。我想在音乐发行,以及公司内部文件的安全分发方面探索一些机会，但施乐公司对此并不感兴趣。

在施乐公司内部也有许多商业上的障碍。施乐有一个公司创新委员会负责评估和资助计划以产生新的业务。当开拓新业务时，我们只能能从这个机构得到可怜的种子基金。

这里还有法律上的重要障碍。基本上说，法律系统过去没有，目前也没有为数字产品发行及数字产权作好准备。版权法经常滞后于技术变革，它是一个规则与例外的混合体。法律有各种各样特殊的案例，涉及广播和其他东西，它们用不同的方法改变了不同的产业，——例如，用传统的FM广播来传递音乐和用有线网络来传递音乐在规则上是不同的。数字网络使传统的区别不存在了。

另一件事是版权法的公平使用原则需要修订。公平使用的意思是，出于非商业的目的，可以在不支付费用的情况下引用作用的一小部份。数字产权技术将管制从版权法转移到了合同法，在合同法中没有公平使用的定义。那些希望实践公平使用原则的教师、作曲家和作家，当他们未受保护的作品流传开后，他们是没有能力来弥补损失的。想像张三教授在当地社区学院的一次电影欣赏课上使用了《星球大战》的数字拷贝。他在PC机上犯了一些技术错误，一个不受保护的电影拷贝流传到了网络上并在世界范围内散播开来。这可能导致利润上数以百万美元的损失。张三教授是无法弥补这个损失的。

法律条目还应包括处理和控制网络上的进出口活动——因为在网络上跨出国界是很容易的事。对此我与一个律师阿莱克斯·西沃曼（Alex Silverman）发表了一篇论文，给出了一些关于修改法律的宽泛的建议，这样可以使建立在合同法基础上的方案说得通。[1]

从那时起，许多人卷入了法律纠纷中。有争议的"千禧年数字版权法案"已经颁布实施，它解决了一些问题——但是法庭上仍然会有许多挑战，而且得花上几年时间去清除这些麻烦。许多人都与法律的复杂性和它什么时候会失效有利害关系。这些人来自不同的工业领域——电影、音乐、广播、软件和图书——还有律师和全世界不同国家的利益团体。

全世界都在忙于为数字产权做好准备。例如，音乐CD业务正在改变，孩子们可以刻录自己的CD了。针对DVD的安全模式一出现就被破坏了，因为推动这些标准的人不会听取计算机专家的意见。我记得在DVD尚未出现之前，我在几个产业论坛上曾经作过关于DVD的报告，我劝告他们使用更安全的系统，并考虑从一开始就会将数字产权管理包括在其中。来自英特尔公司、MacroVision公司以及其他少数公司的人们也许会理解这一点，但是，那些来自娱乐业的人们就不怎么感兴趣，而且也很难改变他们的计划。DVD系统的安全性取决于已经应用于各种装置中的一个保密数字。这使安全性变得很脆弱。阿尔·戈尔是对的，数字产权问题需要解决的想法是正确的，但是最难的问题并不是技术上的。

当我们整理完为数字产权技术所作的专利申请时，我写了一篇题为《让我们释放光芒》[2]

---

[1]《比特和钟摆（The Bit and the Pendulum）》这篇论文被收录在斯特菲克的《网络的边缘》一书中。

[2]《让我们释放光芒（Letting Loose the Light）》这篇论文出现在斯特菲克的《因特网梦想》一书中。

的论文，其中我勾画了如何在网络上创造一个有活力的电子作品市场。我建议创立一个名为“数字资产信托”的组织，将相关产业的利益相关者包括进来。我仍然认为，这是促进人们采纳数字产权管理的最便捷的方法。假如相关的公司开始一场专利战争而无法联合起来，那么采纳数字产权管理就需要更长的时间❶。

发明数字产权管理的故事向我们解释了对一个问题追根刨底的方法。这个项目开始于确认一个具有挑战性的问题，这个问题对于“文件公司”❷ 而言具有潜在的巨大价值。在突破性研究的寻根问底的过程中，能够把渗透到困难中的各个学科都找出来是解决问题的关键。

在形成初步的洞见以后，斯特菲克在通信协议的细节设计方面遭遇了困难。计算机安全研究人员很早就发现了对通信的几种攻击方法，例如电子欺骗法，以及中间人攻击法。为了导入更深刻的密码知识以及通信协议的设计，斯特菲克从PARC的其他地方寻找建议。

其他研究人员开始参与进来探索设计用于资料和其他数字作品的、可靠的、便携的硬件❸。最初的一组洞见关系到保护数字作品，但是不包括。金融模型。金融交易模型需要开发。项目扩展包括了一名社会学家和其他人，他们研究数字出版的使用情景并用这种办法来建立一些金融交易的使用参数。这项工作揭示了一系列金融模型，需要涵盖股权语言。在后来的进程中我们越来越明显地看到，对于数字产权而言，法律体系中仍然有许多很深的障碍。根据版权法，当信息不需要付费即可使用的时候，公平使用的观念就有争议了。尽管如此，认证系统是建立在合同和相关的合同法的基础上的。合同法没有关于公平使用的条款，而且很

❶ 在本书写作的时候，一项重要的法律诉讼——InterTrust诉微软一案还在解决过程中，它宣称反对微软将技术与认证系统大规模集成在一起。

❷ 施乐与出版商就有关版权事宜的合作有很长的时间了。施乐仍然有雄心为出版商提供文档知识库的服务。如果那些业务已经有了数字出版的计划或者想法，那么数字产权管理系统会更适合施乐公司的需要。

❸ 有关小型装置的研究很适合PARC在早期对于无处不在的计算技术的投资，并且促进其他公司对Palm Pilot和PDA的成功经营。

清楚如果不能彻底解决的话，利益相关者之间会爆发一场战争。最后的解决办法会是不得不求助于风险管理，或许是在保险产业参与的情况下。一名律师参加了项目，并帮助人们更深刻地理解这些问题，想出可选的方案。PARC的一个后继项目开发了"认证印刷"的观念，这个观念引入了其他学科的知识，包括设计出能将数据嵌入其中的水印，以及采用特殊的印刷墨水和纸张以使文件难于复制。项目小组的成员与银行家和出版商进行了交流，以期加深他们对方案的理解。

一个根本性的研究方案被采纳了。由于遇到障碍，项目增加了学科和人力来理解并突破这些障碍。增加的学科和能力包括密码学、协议设计、电子工程、用户界面、社会科学、法律、材料设计，以及在出版业有专长的商业人士。这样，一个多学科队伍形成了一个快速理解数字产权的过程，并为施乐创造了一个潜在的专利系列，它可以预期到几年后的市场需求。

随着21世纪的来临，许多公司和出版商开始逐步对数字产权管理感兴趣，关于这个主题的内容常常出现在主流电脑杂志的封面故事中，以及法律和商业的期刊中。

在2000年4月，施乐和微软成立了ContentGuard公司，这是一个拥有专利和技术的合资公司[1]。2003年，由于索尼和飞利浦公司从ContentGuard公司购买了InterTrust和技术许可，这个产业开始发展。娱乐业仍然在与视频和音乐下载作着斗争。由亚马逊和其他公司开始的新一轮探索也正在浮出水面，这项新探索想把书的内容搬到网上。

根本性研究与联邦资助

通过选择和资助基础研究及应用研究，美国政府在创新中扮演了重要的角色。这种资

---

[1] 由于各种各样的原因，最初那个游击队式的团队并没有加入ContentGuard公司。贝蒂·斯泰格从施乐退休了。普拉萨德·拉姆组建了自己的公司Savantech。斯特菲克已经重新回到研究领域，从事于意义建构技术的研究。

金由美国国家科学基金会（NSF）、美国国立卫生研究院（NIH）、美国国家标准与技术研究院（NIST）、美国国防高级研究计划署（DARPA）和其他机构共同管理[1]。

像所有创新生态的参与者一样，联邦科研许可组织会问："什么是可能的？""什么是需要的？"从广义上讲，它们的使命是运用先进的知识改进公共物品、为经济增长作出贡献，以及确保国家安全。他们在科研预算分配上跨越了众多的研究领域，既有基础研究也有应用研究。他们将精力集中于研究上而不是产品上，他们会去预测哪项研究投入会使公众受益最多。

科研评估体系的误区　在资助科研的过程中，人们总是不能提前知道在各种各样的科研领域里，究竟哪一项研究将会开花结果，也不知道哪一项成果会给这个社会带来最大的收益。当人们对一个领域研究的期望值很高，但进展看起来却很慢的时候，人们就会热衷于对这些科研领域进行关注和指导，更倾向于促使这些科研的目标和现实更紧密地结合起来。

当资助单位希望加速一个应用研究领域前进的步伐时，他们有时会尝试直接插手管理以操纵该项目的进程。然而，直接操纵往往会适得其反。用结果导向来确定研究项目，选择资助的对象不是一种典型的模式。在20世纪80年代晚期和90年代早期，这种结果导向的科研运营模式曾经被用于推动自然语言技术的研究，该项技术属于消息理解会议（MUC）竞争规划。杰里·霍布斯就发现通过衡量和控制研究进展的方法是如何抹杀各种各样的新想法的，而这些新想法正是突破性创新的前奏[2]。

[1] 在2002年，美国国家科学基金会用于科学研发的预算有大约30亿美元。美国国防高级研究计划署大约有23亿美元的研发预算，美国国立卫生研究院在健康科学方面的研发投入大约有220亿美元。这些数据来源于美国国家科学基金会的联邦研发基金调查。根据《IEEE Spectrum》的分析（2002年9月），2000年联邦政府为美国的基础研究提供了一半的经费，美国的企业在研发上总共花费了1 810亿美元，其中71%花费在开发上。

[2] 杰里·霍布斯的观察引自2002年8月28日的访谈。

在20世纪80年代，许多自然语言技术的研究都在一遍又一遍地做着相同的事情。人们在更细分的领域里创造了一种又一种语法。但是，却没有什么实际用途。这时，美国国防高级研究计划署认为研究者们只是在自娱自乐式地进行研究，希望在更明确的领域里促进研究的竞争。MUC竞争规划所做的事情之一就是促使自然语言技术的研究更加贴近现实应用。

DARPA试着找出对研究项目的进展进行评估和判断的办法。（在1991年），对于自然语言技术系统而言，去处理一整段文章是一个麻烦。当你将系统从认识一个单词升级到理解一段话的时候，那么，系统需要使用数量非常惊人的知识。每一个知识需要和其他知识联系起来，你几乎得知道"半个世界的知识"。系统所需要的知识陡然增加了。而我们则希望它平稳地增长。我们正处于知识曲线增长的陡峭部分，这就意味着我们正在为将世界上的知识编码而付出大量的劳动，但却不会取得很多结果。

我们建议分析一些文本。我们希望可以将研究做得更深入并得出一些基本的原则。这个计划是要概括分析机器，并随后使其加速。然而，资助人的反应却是："你们的计划听起来很好，但是我们希望看到一千个文本而不是少数几个。"自然而然地，在一个研究的规模下要分析一千个文本意味着深入分析任何一个文本都变成不可能的事情。那样需要太多的知识。DARPA的过高要求迫使所有的研究小组仅仅使用浅显的方法，而不会尝试任何深入的方法。这就是整个20世纪90年代发生的事。有一种很强的推动力使研究方法朝着肤浅的方向发展。

这种方式使科学在5到6年的时间中一直在原地兜圈子。例如，一个研究者对动词习语省略法很感兴趣，例如"约翰呼唤他的妈妈，比尔也一样。"[1]这类句子出现在平常的文章中，这是语言学家们想要模仿的一些现象的范例。但是，尽管你很好地处理了一个动词习语省略

[1] 人们常常将那些句子中含义对于听者来说很清晰的词语在句子中留空。在这个例子中，一个动词短语被省略了。一个更加完整和逻辑清楚的句子应该是："约翰呼唤他的妈妈，比尔也呼唤他的妈妈。"

句，这或许也只能使你在竞争中增加百分之一的分数。解决这样的理论问题是非常困难的，但是，在这种资助管理方式中，做这种深入研究是不太容易的。

采用浅显的研究方法解决问题往往在科研的竞争中容易胜出，而这正是那种资助模式所鼓励的。不能将深奥的知识编码你就无法达到更高的绩效水平。为什么那种方式能够胜出呢？这是一个好问题。一种可能是问题的分布是Zipf式的，所以你处理的前十个问题出现的频率是非常高的，需要你用40%的精力来解决。而解决接下来十个问题需要耗费你60%的精力。这时，每个问题的例子都很少，所以你做的任何改进对于你研究的得分并没有多少影响。

我们做过一个这样的项目，我们的工作是用一年的时间来看看我们可以将技术推进到多远。在我们从事这项工作的同时，纽约大学也在进行这项工作，一个月内你可以从0达到55%，再过一年，你可能使其达到65%。典型的经验是你能在训练集上发现你的错误，并且在这里发现系统不能正确处理复数或者其他事情等例子。你改正了这些，于是你在竞争集上启动了系统，但是你的分数上没有任何提高，因为这些语言学上的现象没有在数据上发生。这是你在达到一定水平时很正常的一个现象。

竞赛中的两个关键指标是精确性和回忆能力[1]。1991年，最好的系统在精确性和回忆方面的成绩大约是50%。第二年为了竞争，每个人都效仿去年成功的系统方法。1992年，他们使进展达到了60%。1993年的进展还是60%，但是在那个范围内有了更多的系统。1995年，所有的系统都非常接近地处于同一水平，回忆能力比60%略低一些，精确性比60%稍高一些。1995～1998年间主要的不同是，在1998年

[1] 在信息检索中，精确性衡量在目标集中被检出的文件片断。回忆衡量目标集的被检索的片断。在MUC竞争中，这些衡量标准被用来执行信息提取的任务，例如特定的事实或命名的对象是否被识别并且是否被自然语言系统唤起。

更少的站点参与了竞争。这种评估方式的结果是使系统实现本地最大化。技术处在了一个稳定的高原区。

这种高度方向性的资助模式减少了研究方法的多样性，同时也使得研究人员不愿意承担研究的风险。对于任何成功的创新而言，一个参与者将其开发出来并在评估中展示给大家，下一次评估的时候就会被其他的参与者抄袭。事实上，其他的参与者可能是因为希望自己运作得更有竞争力，并希望持续得到资助而不得不效仿这些创新。最后的结果则是产生大量本质上相同的系统。这种评价方法强烈地抑制了作为科学本质内容的冒险行为。不面临绩效下降和拿不到资金资助的风险，你就无法摆脱本地最大化。

MUC的例子说明了，仅仅通过目标管理的方式来管理科学研究所遇到的困难。科学进步依赖于许多因素。一个渐进式增长的封闭模式只能走到这么远。

这就好比说，每年向梯子上加一档，但这不是登上月球的好方法。

同行评议的风险 在应用研究中，一个可用的评估方法就是同行评议。从孕育突破性创新的角度，约翰·西利·布朗批评了同行评议和过分细致地评测研究结果的做法，他说：

我认为我们过分努力地去评测科学研究的产出，经常会适得其反。DARPA从原来的科研资助体系中开了倒车，在原来的这种体系中，DARPA的科研项目主管和研究界相互之间有一种信任关系。也许，环境已经不允许信任的存在。我不相信这一点，可是，对这一点是否属实确有争议。大学已经将此视为一种理所当然的事情，这是非常严重的事情。

美国国家科学基金会被同行评议推向了极限。没有任何新的想法会从同行评议中产生。基本上说这是一种保守的过程。在这种方式下，几乎不可能有真正的跨学科研究出现。许多最后获得成功的前沿研究在其开始的时候听起来简直就是神经病，也就是说，这种发疯式的新想法永远不会通过同行评议。

当这种渐进式增长方法停滞时，要想取得进步需要尝试一些根本性的新做法。管理研究资助的挑战就是怎么评估哪个领域和项目最有突破的潜力。既然联邦政府的科研资助资金最终来自于税收，因此，资助组织总是带着压力努力使得资金的分配更加有效，有时还要考虑公众的关心热点。这样，基金管理委员会常用的那些管理科研和确保高质量项目的方法往往成为突破性创新的绊脚石。

联邦资助体系的组合策略 本章的前面部分讨论的许多研究故事使用了"根本性研究"的方法，对问题追根求源。这种类型的研究是很随心所欲的——沿着这样的道路，新的学科会补充进来，目标会不断得到调整。从它的本性上来说，这种类型的研究不需要详细的计划。它会根据出现的未曾预料到的障碍来改变方向。这样的研究不宜过近地跟踪评估，并且对于同行评议委员们来说，也是很难判断的。

从联邦政府管理的角度看，根本性研究与传统的科研管理模式发生了冲突。根本性研究的那种"由于需要"或"基于需求"而形成的多学科混合研究模式，使其在单学科领域中适用的同行评议模式变得一文不值。它有通过实验创造新知识的愿望使得价值导向的应用型研究项目变得难以预测。它的随心所欲——依赖于有才能的研究者的直觉和灵感——使得传统的管理方式很不适应，因为这种方式是适用于所有科学家的，而不是最杰出的科学家。

罗伯特·卡恩在DARPA担任项目经理已经好多年时间了。今天，作为国家研究首创中心（Center for National Research Initiatives）的主席，他管理着科研项目并对科学政策提供咨询建议。他对于提出突破研究项目的内在问题很熟悉，他说：

像NSF和DARPA这样的机构，经常在项目上进行合作，但是方法却不一样。美国国家科学基金会受到有趣的研究领域的激发。他们倾向在研究界中达成一致的意见后才开始对科研项目进行资助。这是决定应该资助什么的一种方法。你问科学家们他们希望从事什么研究，然后资助他们去做。

当你实际上已经在知识的**前沿**领域工作时，很难知道什么样的创新会出现，除非找到了聪明的人并提供资金资助他们。美国国防高级研究计划署就是这样做的。它倾向于寻找那些一但攻克后会产生广泛影响的大问题进行资助。

为了提高人们研究的首创性，必须是一些做起来有意义的东西才行，要么一种需求，要么至少有满足需求的潜力。这必须是一个很大的想法。假如这个问题对于研究界来讲只是有所帮助，而不是一个大问题，那么，它就会很难从研究机构获得资助，因为问题的解决可能被看成只是一件琐事而已。

在全国范围内，我认为没有一个能够促进人们增加首创性的的一刀切的公式。通常你需要吸引很多人加入其中。如果一所研究型大学提出建议，它往往是最受欢迎的。另外，科研单位必须对这个研究计划表示满意。美国国家科学基金会做过的许多首创计划，通常是围绕研究中心或合作研究中心的。

选择研究项目并为其提供资金是一个严肃而又困难的责任。不同的机构开发了不同的方法，没有一种方法是放之四海而皆准的。NSF的许多科研管理者都是职业科研经理。为了避开官僚主义的壁垒从而确保高质量的科学研究，NSF和NIH使用了一套同行评议系统，通过这个系统，筹集科研资金的项目建议书会由一个从研究界中抽调出来的评估委员会加以评估。这种方法使得见多识广的科学家提供的科学信息产生了一种法定的影响效果。但它潜在地也存在着不足，因为进行同行评议的科学专家可能为了相似的项目资金而存在内部竞争。另一个危害是，这种范式会使得人们的思想趋向于平庸，因为潜在价值巨大的优秀项目建议书有可能在某些同行评议专家看来太离奇了，因此，这类建议书的评审结果不会很好。美国国防高级研究计划署通常给予项目经理更多自由，较少地依赖同行评议，但是DARPA也只给予他们较短的任期。许多DARPA 的研究经理很希望在他们的任职期间留下自己的印记，而且很愿意资助更多的带有高风险、高回报的激进的项目计划建议书。

反思

发明可能遇到三种障碍。个人电脑的发明过程中曾面临过所有这三种障碍。对于图表界面用户、电脑网络和激光打印机等技术而言，PC 曾面临着**创造力障碍**。在工程和生产中，PC 还曾面临**创新障碍**。PC 同时还面临**变革**的障碍，因为它带来了挑战，影响了计算机的使用和办公室的工作，而且，PC 对于人们如何通信也产生了巨大的影响。

长期被遗忘的障碍

当根本性的发明最终广为传播以后，它们也就被人所熟知。过时版本会被新版本所取代，老版本中的错误和困难会被遗忘。人们使用最新一代的发明时常常不记得事物以前是什么样子的。

电灯的故事　今天，灯泡无处不在。但是，当灯泡最初被发明的时候，它无法在路边小店中买到。人们即使买了灯泡也不能够使用它。因为房子没有必要的插座、开关和电线。没有发电机，没有电力公司，没有配电系统。对制造配电系统感兴趣的人们对于许多标准还没有达成一致。标准电压应该是多少？插头的形状应该是什么样子的？电流是直流的还是交流的？因此，在电灯成为家庭中的必备物品之前有许多重要的障碍需要克服。

电话的故事　想像这样一些当电话发明时遇到的问题。需要多少部电话？对一部电话来说是没有市场的。他们主要用于长距离通话吗？ 如果是，一个城市需要多少部电话？电话是否是电报的声音形式？电话更优越一些吗？一座办公大楼里需要多少部电话？仅仅为了与楼下的一些人谈话值得安装一部电话吗？还是用电话来实现几英里间的通信？应该有许多电话公司还是只有一个就够了？如果有许多电话公司，使用一家电话公司通话业务的人如何与另一家电话公司业务的人通话？假如家家都有电话会需要多少个接线员？

电话技术发展100多年后，这些问题看起来古怪而有趣。但是，电话技术的发展尚未结束。我们需要许多固定电话吗？——就像家庭电话一样——现在移动电话的数量在迅速增加。❶ 20世纪90年代初的电影向我们展示了人们在街上使用大的像砖头一样的移动电话来交谈。从那以后，移动电话变得一年比一年小。今天，人们在街上奇怪地一边走路，一边自言自语，但实际上他们是在打电话。能否利用技术手段通过默读❷来消除这一现象？电话能否通过外科手术植入体内？

---

❶ 今天许多美国大学生只拥有手机。在电话刚刚出现的那些国家，还没有来得及铺设电话线。

❷ 默读：尽可能轻轻地移动舌头和嘴唇来发音，以免将声音“放出来”，或使用声带。

汽车的故事 当汽车问世后，他们是为那些发烧友和可以雇得起司机和机械师的富裕人士所准备的。许多细节影响了汽车的可用性，这些都值得注意，例如，比用人工曲柄启动发动机更安全和更简便的方法。当时的轮胎是如此不可靠，以至于一个汽车爱好者周末出游的时候很可能会发现一个轮胎没气了。另外，在公路两旁也没有加油站。

多年来，基础设施的巨大变化表现在社会修建了足够多的公路。到了20世纪50年代，也就是汽车发明几十年后，一个州际高速公路系统建成了（提供给卡车运输）。在这之前，驱车长距离的跨州旅行就像一次冒险一样。

铁路的故事 开始，每条铁路线的轨距都有所不同。从一条线路开到另一条线路的货车得卸下货物放到另一辆不同的列车上，因为它们的轨距不同。当铁路融合后货车的运输障碍就被排除了。

技术采用曲线和溢出点

图10.1描述了19世纪和20世纪几项根本性技术的技术采用曲线。有些地方值得注意。一些技术如汽车用了几十年才被社会全面采用。其他技术则发展得很迅速，在5年之内从不到10%的市场占有率增长到80%的市场占有率。

什么条件使得一些技术的市场份额增长扩散的如此之快？思考这个问题的一种方法是与野火加以类比。假如有人将一根点燃的火柴扔到一堆被水浸过的树叶上，火柴会嘶嘶地熄灭。相反。假如有人将一根燃着的火柴扔到矮树丛下的一堆干枯树叶上，小小的火苗就会蔓延成野火。两个例子中的火柴是相同的。结果的不同源于环境的不同，

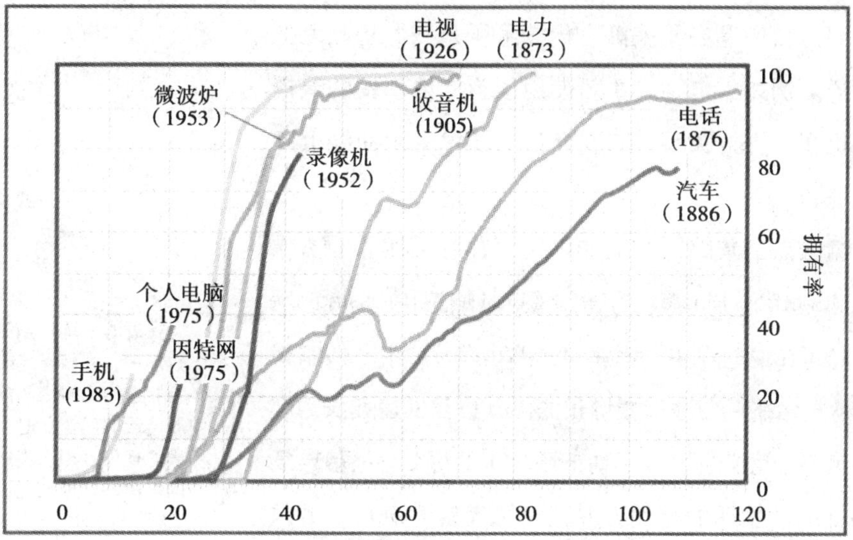

图 10.1　美国人拥有不同技术设备比例的变化图（加里·斯塔克维泽提供）

而不是火柴的不同。一项发明是否能像野火一样取决于发明本身和环境。最初的因特网[1]在被学术界用来处理邮件和数据资料时发展得十分缓慢。没有人会说“火柴”在嘶嘶响，但是与今天相比，那时它并没有走多远。网络对商业贸易的开放从根本上改变了环境，为万维网的发明搭建了舞台。

马尔科姆·格莱德威尔（Malcolm Gladwell）在他的著作《溢出点（The Tipping Point)》中使用了野火的隐喻。他提出的溢出点指的是“一个神奇的时刻，在此时，一个想法、趋势或者社会行为超过临界值，开始溢出，像野火一般蔓延”。这个突然快速增长的现象同样也出

[1] 正如前面所提到的，因特网最初的时候叫做阿帕网。

现在现实世界中。传染病就是这种形式。当溶液饱和时结晶很快会发生。这被称为"**门槛效应**"[1]。

图10.1说明的是，那些面临最大障碍的技术往往扩散得最慢。例如，那些需要建立新基础设施的技术——火车的轨道、电话的线路、汽车的加油站等——沿着技术采用曲线增长得十分缓慢。新一代的技术通常往往传播得更迅速，这是因为它们是在原来第一代技术所开拓的基础之上发展起来的。例如，电视就重新使用了为广播开发的演播室、发射机和广告业关系。它在自己的技术采用曲线上爬升得更迅速。

引发溢出点的策略在商业和发明中都有描述。在杰佛利·摩尔（Geoffrey Moore）的著作《穿越焰窟(Crossing the chasm)》和《在龙卷风中(Inside the Tornado)》中，他审视了使公司从技术采用曲线缓慢增长的部分移至快速增长的部分的商业策略。他描述了从利基市场起步的好处。利基市场上的成功提高了发明的可用性并减少了大量解雇员工的风险。观念的领导者在利基市场中指向成功，他们为一项新的技术进行热情地传播。随着主流市场开始感兴趣，成功的策略开始聚焦在快速增长的市场上。

理解了市场采纳的动态走向会为发明创造机会。机会与困难是一个问题的两个方面。假如一项发明过于昂贵，机会就是找到一种方法使它更便宜；假如一项发明太过庞大而难以携带，机会就是寻找方法以使它小型化。通过思考什么样的条件才可以使一项发明对更广阔的市场具有吸引力，机会就会被人们发现。对于许多发明来说，改进技术使之变得更加方便使用是进入更广阔的市场的一个简便方法。

[1] 在过滤系统和强制增值系统的数学中，当相互连接的程度或者相互连接元素之间的扇出大于临界值或"门槛"时，产生这样扩散的现象。相互连接的程度控制网络中一种现象的放大，因为它反映了结果怎样一项接一项扩散。当扇出过低时，扩散不可能发生。当扇出较高时，扩散迅速发生。在许多系统中，门槛是离散的，并且是网络的一种重要性质。

向简单性发展

因为添加了许多新的特点，技术的早期版本看起来很复杂，但是，许多技术在大面积的扩散之前基本都是向提高使用的方便性方向改进的。汽车就是一个很好的例子。如果要把市场占有量提升到更高水平，那么就需要使可靠性、方便性和简单性提升到一个新水平。

尽管个人电脑还是出了名的难用，并不断发展，但是，与早期的电脑技术相比，它们还是简单了很多。今天家庭里面的娱乐系统也带着同样的面纱，从卫星系统、有线网络、数字图像光盘、录像机和图像游戏获得视频通常需要很多的按钮来进行遥控。今天，就像带有危险曲柄和不可靠轮胎的早期汽车一样，个人电脑和家庭娱乐系统的操作仍然处于初级阶段。它们奇怪的形体对于几十年后的人们来说可能也是很古怪的，就像早期的汽车控制系统对于今天的司机来讲一样。

第十一章

创新的文化

……自由而深入地思考所需要的经济条件是千载难逢的。

——吉姆·吉本斯（Jim Gibbons）[1]

客户导向文化与资助人导向文化

一个公司中的创新文化是由它的商业观点和发明观点之间的相互作用来塑造的。商业观点考虑的是营业收入、市场、对现有产品的改良和现有的顾客。而发明观点考虑的则是新技术和未来的潜在顾客。

商业观点对应的是通常人们所说的工程和设计领域里的职业实践，在这个领域中，**客户**或者顾客为项目提供资金。在公司中，业务和市场部门是研究和开发部门的客户。而客户总是希望对项目的选择进行实质性的控制，并希望扩大他们当前的市场。项目的质量取决于测试。客户模式往往是短期行为导向的。这种模式将自己的主要精力集中在“什么是需要的”这一问题上。一个客户不想把对一个项目的控制权移交给发明者，因为这样会导致客户无法将发明商业化。

---

[1] 吉本斯是斯坦福大学工程学系前任系主任。

发明观点往往与科学和艺术中的传统职业活动是一致的，在这些领域中，**资助人**或发起人会为项目提供资金。当资助人的模式用在一个公司中的时候，通常是上层管理部门，而不是商业组织部门，对研发扮演着资助人的角色。资助人对选择项目进行了最小限度的控制。假如资助人满意，资金就会不断地注入；项目质量由同行评议来判定。资助人模式通常是长期导向的，并期望建立一个新的知识基础(knowledge base)，为开发新产品和应用新产品服务。发明观点往往主要考虑“什么是可能的？”这一问题。一个资助人不想对科研项目施加过多的影响，因为他希望获得突破性的发明和选择，这些发明能超越现存的市场，并挑战当前的思维方式。

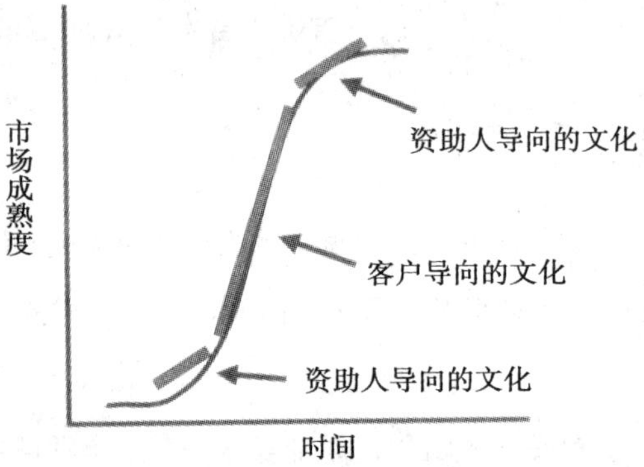

图11.1　一个公司的创新文化究竟是以资助人导向还是客户导向为主，与这个公司在技术采用曲线上的位置有关

图11.1向人们展示了，一个公司的创新文化中的主要导向与这个企业在技术采用曲线上的位置有关。

如果公司研发项目的资金主要取决于与公司业务部门签订的合约的话，那么，该企业的创新文化就是客户导向的。如果公司研发的项目资金取决于上层管理部门，那么，创新文化就属于资助人导向的。如果项目资金既来源于公司业务部门，又来源于上层管理部门，那么，这种创新文化就属于一种混合模式。

案例故事

在电视机出现以前，对体育方面取得优异成绩的主要回报就是出色完成一个体育项目的内在回报。但是，电视改变了体育运作的方式。伴随着电视出现了广告。通过宣传将跑鞋和其他商品卖给爱好体育的人们，广告成为将运动明星货币化的一种方法。

科技领域的职业活动与体育运动中的职业活动是一样的，只有表现优异才能获得回报，但其活动本身所带来的金钱回报是有限的。在科技领域，你不能只依靠发明而生存。你必须想办法使发明变为产品。这就是为什么发明需要创新的根本原因。将发明通过各种方式转换成产品才能为世界创造价值，同时为未来的发明提供可持续的支持。

一种创新文化通过不断地讲述自己最好的实践经验而得以永恒。故事告诉人们"在我们这个组织中，杰出的人物是怎样获得成功的"。关于创新英雄们的传奇故事会传递给科研团队中的新成员。这些故事会不断地流传下去。在许多情况下，创新发生后，其创新故事在几十年后仍然影响着组织的创新文化。

在电影《24 小时聚会者（24 Hour Party People)》中，托尼·威尔逊（Tony Wilson）扮演的角色(一个变成了音乐大亨的英国电视人)引用了美国电影《射向自由帷幕的人(The man Who Shot Liberty Valance)》中的一段台词："当你不得不在真理与传奇之间进行选择的时候，那就选择传奇吧"，创新故事在研究实验室中被无数次地传颂，最终变成传奇和英雄的故事。故事是具有力量的。创新故事传递的是一种态度和气质，而不是一段平淡而精确的历史。

客户导向的文化

迅速成长的公司对寻找或者开发新的或根本性的技术并不感兴趣。由于对目前产品和技术方向的自信，他们努力通过聚焦于现有的业务来最大化他们的增长。处于S曲线这一阶段的公司使用客户导向模式来管理创新。

客户模式在近期更容易获得成功。这时眼前很少有商业风险，因为客户已经知道如何销售产品并且已经建立起自己的顾客群和品牌。相对于开拓一个全新市场而言，人们更加清楚改进现有产品的必要性。由于聚焦于短期目标，客户模式下的发明使得现存技术不断地得到改良。

管理部门最在行 早在1919年，美国无线电公司(RCA)就研制了用于研究长距离无线通信的设备[1]。在20世纪30年代早期，戴维·萨诺夫(David Sarnoff)重新改组了RCA，并获得了在新泽西州哈里森的通用电气真空管厂和康登的胜利唱机公司的研究人员。20世纪30年代，他们研究出了早期的黑白电视机。整个20世纪40年代，RCA的研究人员致力于光电子学、高频电子管以及声学的研究。

一家实验室的历史中的一个事件可以如此戏剧性地成为一个有影响深远的新神话。最好的故事像气泡一样会最终浮出水面。亨利·白尔德在萨诺夫实验室[2]工作时就亲身经历过这样的一个故事，他回忆道：

戴维·萨诺夫最开始凭借无线电和黑白电视方面的贡献而青史留名。但我所知道的他的事迹主要是从20世纪50年代开始的。当时出现了一个危机，因为CBS向联邦通信委员会建议发展彩色电视机。他们的方案是建立在一个高速旋转

[1] 有关美国无线电公司后期影碟发展历史的具体细节，请参考格拉汉姆的《研究这一行（The Business of Research）》。

[2] 拜尔德对他在萨诺夫实验室和贝尔实验室工作时的创新文化的评论引自2001年3月15日和2001年6月27日的访谈，以及多次的个人交流和他在PARC的一次非正式讲话。

的彩色转轮的基础上，以便为黑色图像上色。通过让像素的发光与彩色转轮的旋转同步，就有可能制成彩色电视机。

萨诺夫不希望一种机械式的标准取得成功。他希望彩色电视机全部由电子器件组成而没有活动部分。而且还能与现行的黑白电视机的标准后向兼容。这是一个大胆的目标。萨诺夫决定不惜一切代价去实现这个目标。这个方案出台以后，许多团队被派去完成总体任务中的不同部分。

研究人员们放弃了手头上的正在进行的其他项目而转移到这项工作中来。他们夜以继日地工作以便制造一个能够工作的样品。这项工作在20世纪50年代初一直持续进行着。令人惊异的是，在1953年，联邦通信委员会撤销了它对CBS系统的许可。在国家电视机标准委员会的推荐下，他们批准了RCA提出的全电子式彩色电视机。

萨诺夫实验室从他们的成果中获得了许多专利。由彩色电视机专利而获得的许可费十分丰厚，甚至在20年后，萨诺夫实验室仍然依然从这上面获得了大笔的资金。

这个故事对萨诺夫实验室的文化的影响在于指出了这样一个理念：管理部门的角色是为研究人员设定有难度但可以达到的目标。而研究人员的任务就是接受这些目标并创造性地实现它们。所以，我们得到的启示是一个大型的速成项目是可行的，而这样的项目由高级技术人员管理的研究团队来负责最有效率。研究工作要标出阶段目标并规定最后期限。这种文化在实验室中持续了至少20年，其中包括我在萨诺夫实验室工作的10年。

随着时间的流逝，这种文化或许会伤害到实验室。商业需求是在不断变化的。萨诺夫的继承者目光短浅，不愿意冒险，而且无法给予实验室一个明确的方向。从那时起，萨诺夫实验室的文化就改变了。萨诺夫实验室目前是SRI国际的一部分。

假设萨诺夫当时没能动员实验室的研究力量，那么CBS的标准也许会在很多年内继续主导彩色电视机产业。对这个目标的明确强调了创新的商业视角，而且，对于整个公司而言，这是一个清晰界定前进目标的时刻。随之而来的创新文化持续了很多年，直到后来，公司的商业地位变化得到深刻的理解。

一个摩洛哥市场 SRI 国际是一个科学研究所，它位于加利福尼亚州的门罗公园。它过去的名称是斯坦福研究所，建立于1946年，隶属于斯坦福大学。SRI 国际，包括下属的SRI咨询和萨诺夫公司，在世界范围内共有职员1 400人。它的网站列出了大约20个商业客户、20多个政府机构客户以及一些工业财团和基金会。杰里·霍布斯是一名计算语言学家，我们采访时他正在SRI国际工作[1]，他说：

在SRI，发明英雄的神话故事来自20世纪60年代的道格·恩格尔巴特[2]有关鼠标的发明以及现代计算机的发明等。这个神话说明了一个有远见的团队——主要依靠自己的努力——可以改变世界。

尽管道格·恩格尔巴特的故事激励着每一个人，我认为它没有对SRI文化的形成有巨大的影响。几年前，我们有一个团队改进诸如传感器一类的技术，以增强环境的敏感性和智能性。例如，他们在冰箱里放一个传感器，可以跟踪食物的送入和送出。他们与恩格尔巴特一起工作，但总的说来，这个神话在SRI不再那么有效了。

今天，SRI的研究有着不同的风格，主要强调研究团队的独立与责任。各个团队主要负责保证自己的资金来源。SRI曾经被比作一个摩洛哥市场，在一顶帐篷里有许多独立的商人。研究工作自下而上驱动，如果不是从基层开始，也是基层上面的一层。每个实验室都有专人同资助人保持联

[1] 杰里·霍布斯的事迹引自2002年8月28日的访谈。

[2] 1968年，道格·恩格尔巴特和他的来自增值研究中心的团队在旧金山的秋季联合计算机会议上完成了一次90分钟的展示。该展示演示了一个用鼠标控制的多窗口的计算机系统。它可以操作超文本链接、实时文本编辑，和视频远程会议。在2000年，恩格尔巴特获得了国家技术奖章。

系，确保有新想法的研究者可以找到合适的资助人。每个团队必须吸引自己的资助渠道来支持自己的科研工作。管理部门有时会在两次资助之间提供补助使得团队能够活下去。但这种临时的补助是十分有限的。通常，当没有资金的时候，研究人员就会离开，或者去其他的领域工作。

1998年以来，柯蒂斯·卡尔森[1]（Curtis Carlson）担任SRI国际的总裁，他认为，一个成功的项目需要有一个富有激情的发起人（champion），并能"为现实的顾客创造令他们感兴趣的价值"。由一个发起人来定义和控制项目是至关重要的，因为管理部门永远没有足够的智慧来充当守门人，决定应该批准哪个项目。由于存在范围宽广的客户群，没有人能在这么大的范围内挑选项目。卡尔森问道："我在5%的时间内是否是正确的？"根据卡尔森的说法，管理部门的工作不是规定团队的方向。他们的任务是要确定研究者们做他们应该做的工作，并为他们提供一个拥有足够人才的团队帮助他们取得成功。

在SRI国际，主要的创新文化依赖于研究者通过个人的首创精神在机构外获得资金。在这个框架下，管理部门的角色就是帮助建立联系。当一个科研机构主要依赖项目资金来资助研究项目时，它就变成客户导向模式，研究的管理者必须建立客户关系。科研的方向也在很大程度上受客户限制。在某些情况下，政府会资助那些有长期目标的项目，这时，研究的模式有点像资助人模式，而不是客户导向的模式。

要么拿出样品来展示，要么滚蛋　MIT媒介实验室[2]是由尼克拉斯·尼葛洛庞帝和热罗

[1] 引自2002年11月在PARC的一次谈话。

[2] 在这个机构建立后不久，斯图尔特·布兰德（Stuart Brand）的著作《媒介实验室（The Media Lab）》立刻对该机构进行了详尽的描述。

姆·威思纳（Jerome Wiesner）在20世纪80年代中期建立起来的。看到计算、出版和广播的功能越来越聚集于一体的趋势，尼葛洛庞帝和威思纳将很多学科的学者，如认知学、电子音乐、平面设计、视频和人机界面，吸引到了一起。2002年初，媒介实验室大约有400名研究人员（包括研究生）。由于经济的滑坡，2002年末，媒介实验室在资金筹集方面出现了许多困难。

媒介实验室是MIT建筑和规划学院的一个部门。该实验室的文化是一种大胆思考的文化，它根植于富有挑战性的项目展示中。媒介实验室的资金通过资金拨款以及企业资助两种方式筹集。定期开放实验室活动是研究文化的中心部分，它不仅把资助者吸引过来，同时还激励研究者并对研究结果提供反馈。开放实验室的故事周期性地展现出来，帕蒂·麦厄斯把它看作是研究文化的核心[1]，她说：

媒介实验室成功的一个重要因素在于它是由产业资助的。每六个月，甚至更频繁，我们会组织与资助者的会面，当时会有200～1 000个人出席，在这里，资助者有机会观看所有的项目。在他们到来的日子，我们通常会有新技术提供给他们试用。

我们在“分类”或者“市场”系统上就是这么做的。我们随机分给来自产业领域的200名参与者三样东西，这些东西是我们所收集的赠品——实验室员工所著的书籍，媒介实验室的雨伞、手表和杯子。我们随机挑选其中的三样发给他们。我们告诉他们，当他们在媒介实验室参加座谈会或开放日的活动时，他们可以利用计算机系统代理交易这些物品，当一天的交易结束的时候，他们可以带着自己最感兴趣的物品离开。

[1] 帕蒂·麦厄斯的事迹引自2001年9月7日和2001年6月28日的访谈。

我们在实验室的正厅里搭建了小亭子并给了他们一些假钱。参与者们玩得很愉快。在他们听取会议和论坛的报告时计算机代理系统在进行竞价。我们给参与者配备了传呼机，这样假如代理系统代表他们完成了一笔交易，通过传呼机可以通知他们。传呼机上的内容可以告诉他们已经卖掉的是什么，他们已经买入的是什么，以及他们应该到哪里去会见另一方以完成交易。

建立一个真实的系统是一项工作量惊人的工作，我们需要把它建立起来，并保证它能够正常运转。在这种情况下，我的学生们会整夜地工作以便使它得以顺利运行。在系统准备就绪之后只过了三分钟，资助者们就走入了正厅。我在正厅的前方大方地介绍如何使用系统。在我讲话结束，或者说即将结束的时候，有人在人群的背后向我比画了3个OK的手势，告诉我“行了”。否则的话，我将不得不告诉来宾再等一个小时才能使用。

在学术圈子里，学者们在竞争终身聘用职位的时候，“要么发表文章，要么滚蛋”像是一个咒语已经存在多年了。在媒介实验室，思考和发表还不够。它的文化来源于设计和建筑学，在这些领域里，建造原型和展示样品是让人们知道你的工作内容的一项基本方法。媒介实验室的座右铭是“要么拿出样品来展示，要么滚蛋”。当你在打造一些东西时，你看问题会更全面，你可以看到它是如何工作的，以及如何使用它。对于这种洞察力，仅仅是苦思冥想好像还不够。实验室里的创新故事围绕在开放日这样的活动中展示样品周围。

展示样品的第二个理由是，它有助于向资助者传递新的观念。当宣传只建立在海报、幻灯片和报纸之上的时候，听众或读者必须重现发明者想像的东西。有了样品展示，人们可以有更多的机会去接触和观察，潜在的内容会更容易理解。样品是实实在在的东西，它会使交流变得更加容易。

在媒介实验室，样品展示文化被当作有效的与客户交流的手段。开放实验室是一次性展示大量新产品的一种手段。这是媒介实验室的利基，在实验室中，“要么拿出样品来展示，要么滚蛋”的信条在每个项目中都不断地重复着。

由客户导向的模式转向资助人导向的模式 当公司的利基改变的时候，需要重新审视公司的创新文化。戈登·摩尔——英特尔公司的前任主席以及创始人之一——引导公司成为一个没有固定研发中心的充满活力的高科技公司。1996年，在某个人对科研工作的一次回顾中[1]，他认为这是一个很重要的原则：

英特尔公司按照诺伊斯[2]的“最少量信息”的原则来行事。一个人猜想一个问题的答案是什么，并以启发式思考的方式尽量想得远一些。如果这样还不能解决问题，就应该回过头来学习并尝试其他的方法。这样，英特尔公司不在真正理解问题上作过多的研究投入，也不形成可发表的技术解决方案，英特尔试图用尽可能少的信息来解决问题。……以最少量信息原则来运作的另一项好处是：公司不会派生太多的创新公司。因为英特尔不会产生它用不着的创意，所以它的研发效率远远高于仙童公司。（p.168）

摩尔从一个工程师的立场看问题，他坚定地站在了爱迪生象限中。在半导体工业领域，他曾看到很多企业对科研进行投资，最后由于人们离开以及不经意间组建的创新公司而导致投资失败。这些经验使他十分注重控制公司的研发，防止无谓的浪费。

在20世纪90年代，英特尔公司的个人电脑芯片业务增

[1] 参看戈登·E.摩尔，“对半导体行业研究的一些个人观点，”引自《创新的引擎》，由罗森布鲁姆和斯宾塞主编。

[2] 罗伯特·诺伊斯是集成电路的发明者之一，作为仙童半导体公司的创始人，他后来与摩尔一起创建了英特尔公司。

长迅速，摩尔对于科研的观点在其中起着主导作用。处于技术采用曲线上的快速增长阶段，一个公司获得成功来源于聚焦于扩大它的市场并且不被其他的投资机会所干扰，包括那些可能在研究中产生的机会。

没有什么利基可以持续到永远。到2002年，英特尔面临市场上个人电脑微处理器饱和的状况，它对研究的态度开始转变。它扩大了其内部的研究实验室，实施了将科研项目外包给其他科研机构的计划。

从20世纪50年代关于萨诺夫实验室的故事里，我们可以看到，客户导向的文化使实验室在许多事情上扮演了主要角色，包括建立彩色电视机标准和使RCA为该领域的扩张做好技术储备。几十年以后，当电视机发展成为一种日用品的时候，RCA的商业利基变化了，管理部门不再能够为实验室提供一个清晰的方向。客户导向的研究文化也不再合适了。

当本书正在撰写的时候，通用电气全球研究中心正经历着一个类似的从客户导向模式退回到它最初的资助人导向模式的转变[1]。这个实验室最初是由查尔斯·斯坦梅兹（Charles Steinmetz）于1901年建立的，目的是进行一些基础研究。在20世纪90年代，通用电气的CEO杰克·韦尔奇（Jack Welch）认为研究人员应该向事业部申请资金。他认为研究组织表现的"太像贝尔实验室"了，事业部不会仅仅为了满足研究人员的科学好奇心而为项目投资。自从杰弗里·伊梅尔特（Jeffrey Immelt）接替韦尔奇成为CEO之后，通用电气的产业业务就在经济缓慢增长的大环境中挣扎，同时GE的保险公司也在为恐怖袭击造成的损失痛苦地支付保险费。联合技术公司和皇家飞利浦电子公司也加紧了长期研究。《纽约时报》引用了伊梅尔特所说的一句话："保持持续增长而使利润不会下降的惟一法宝就是卓越的技术。"这个观点导致

---

[1] 2002年12月26日《纽约时报》报道。

了GE在研究投资方面的重大改变，该公司的长期研究资金由2000年的2 800万（占2.86亿美元研发总预算的10%）增长到2003年的1.04亿美元(占总预算3.49亿美元的30%)。

在英特尔、萨诺夫，以及通用电气的例子中，在市场达到饱和而企业认为需要更多突破时，创新文化会由客户模式转向资助人模式。当公司认为目前业务需要继续发展以维持增长时就会转向资助人模式。

无论任何企业和社会，如果没有预期到变革，或主动进行变革，最终会为此付出沉重的代价。这个论断是克莱顿·克里斯滕森在其著作《创新的困境》中所表达的核心观点。克里斯滕森通过案例研究发现，很多公司被短期利益和千方百计榨取当前产品的剩余价值的思路所束缚，以至于他们无法预测到未来会发生什么。商业案例的历史长卷里充斥着这样的故事：倾向于短期利益的公司最终会被其他人的创新清除出竞争的队伍。

资助人导向的文化

如果一个客户的视野很狭窄的话（例如，他的观点被现有产品的渐进式改良所局限），那么，突破就会被他忽略。一个未来的商业机会就会不知不觉地溜走，或者由于它看起来与现有产品不同而被放弃。在资助人导向的模式中，发明创造是由科学指标体系所驱动的，而不是由现有的市场指标来驱动的。由于这种模式的长期目标导向，因此，人们的发明创造很少会被公司现有产品所束缚，也更容易产生突破。

善意的疏漏　贝尔实验室成立于1925年，它由于发明晶体管以及涌现出6位诺贝尔奖得主而闻名于世，在AT&T公司持续稳定的资助下，它成为发明创造的动力之源。在该实验室的巅峰时期，贝尔实验室拥有来自29个国家的30 000名科学家和工程师。

如今，贝尔实验室不再拥有以往的形式和规模。1984年，AT&T被拆分为名为“婴儿贝尔”的各区域性公司，其实验室也随之解体了，成立了作为各区域公司应用研究分支机构的Bellcore公司。1996年，AT&T决定将它的系统和技术业务部分拆分成立朗讯公司，朗讯得到了贝尔实验室的大部分。一些研究者转投Bellcore公司。1997年，Bellcore成为Telecordia Technologies公司，并且被一个大型的系统集成公司SAIC所收购。由于朗讯又继续拆分为几个大公司，贝尔实验室更加支离破碎[1]。当亨利·白尔德在贝尔实验室工作时，他碰到过两个创新神话，一个由物理学家讲述，另一个由计算机科学家提供。白尔德说：

物理学家的神话建立在威廉·肖克利（William·Shockley）发明晶体管和其他一些创新故事的基础上。那时每个人都知道需要有新的发明来代替真空管放大器。这个新的东西应该温度更低、体积更小、更可靠。没有人知道怎样制造这个东西，当时半导体技术还没有着落。据说，由三个天才组成的小组在缺乏管理层支持，也没有管理层干扰的情况下坚定地向这一目标进发。在他们的科学互动之下，晶体管诞生了。

我们得到的基本经验就是应该有一个两到七人组成的小组勾画出研究方法。管理部门给出大体的方向，但是此后管理部门就要避免过多的干预。研究人员十分清楚他们应该怎样进行研究。

这个发明的神话在文化上的影响使得贝尔实验室与萨诺夫实验室在对待研究的态度上截

[1] 根据《西雅图时报》的一篇文章（2002年12月2日），贝尔实验室雇用的人员由1999年的30 000名缩减到2002年的10 000名。同期从事核心研究的科学家的数量由1 000名缩减到500名。

然不同。管理层在设立研究目标的时候起到了作用，但它们引导科研方向的工作到此为止。研究人员期望管理者走开，留下足够的资金，其余的事情交给研究人员自己来完成。项目评估、阶段目标以及其他类似的管理方式方法都不受欢迎。与萨诺夫的模式相比，这样的模式使研究人员们拥有更多的自由和首创性。

在贝尔实验室主导科学界的那段漫长岁月里，AT&T 实质上是通信行业的垄断者，并且正在寻找适合进入的新兴领域。因为它的垄断地位，AT&T 长期处于市场的成熟阶段，同时能够维持一种资助人导向的创新文化。

在一次由欧内斯特·米勒（Ernest Miller）所作的采访中，约舒亚·莱德伯格描述了洛克菲勒大学对如何管理学术研究的一种相似的态度，他说：

我认为，制定科研工作目标是管理部门的职责，但是，对于科研方式方法的选择以及控制，以及如何实现这些科研目标等方面，管理部门要十分谨慎。假如你可以将你的目标传达给那些实验室中的一线人员，并使他们领会你的目标，你就完成了你的任务。当他们运用自己的想像力和方法，并依赖他们自己日复一日的细心观察，努力来实现这些目标时，科学家们会更加有能力进行高效的研究，这比让他们跟在管理人员的屁股后面，唯命是从要强得多。

研究人员最在行　贝尔实验室的规模是如此之大，存在时间是如此之长，这使该实验室拥有许多重要的成就及创新的传奇神话。贝尔该实验室的第二个重要的神话是提出UNIX操作系统。UNIX 操作系统是在丹尼斯·瑞奇（Dennis Ritchie）和肯·托普森（Ken Thompson）的指导下于 20 世纪 70 年代开发的。这个系统可靠、强大并且简单，它像一阵风暴一样横扫计算机科学领域。今天，各种UNIX版本应用于Sun Microsystems、Hewlett-Packard、IBM、Apple及其他公司的许多计算机中。应用于PC机上的Linux操作系统只是UNIX家族中的一个新成员。

20世纪70年代，AT&T曾希望进入计算机行业。在开发出UNIX系统之前，贝尔实验室曾花费多年的巨大努力来研制一个叫做MULTICS的万能操作系统。尽管MULTICS孕育出许多有趣的计算机技术，但它本身却是那样的复杂，简直是让人绝望。当巨大的MULTICS失败后，人们认为贝尔实验室应该决定永远不再开发像操作系统一样复杂的软件了。这个失败的案例奠定了发明UNIX的背景，亨利·白尔德说：

有关计算机科学家的神话是关于UNIX的。这是一个建立在失败的MULTICS——一个令整整一代管理者感到困窘的系统之上的系统。在这种氛围下，由于在研究中需要一种简单可靠的操作系统，两名科学家开始进行秘密的研究。他们找到了一台老式的PDP-II计算机，据说他们躲在阁楼上开发他们的操作系统。他们都是天才，偶尔会有一些争论和困难——但是都解决了，他们的管理者保持了项目的秘密直到项目完成。据说，这个项目从未出现在年度报告中，也从未设定什么阶段目标，也没人解释过它。项目完成后，UNIX向世人公布，立刻取得了巨大的成功，风靡了整个研究界。

这个故事的经验是：没有确定方向，研究仍然能够成功。在文化上，有种说法是个体研究者最清楚自己要寻找什么和需要什么。在MULTICS这个背景案例中，领导者没有能力决定什么是可行的，或什么值得做。因此对研究项目进行管理的方法是善意的忽略。项目是自愿的。研究人员之所以被雇佣，是因为他们个人的首创精神以及他们的神经中枢系统的力量。管理部门的工作就是支付佣金并且离研究人员远远的。

贝尔实验室UNIX故事中对创新视角的偏重对计算机科学的影响与晶体管故事对物理学家

的影响十分相似。UNIX的成功正处于计算机技术和电子通信技术开始相互融合的时期，并赋予AT&T在计算机领域中更多的远见卓识和可信度。

由资助人导向模式转向客户导向模式 1949年，铝业从战时生产中开始转型。它面临的转型挑战之一，就是将"经过战场考验的金属"改造成为民用技术，并且能更大规模地进行生产。美铝公司（Alcoa）成立了一个决定重点研究项目的技术委员会。这个委员会的目的是避免浪费，确保研究直接指向最紧迫的问题。这个设定重点的做法直接导致了从资助人模式向客户模式的转变。研究人员随着不断变化的市场重点。从一个项目转向一个项目，这导致了实验室在很大程度上丧失了独立性。在《工业领域的研发活动（R&D for Industry）》一书中，格拉汉姆和普鲁伊特记录了这个政策是如何持续影响公司的发展的：

对有些人来说，这可能是一个小问题，但是，将那些在长期和探索性工作中用来弥补不确定风险的补贴拿走，经过一段时间，这个系统会逐渐关注短期的、更容易预计的研究项目。这样的R&D模式当然会满足它所设定的目标，并非常可靠地向人们交出预期的成果，但是，这种资源分配方式会阻碍不可预见的、意外发生的，或许是最根本的创新的出现。（p.306）

由资助人导向的模式转向客户导向模式在许多商业领域中都曾发生过。在IBM，资助人模式的顶峰时期是20世纪60年代到20世纪80年代早期，当时这个"电脑巨人"统治着世界电脑王国。IBM是一个拥有许多业务的大公司，它的各种各样的产品占据了技术采用曲线上的不同位置。伴随着个人电脑的出现，IBM看到了微软和英特尔正作为驱动力量崛起。IBM成为众多的电脑供应商之一。在与服务器相关的服务领域，IBM也同样面临着来自Sun、惠普及其他公司逐渐增大的竞争压力。结果，IBM认识到不可能再在所有计算机领域取得支配地位了。IBM产生了**集中**科研资源的紧迫感，并更加相信管理层知道需要什么。这导致了科研方式转向客户导向模式。

在2003年初，IBM宣布了它将研究文化进一步转向客户导向模式的意图。其方法包括，将IBM的一部分科研组织剥离出来，协同IBM不断增长的咨询业务聚焦于顾客的问题上。这个变动的目的不仅是帮助IBM理解顾客，同样也帮助传统上聚焦在技术业务上的科研组织寻找支持服务业务的方法。由于IBM的咨询业务进入了一个快速增长的时期，这个向客户模式的转变遵循了图11.1的预测。

用相同的方法，朗讯公司引导贝尔实验室朝着短期开发、强调向朗讯的通信业务的应用的方向发展。朗讯遇到的困境是通信产业经济坍塌的一部分[1]。实验室关注的目标更加集中。随着转向客户导向模式，研究项目现在有了“公关关系经理”以及一些专门的优秀人才来协调与朗讯的各个事业部的关系，并增加与客户的接触。

客户导向的文化与资助人导向的文化的融合

从业务发展的角度看，一个纯粹的客户导向的模式和一个纯粹的资助人导向的模式都是不合理的。在回顾了周期性的更新规律后，格拉汉姆和普鲁伊特思考了美铝公司的经验：

---

[1] 根据西雅图时报的一篇文章（2002年12月2日），朗讯科技在2002年损失了119亿美元，并且减少了30 000个工作岗位。在2003年3月的《科学美国人》中，加里·斯蒂克斯在他的文章《无情的暴风雨》中报告了下列统计数据。贝尔研究实验室的雇员从1999年的24 000人减少到10 000人，并且关闭了硅谷研究中心。它的科研投入从1999财政年度的35.4亿美元减少到2002年的23.1亿美元。在实验室被朗讯并购之后，微电子、光纤和商业网络部门被撤销了——削弱了它作为物理学研究单位的基础。

管理R&D活动的合适的度既不是在实验室和整个公司之间实现一种和谐，也不是在科学界取得大体上的统一，而是要在两者间维持一个持续的张力。通过R&D项目，这个创造性的张力必须用来维持在企业经营的需求和新机会之间、在短期利益和长期利益之间、在基础研究和应用研究之间的平衡。管理R&D就是在这些不同维度上找到那个难以琢磨的平衡点。(p.503)

许多科研文化通过将若干项目进行组合把客户导向模式和资助人导向模式的创新文化融合起来。在一个研究实验室中，普遍需要找到能在公司现状和未来发展前景之间达成平衡的研发方针。例如，在计算机行业的一个论坛上，NEC研究院的戴维·瓦尔兹（David Waltz）提到，他们研究院30%的工作是长期研究，25%的工作是"确定目标的研究"（3～5年内），45%的高级开发，相比之下，在刚成立时，研究所100%的精力放在基础研究上。MERL（三菱电气研究实验室）的迪克·沃特斯（Dick Waters），和IBM的丹·拉塞尔（Dan Russell）描绘了三分之一法则——三分之一的短期研究，三分之一的中期研究和三分之一的长期研究。当很好地将不同项目进行组合的时候，它将持续的、较易预测的短期创新与松散的、较难预测的长期创新相结合。这样的研发模式为企业现有的和未来的客户都能带来价值。

发挥积极的影响　丹·拉赛尔领导着位于圣何塞附近的IBM公司Almaden研究中心的用户体验实验室。他在苹果公司的先进技术小组（ATG）和施乐PARC都领导过有着相同名称和使命的研究团队。因此，由他来比较这三个公司的创新文化是比较合适的。

IBM以制造和销售电脑系统而闻名。它的主要业务包括电脑硬件、软件和信息服务。2002年，该公司在全世界拥有大约300 000名工作人员，实现收入850亿美元。IBM在世界各地拥有8个研究实验室，大约2 000名研究人员。

苹果公司也以其制造的电脑系统而闻名于世，尤其是个人电脑。当拉赛尔于20世纪90年代前期在苹果公司工作时，苹果公司的年销售收入大约是40亿美元，有大约10 000名工作人员。在那个现在已经不复存在的先进技术小组里，大约有100名研究人员。

拉赛尔曾多次为施乐PARC工作，最近的一次是20世纪90年代后期。当时施乐的收入约为180亿美元，主要来自制造、销售和出租复印机和打印机的业务。施乐在全世界大约有100 000雇员和5个研究中心。大约有250名研究人员在施乐PARC工作。拉赛尔说道：[1]

每一个公司都有自己的一套理念——这些包含在文化中的深层理念植根于每个人的心中。IBM确实很庞大。其中的一个理念就是因为公司很庞大，所以它期望**巨大**的成功。如果你提出一个下一年能获得一千万美元销售额的主意，人们对此不会感什么兴趣。如果销售额是一亿美元，管理层才会开始听取你的意见。

在IBM多年的运作过程中，它进入了几乎每一个可能的业务领域。在位于纽约州阿蒙克的IBM博物馆中，那里甚至有IBM生产的切肉机，所以它曾经进入过食品生产行业。涉猎如此多行业的一个后果就是，我们很难重新进入那些我们已经失败过一次的市场。

在这种研究文化中，只有**贡献**才起作用。你会一次又一次地听到这些文化传统。当然，研

[1] 丹·拉赛尔的事迹引自多次个人交流。以及他在2002年6月13日在PARC的一次论坛上就相关主题所做的公开演讲。

究人员也可以发表论文，但是**真正**重要的是弄出一些畅销的东西。“你的研究很棒。谢谢你，博士。我喜欢这样的分析。”但是如果你在研制一种能挣大钱的产品中发挥了作用，**那**才是最棒的。

IBM的绝大多数研究经费来自于对各分公司的“税收”，而且它是根据研究预算提前分配好的。尽管如此，每一个实验室**仍旧**不得不找到产品部门，通过合同的方式获得三分之一的运作经费。作为实验室管理者，我不得不去Lotus或者DB2[1]的生产部门协商资助一项联合项目的协定。管理层希望我们为生产的分公司做工作，分公司则向我们支付费用。我工作的一部分就是确定从哪里以这种方式获取我们实验室运作所需要的那三分之一经费。这样，实验室与IBM的业务发生联系就很司空见惯了。

在IBM的研究文化里，取得地位的方法就是要做出重大成果。例如，有人可能发明了一套全新的数据库检索方法，节省了一半的再次检索的时间。让一种产品的速度加倍使得IBM更加成功。能够为公司做出这样的贡献，意味着你可以赢得像发明家一样的尊重。

IBM研究文化已经随着时间在不断改变。许多在IBM公司里工作了很长时间的同事告诉我，过去，科学角色能带给一个人更多的荣誉。伟大的科学创意能让你获得尊重。获得一枚菲尔兹奖章或者诺贝尔奖是非常重大的事情。在《科学》或者《自然》杂志上发表文章或者创造一门新的数学分支，例如分形理论，也能让你获得地位。但是，现在，它们不那么重要了。当然，在科学上取得进展仍然是好事情，但是，当谈到你在IBM的前途，当谈到那些我们雇用的员工的时候，在商业领域做出影响就显得重要多了。

[1] DB2是IBM的一种主要的数据库产品。Lotus生产办公信息系统，尤其是Lotus Notes。

苹果公司则与IBM有着很有趣的不同。苹果出售**集成**的硬件与软件系统。他们拥有生产的手段。他们控制着自始至终的整个设计过程。

这意味着，他们能够创造一体化的用户体验，别人都做不到这一点。IBM也做不到。例如，它不能控制启动软件或者所有的软件中间件。其他公司负责这一部分。苹果的主要理念是："我们极其出色。我们所做的是优雅而完美的工作。"

苹果的研究文化是要发明**没人**想到的新东西。正如他们说的，这像开枪打鸭子一样。你不要瞄准鸭子现在的位置，而是要瞄准它将来的位置。在苹果公司，你要关注技术的趋势，要看到事情将要处在的位置，然后投入一切资源去赌一把。

举例来说，当 QuickTime [1]出现的时候，每一个人都觉得"这是个多么浪费时间的东西啊。"它的窗口只有邮票那么大，帧速率也太低。但是，苹果公司知道摩尔法则[2]。他们知道处理器的速度将会增快。因此，他们很早并且非常准确地在他们应该出手的地方投资。

从组织上讲，ATG 是处在公司核心的一个实验室。这意味着你可以去健身房与在Macintosh操作系统中设计基本功能的人交谈，并且可以要求他们做出某些改变。让大家都在一起使得公司内部的沟通变得非常简单。

在苹果公司，你可以通过摆弄产品得到地位。"那是一个很棒的展示产品，把它弄过去！""弄过去!"这是你在苹果听到最多的词。研究和生产组织之间有很多的互动行为。我们拥有积极的往返穿梭计划，我们会在研究和生产组织之间来回地派遣人员。这相当有用。

---

[1] 在20世纪90年代早期，苹果公司把QuickTime投入了市场，这是最早可以使用的数字电影播放软件。在第一个版本中，它的窗口较小并且电影在播放时会不断跳动。

[2] 摩尔法则的多个变体预计了每18个月电脑芯片的存储量就可以翻倍。从历史上看，摩尔法则一直很有效，它是根据芯片制造商缩小芯片尺寸、加快电路运行速度的过程总结出来的。

苹果公司面临的现实就是我们的产品必须比竞争的产品更酷。典雅的设计需要你有很深的知识背景。毋庸置疑，苹果的每一个员工都清楚这一点。你的产品必须有趣、新颖和有创造力。苹果公司员工的平均年龄很年轻，大概在25岁到30岁之间。这也有副作用，这些二十多岁的程序设计员为了做成什么东西会让自己玩命地工作。

在PARC从施乐公司分离出去成为一个单独的公司之前，我曾在那里工作。PARC和施乐公司其他部门之间的关系是很有趣的。与施乐相反，在电脑公司你走出门就可以与操作系统的开发人员交谈，在PARC实验室则不是那么容易做到这一点。这有好处也有坏处。

与业务联系不够紧密使得研究组织能够充分自由地创造新的想法。然后，问题会被交给施乐公司。技术转移并不是PARC的问题——它开创了像Adobe、3COM这样的公司。它们赚了钱，但不是为施乐公司。PARC发出信号但是施乐却收不到。压根就没有接收的机构。

PARC的研究文化有个崇高的理想。PARC的研究者们个个想成为佼佼者，也希望成为国家的财富。PARC是伟大思想诞生的地方。它的创新态度是“我们打造了最棒的员工。人们来了就会看到这一点。”那的确是实实在在发生的事情。

三种文化的根本共同点是要对关键要素产生影响。在对公司产生影响的方便程度上，三个案例是很不一样的。在苹果公司，你很容易与开发者联系并影响产品，因为你出了门就能找到他们。在IBM，因为公司很大、铺的摊子也大，要保持同生产部门的关系就要难一些。在PARC，研究则很难和生产部门相联系，实验室致力于突破性研究，因此，它与公司那些以短期利益为导向的产品生产组织之间很难产生匹配关系。

资助人导向的创新模式和客户导向的创新模式，所需要的工作技能和培训是不同的，那些着重考虑“在长远的角度来看，什么是可能的”的研究者必须超越他们目前具体的项目，花充足的时间为工作打造智力资本。这意味着要花时间阅读、思考、改进，而不是与顾客交谈。那些考虑“从短期来看，什么是需要的”的发明家需要花费充足的时间协调与业务单位之间的关系、开发市场、寻找和培养下一个客户。

将各种研究项目相结合，可以给组织增加一些能力，这种能力不仅使得组织能够应付长期的和短期的需要，而且能够使得企业在短期的和长期的目标之间寻找平衡。这些组织认识到，满足长期和短期的考虑是需要不同的技能和研究态度的。无论从长期还是从短期角度来看，研究都有日益完善和创新发展的空间。从工程的理念出发关注短期问题的发明家必须具有适应性，并且应该比较容易听取别人的意见。而那些关注长期问题的研究人员则应该趋向于研究基础性的问题。他们会发现，如果过多地关注“顾客现在想要的是什么”这个问题，就会在解决深层问题时有所分心。通过融合资助人导向和客户导向两种不同的创新模式，企业可以在商业视角和发明视角之间保持一种创造性的张力，并使这种张力得以制度化。

反思

为什么管理持续性的创新非常困难？

我们通过用钟表和罗盘的比喻，来理解商业观点和发明观点之间的基本张力。图11.2表示的是两个时钟和两个罗盘：一个时钟和一个罗盘指示着发明，另外一对则代表商业。指示发明的罗盘指向下一个发明，相对应的时钟则暗示着什么时候发明会有可能实现；指示商业的罗盘指向下一个市场；相对应的时钟暗示着什么时候这个市场成为可能。指示发明的时钟由科学和工程学的进步调节。发明是通过科学和工程学的努力而不是科幻小说迷们的意愿创造出来的。指示发明的时钟有时可以通过投入更多的资源而调快。它的速度取决于积累的知识、仪器水平和特定领域内科学思想的成熟程度。

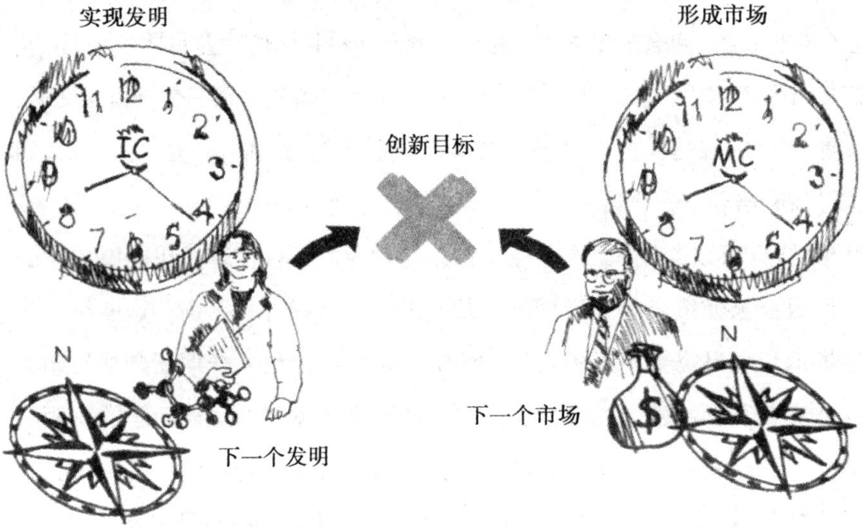

图示11.2　指示发明的时钟和罗盘指出下一个发明将是什么以及什么时候实现。而指向商业的时钟和罗盘则暗示下一个市场是什么和以及什么时候形成

指示商业的时钟由市场的准备程度调节。市场不是靠一两个消费者或者一个市场部门的想像就可以形成的。市场需要开发，要遵循技术采用曲线。尽管有时加大资源投入可以促进市场的形成，但是业务人员并不完全控制着市场时钟。

类似的，发明罗盘和商业罗盘指示着未来机遇的发展方向。当**两个**罗盘指向相同的机遇并且两个时钟都显示时机合适的时候，创新就产生了。这个点就是恰当的发明在合适的时间到达恰当的市场的那个时刻。

这两种视角之间的区别揭示了为什么持续的创新是难以控制的潜在原因。本质上，创新的管理必须处理两种来源的不确定性：技术的不确定性和市场的不确定性。发明者和科学家基本上参与了技术不确定性的管理。他们关注技术的可行性、技术的表现、技术趋势和突破。业务人员基本上参与了市场不确定性的管理。他们关注价值、市场、利润、顾客和市场趋势。在管理创新的时候，两种视角都是需要的。

有助于把这些视角整合到一起的方法是，运用一组商业模式的中介概念。[1] 技术商业模式是由发明家和业务人员联合创建的，它综合了这两种视角。创造一种商业模式必须对未来的市场以及需提供的产品有一个清醒的认识。它需要弄清楚产品的属性。它要求我们必须认清价值链——提供有价值产品的一系列的环节。它还要求我们必须找到回款的渠道。它要求我们必须找到保持商业模式的方法。

因为商业模式融合了技术和商业的视角，它需要发明者和业务人员的共同参与。并不是所有的发明家都能够按照商业模式的概念工作，业务人员也是如此。尽管如此，还是有好消息的，从这两个视角都能获得这些概念，并且还提供了寻找新的可能性的出发点。这两种视角——商业和发明——结合在一起确实很像在前面所述的巴斯德象限理论中遇到的“两个问题的舞蹈”。只是在这个象限里，有关什么是需要的知识推动了基础科学和发明的进步，而关于什么是可能的知识则促进了应用和市场的研究。其核心是，巴斯德象限同时在这两个层面进行搜索。

---

[1] 关于这些中介术语的讨论可以在创新方法的语境下讨论，这种创新的方法对于内在的和外在的技术以及现存的和新的市场都是一样开放的参见切斯布罗的《开放式创新》。

实验，适应，重复

在《开放式创新》中，亨利·切斯布罗（Henry Chesbrouth）指出了开发新技术业务时的两种错误。第一种错误是当与某个新技术对应的市场实际上不存在的时候，我们在制定商业政策时却总是错误地假定其存在。第二种错误是当这样的市场确实存在的时候，我们制定政策时却忽视了它。

已经学会运用不同视角的组织能够从这些冲突中摸索出新的方向。如果业务人员了解到市场需求，但没有想到可能的解决办法，就会失去机会或者犯第二种错误（"我们不知道你能行"）。当拥有发明的发明家没有意识到这个发明有市场时，就会错过另外一种机会（"谁想到会有人需要它呢？"）。当我们把两种视角建设性地结合在一起时，我们会为创新创造意想不到的机会。窍门就在于我们要知道怎样寻找合适的技术与合适的市场。对于新的发明来说，只能用反复尝试的办法来进行寻找。

我们从商业视角提出的一个首要问题是"市场的规模有多大？"不考虑这个问题就可能会犯第一类错误。下一个问题是："我们可覆盖多大的市场呢？"，"我们在这个（产品）上能取得多大的利润呢？""**能覆盖的市场**"的概念，是**这个公司**依据它的营销范围、制造能力、竞争水平以及利基市场特有的规则，而能够实际拥有的那部分市场。

当一项发明仅仅是一个更大的系统的一部分时，公司就可以期望根据它对整个系统价值的贡献分享利润。例如，假设存在一个1亿美元的市场，如果公司能够覆盖这个市场的30%。其中发明的贡献占10%，除去成本之后利润率是20%。那么这项研究的价值不会超过60万美元，这些钱可能不够支付研发费用。

如果只是按照这样的逻辑进行评价，似乎就没有值得继续研究的发明了。这种线性思维忽视了新的技术可以创造新的市场这个事实。[1] 一旦发生这种情况，那就需要不同的价值评估方法。这正好是容易犯第二种错误的地方。谁会是新发明的潜在顾客呢？他们中有多少人我们可以为之服务呢？为什么他们需要新的发明？这种需求现在是如何被满足的呢？是什么使他们愿意在新发明上花钱呢？这种另外的思考方式可以使对于新技术的市场范围的评估更加贴切。

除了对市场规模大小不好评定以外，上述这些问题的本质可以称之为"海米尔问答集"[2]，这是由乔治·海米尔发明的一种被广泛应用于如何考虑优先研发项目的方法。这个问答集通过六个笛卡儿式的问题指导人们做决定。它们是：

你想做什么？（请不要用本行业的专业术语）

目前的完成状况？当前研究的局限是什么？

你的方法中的创新之处是什么？为什么你认为它能成功？

如果你成功了，它有什么不同之处呢？我们的顾客又会得到什么回报呢？

有哪些风险？

要花费多少资金呢？花费多长时间呢？中期和末期是怎样审核的呢？

---

[1] 在《研究这一行》的第3页，玛格丽特·格拉汉姆写道："在任何情况下，如果提出了一个新的创新，那么就没有什么可靠的市场信息了。通常只能从诸如主要竞争者的行为，或者是大众的预测来获得一些信息。"

[2] 乔治·海米乐（George Heilmeier）在担任DARPA的主管时开发了这个问答集，他在DARPA主要管理诸如隐形飞机、激光器以及人工智能之类的项目。他由于利用动态散射法发明了早期的液晶显示屏而闻名。他目前担任Telecordia Technologies的名誉主席。这个问答集经过多年的演变，有许多版本。本书选取的是其中具有代表性的一种。

海米尔问答集的不同版本都得到了应用。有的以“问题是什么？为什么会这么困难？”开始。有的询问“我们怎样能从中获利？”以及“减少风险的计划是什么？”。除了这些“测验性”问题，一些版本还会问道“中间的结果是怎样产生的？”、“你们怎样评估进展？”很多年来，海米尔问答集已经成为DARPA和其他地方评估项目建议书不可缺少的一部分。

重复的过程就是把建立商业模式看成是一种二维探寻，寻找市场和发明的结合点。事实上，它利用了商业观点和发明观点两者的时钟和罗盘。小范围的实验——主要是“营销和技术的探索”——是可以实施的。每一次的投资都很少，但每个阶段都会得到些信息。寻找的这些信息是有关技术所发挥的作用和可能存在的新兴市场。

这种渐进的方法并不是什么新鲜事物。它已经被风险投资者用了好多年了。每一轮投资都是新的重复。真正的创新之处是在研究机构和现存公司的背景下，把这些想法应用到对创新的管理上。众所周知，在从研究原型到产品的每一个阶段中，预算在不断增加。研究组织自身既无资金也没有经验开展广泛的市场调查。在《创新者的困境》一书中，克里斯滕森建议为根本性的技术设立独立的企业。那些最成功的、从研究单位分离出来的创新公司也需要经历变革以实现新的管理制度，接受风险投资，从而应用这一模式。

海米尔问答集是基于研究机构降低风险的能力去评估新项目的方法。表11.3展示的是突破性研究过程的主要元素，这种研究的风险和收益都是很高的。图表中的第一个框表示，根据最先激发科研项目的洞见，重塑了“用不同的眼光去看”这一理念。洞见可以从商业中得来（什么是需要的？），也可以从科学中得来（什么是可能的？）。经过市场实践的论证，根本性研究必须澄清一个重要的问题（这里叫做痛点，或者称关键点，译者注）。接下来就要进行根本性研究的活动，它是从不同的学科寻求解决方案（或者叫做杠杆作用点）。当遇到障碍的时候，人们会考虑引入新的学科。当手中有可用的解决办法的时候，接下来就是确定这个提议是否可行。新的技术确实“减轻”了痛点吗？它能为未来的顾客有效地解决潜在的问题吗？要回答后一个问题，需要使用“时间机器”才有效果。可以构建一个未来世界的缩影来实地测试人们使用原型解决方案的情况。有时候，高级研发小组可以参与并评估现场测试。在观察人们学习和试用这项新技术的过程中，我们也许

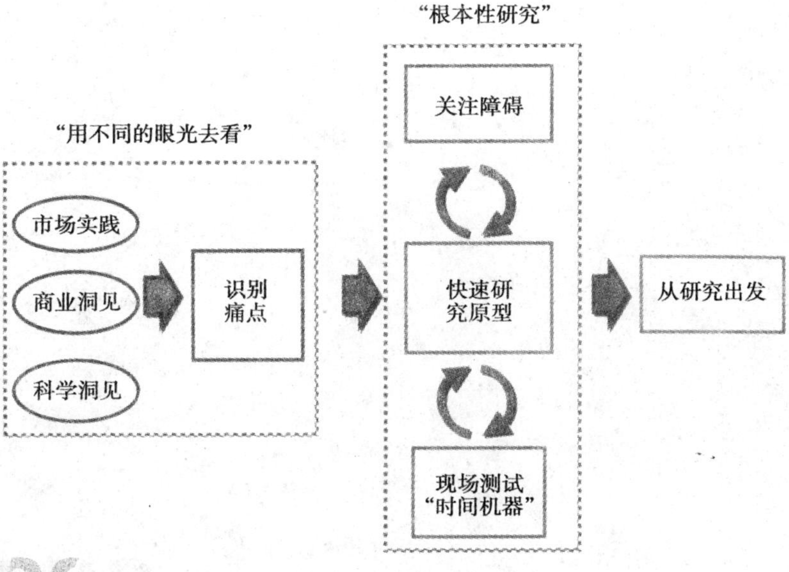

图示11.3　在根本性研究中降低风险的过程

会产生新的洞见。当现场测试证明这项技术是有前途的时候，商业问题会重新得到重视。这个新技术的经济价值有多大？制造的成本有多高？预期的市场增长有多少？在这个意义上，项目活动的中心已经不局限于研究本身了。

时机是非常重要的。当所有的这些因素都成熟时，新的技术就会变成新的业务。正如查克·塔克所说，“在铁路时代到来之前，不要修筑铁路。”[1] 当新技术的“铁路时代”到来的时候，准备最充分的公司往往能够获得先发优势。

创新取得重大成功是很少见的。成功需要有足够的热情来征服遇到的所有障碍。对于新的发明和市场来说，在开发一种可行的商业模式时要经历很多次反复，这是需要耐心的。当伟大的创新成功时，那是值得庆贺的。我们要问“它们是怎样**成功**的呢？”通过了解这些研究机构的创新故事，我们就会明白，那些新颖和有用的技术是如何来到这个世界上的。

[1] 引自2002年9月6日对查克·塔克的访谈。

第十二章

处在十字路口的创新

由于其本质，工业实验室是连着两个世界的一种机构，一头系着产业和市场，另一头系着科学的职业活动。

——玛格丽特·格拉汉姆和贝蒂·普鲁伊特，《产业研发》

创意组合的动力

未来突破背后的创意贯穿于整个创新生态的始终。这些创意存在于大学里、政府授权机构中、风险投资公司、企业研究实验室和其他的机构中。这些创意驰骋在人们的头脑里，也夹杂在杂志、报纸、专业出版物和书籍里面。当人们受到启发的时候，新的创意就诞生了。甚至当我们在午餐桌上讨论问题时，创意也会突然涌现。但是，在突破出现以前，合适的创意必须放在一起进行整合。

为产生突破而将创意组合起来不是那么容易的。有些环境为创意的产生和组合提供了更大的可能性。当来自相同领域的人们聚在一起的时候，对创意进行根本性组合的机会就比较少，因为这些人的背景太过于相似了。当没什么关联的领域的人们相见的时候，如果没有切实的努力，创意是不会自动地融合的。在人们能够深刻地了解对方之前，我们必须付出很大努力以便在不同的技术术语之间搭建桥梁，帮助人们相互理解。这不仅仅是指学术环境。当人们在一起从事研究、产品开发和营销工作时候，情况也是这样。

根本性研究鼓励创意的有效组合。不同背景的人们走到一起，会带着耐心，受到激励，抱着一个共同的目的去研究一个重要的问题。这就为突破创造了机会和环境。

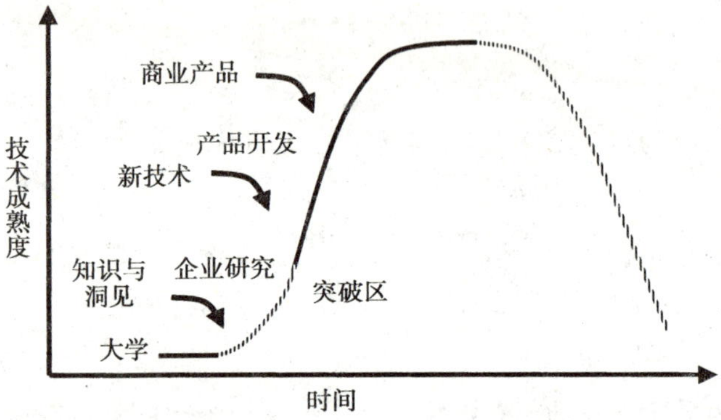

图12.1　突破区

跨过两个障碍

突破区是创新生态的一部分，历史上，大多数突破性的技术就在这个区域诞生。图12.1（与图1.2相同）只是概略示意图，但是它说明了一些主要的模式。

大学和联邦资助机构在很大程度上负责基础研究。基础研究以增加基础知识为目标，而不是解决具体的问题。另一方面，产品开发团队研制产品。他们不创造基础知识，他们在技术被发明出来之后才开始有所行动。在中间地带的工作可以创造大多数的突破性技术，这主要是在公司的研究实验室里完成的。为什么会出现这种情况呢？

为了理解为什么突破聚集在中间地带，你可以考虑有关创新核心的两个基础性问题：其一是“什么是可能的？”，其二是“什么是需要的？”在得到一个创新成果之前，必须首先回答这两个问题。上述两个问题中的任何一个都可能成为创新的障碍。假设在创新生态中有一个团队正在试图开发一项新技术。如果这个团队正在进行基础研究，那么“什么是可能的”就是它的工作核心。该团队的研究活动就是围绕研究科学和创造新知识来组织的。而产品开发则还要有很长的路要走。这个团队的研究活动既不是由需求意识所驱动的，也不是受这种意识启发的。

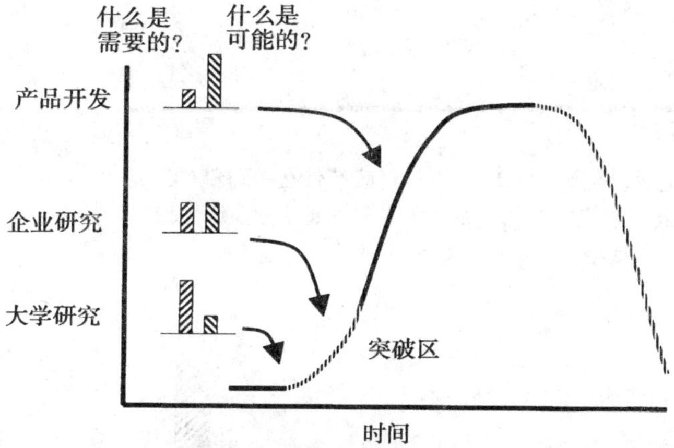

图 12.2　左侧的条形图表示了解决“什么是可能的”和“什么是需要的”这两个问题所需精力的大小

图 12.2 说明了创新社会生态中每个区域解决这两种问题的“精力水平”。在基础研究区域，“什么是可能的”的条形图比较短，这意味着解决这个问题所需的精力比较少。这个领域的活动和人员一直都在致力于解决这个问题。同时，在这个领域里的“什么是需要的”的条形图就比较长。要解决这个问题就要耗费更多的精力，这是由于基础研究的科学家并不善长满足当前的和将来的需要。对于他们来说，解决有关“需求”问题是比较困难的。

在图形的顶端——产品开发的区域——则正好是相反的情形。在这种情况下，研究团队离市场更近。他们渐进性改进产品的工作主要是受“什么是需要的”这个问题驱动的。而要解决“什么是可能的”这个问题就很困难。

在代表企业研究实验室的曲线的中间部分，两个问题都出现了。这里“什么是可能的”的问题的难度适中，因为有许多研究团队的成员和他们的同事都参与基础研究。类似的，“什么是需要的”的问题的难度也适中，因为至少有一

图 12.3　在大学或者基础研究的环境中，对应“什么是可能的”这个问题的障碍很低，对应“什么是需要的”这个问题的障碍很高，很少有人能跃过这两道障碍

图 12.4　在产品开发的环境中，对应“什么是需要的”这个问题的障碍很低，对应“什么是可能的”这个问题的障碍很高，很少有人能跃过这两道障碍

图 12.5　在企业研究的环境中，两个障碍都只有中等高度，很多人可以跃过这两道障碍

部分团队的成员中许多人与营销和产品开发保持联系。非常重要的是，没有一个条形图是那种居高临下，高不可攀的。

假设一个创新团体的成员能像一个田径运动员一样必须跨过两个连续的障碍。[1] 障碍越高，能跨过障碍的人的数量就越少。如图 12.3 所示，对于从事基础研究的团体来说，许多人可以很容易地越过比较低的“什么是可能的？”这道障碍。很少有人可以跳过“哪些是需要的？”这道较高的障碍。结果，当所有的人都试跳一遍之后，几乎没有能够把两个障碍都跳过去的人。[2] 通过类比，在这个区域中创造的突破性技术也就没有多少了。同样的，在图 12.4

[1] 为了教学的目的，我们对这个模型进行简化。这种跨跃障碍的形象的类比省略了发明的协作本质、工作的共同协作行为。它没有把一个人部分地解决问题之后由另外一个人继续工作的合作行为考虑在内。谈到跨跃障碍，它并没有体现出一个人帮别人一把以跃过障碍。各种各样的理论模式都说明了团队如何能够比个人表现得更好。那些包括着各个领域最顶尖的人的小团队是特别有效的。许多最好的研究中心都采用了“出色的神经系统”以便可以同时组成表现优良的多学科小组一起工作。

[2] 我们可以扩展这个类比以反映协作的成就。在基础研究的事例中，我们可以（至少在原则上）假定来自各个领域的科学家一起工作。然而，基础研究的机构不会试图引入那些与理解需求有关系或者有专门技术的人。在某种程度上，这会限制那些可以很好解决“什么是需要的？”和“什么是可能的？”之间的协作问题的潜在有效性。同样的问题在产品开发的末期小组中也会出现。另外，企业研究组织的另一个好处是它们可以培养把拥有不同专业技术的人整合到一起的文化，以便于研究关键问题。

所示的产品开发的过程中，许多人可以跳过“什么是需要的？”这道障碍，但是很少有人可以跃过“什么是可能的？”这道障碍。通过再次类比可以得知，这里也没办法创造多少突破性技术。在图12.5所示的企业研究活动环境里，两种障碍都是中等高度的。跨过第一道中等高度的障碍要比轻松跨过较低的障碍稍微难些，但是仍然有很多人可以跨过去，同样跨过第二道中等高度的障碍也比较容易。结果，**有许多人可以跳过两道障碍**。通过类比，更多的突破性技术就可以在这个领域产生。

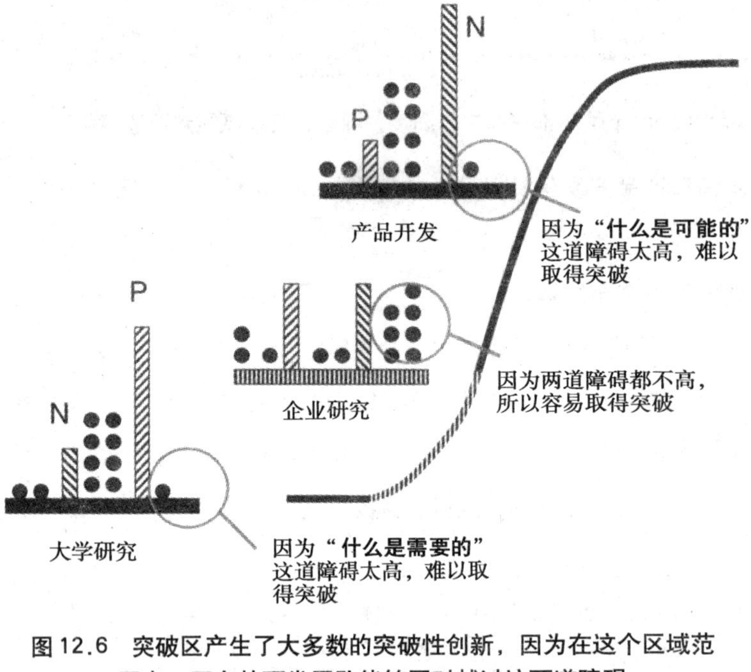

图12.6　突破区产生了大多数的突破性创新，因为在这个区域范围内，更多的研发团队能够同时越过这两道障碍

图12.6总结了全部的思想试验。这个类比预示着中间地带或者突破区将会是最多产的地带，因为这个区域的障碍并不像其他的两个区域的障碍那样高。

创新生态所面对的挑战是要找到途径维持能够创造突破的条件。

案例故事

开放式创新

开放式创新（本术语由亨利·切斯布罗首创[1]）是指公司的一种创新策略，采取这种策略的企业愿意从外部得到其所需的技术，并较好地利用自己已有的技术。

封闭式创新与开放式创新　创意和发明可以来自于很多地方。没有哪一个公司能够雇用所有能发明与自己业务有关系的技术的精明的科学家和工程师。世界上的精明人都分散在各地。他们不会仅仅是一个团队或公司的成员。他们可以在其他的公司、机构和国家。当今世界，已经几乎没有知识垄断了。

开放式和封闭式创新概念并不是全新事务。过去几十年来，以封闭式起家的企业已经越来越开放了。罗伯特·卡恩注意到电脑产业的开放是如何为因特网和个人电脑领域的创新大开方便之门。它也推动了电脑产业的标准化。卡恩说：[2]

在20世纪60年代，电脑产业主要掌握在像IBM，Burroughs，霍尼韦尔和通用电气这样的稳定的大公司手中。当个人电脑被引入时，这个行业更具有企业家精神了。到20世纪80年代后期和90年代，当人们清楚地认识到计算机业更多的是开放的而不是封闭的领域时，事情发生了改变。当因特网出现以后，这个产业的开放程度更高了。

---

[1] 参见切斯布罗的《开放式创新》。

[2] 卡恩的意见引自2002年9月23日的访谈。

从亨利·切斯布罗的分析来看，封闭式创新是旧的模式。这种模式隐含着雇用行业中最出色的技术人员的策略。它假定一个公司必须自主开发新产品和新服务，并且第一个把这些产品和服务推向市场。它假定在行业中对研发投入最大的公司将会最终主导市场。最后，这种策略假定一个公司应该紧紧抓住自身的知识产权从而阻止竞争对手从这些创意中受益。[1]

封闭式的创新策略很容易导致重大的失误。其中之一是有时候经验丰富的技能人员有较强的流动性。这种流动性打破了知识垄断。员工不仅可以加入竞争对手一方；他们甚至可以组建自己的公司。在开放式创新中，产品及其特色是可以在公司外部开发，并且风险投资公司可以帮助新公司开拓新的市场和新的商业模式。新兴公司通过开拓新市场这种方式引入的竞争从根本上改变了原来的商业模式。

封闭式创新模式依赖那些沉迷于研发的组织去开发公司所需要的创新。在开放式创新策略中，这种一对一的模式发展成为多对多的模式。处于开放式创新模式中的公司可以通过多种渠道得到技术。创新的开放策略通过建立有效的伙伴关系寻求效率的提高。

封闭式创新并不是一无是处。在20世纪的大多数时间里，它都是技术公司所采用的主要模式。它由一系列过程所组成，包括企业对研发的投资、促进突破的产生、开发新的产品和增加销售额。这样，企业可以不断往复循环。

技术外包的策略和局限　在切斯布罗的《开放式创新》一书中，对1981年时施乐Star的商业模式和IBM的商业模式进行了案例比较研究。当时，两个公司都在经营我们今天所说的个人电脑，但是他们个人电脑业务上取得的成就却有着

[1] 在实践中，上述最后一点（保护知识产权）通常不会采取这种方式。大多数大公司在开发出一组专利之后，会发现自身面临一场与竞争对手的诉讼，双方的专利互相纠缠。考虑到强制执行专利的不确定性以及高昂的代价，大企业一般都会选择交叉许可的方式。这样做的结果是抑制了新竞争者的进入，因为这些主要企业之间交叉许可的专利网络构成了坚实的进入壁垒。

显著的不同。开放式创新赢得了胜利。而封闭式创新失败了。也许我们可以得出这样的结论，但是在许多年后当我们再考虑其结果的时候，这些概括和结论就显得太过简单了。

施乐个人电脑是当时领先的高性能计算机，集传送、接收和高质量打印文件的能力于一体。尽管IBM个人电脑在今天与当时的施乐Star电脑在性能上颇为相似，但是在1981年却截然不同。它只是让人买得起的个人计算机。当时，施乐公司打造了一个包括芯片到软件在内的Star系统，包括制造、服务、分销和财务功能。用户不能购买单独的施乐Star，只能花17 000美元买一个带有网络设备和共享激光打印机的三用户（3–user）系统。相反，买一台IBM个人电脑则只需花费3 000美元，从而广泛地销售为个人和小型企业所采用。

IBM电脑成功的因素很多，包括品牌、非常低的价格以及采取由第三方代理商销售软件和硬件的经营模式。该产品本身为开放式创新确立了榜样。处理器来自英特尔公司，操作系统来自微软公司，应用软件则来自第三方。

开放式创新对IBM来说最有效的在于它有力地利用了合作者的力量。IBM并不试图创造或控制所有的技术，市场迫使供应商之间相互竞争。IBM认识到这种产品是**个人电脑**而不是企业电脑。[1]

尽管施乐花了很多年的工夫推销Alto计算机和Star系统，但是具有灾难性的是，他们认识和采用更有效策略的速度太慢了。更进一步地说，它也没有采用封闭式创新模式中最有效的办法。例如，它没有利用专利来积极保护它的技术地位。它没有找到有效的技术许可策略，也没有利用自己的专利权减少竞争。

毫无疑问，IBM的开放式创新的模式主导了个人电脑市场。有趣的是，人们知道是IBM启

---

[1] PARC的个人电脑发明者也相当明白这一点。然而，施乐的经营逻辑和17 000美元的价格标签使得这种电脑难以销售给个人。

动了开放式创新，但是，这并没有保证 IBM 始终坐在驾驶员的位置。今天，个人电脑大多被称为"Wintel"电脑而不是IBM 电脑。个人电脑的技术架构和市场主导权被微软的 Windows 操作系统和英特尔公司的处理器芯片所控制，这在今天已经被广泛承认。缺乏特有优势使 IBM 失去了对个人电脑市场的控制。领导权转移到那些拥有关键技术的公司的手中。[1]

这个结果揭示了开放式创新的许多不足之处。当一个部门完全采取外包并采取很严格的工业标准时，技术就日益平常了。技术的平常化带来了广泛的竞争、价格大战、购并以及企业利润的减少。

过度的外包和标准化的第二个后果是抵制变革。随着时间的推移，标准化就成为了创新的一种阻碍。当整个产业围绕着具体的细节和各个标准零件的组合部组织得很完善的时候，惰性就产生了。标准化的商业模式阻止了激进的改进和变化，直到一个根本性创新完全打倒原来的标准为止。

撬动内部成长技术的策略　创造新的知识和技术诀窍是昂贵的。有时公司所创造的新的方法和过程会在企业的业务之外派上用场。公司试图通过专利保护他们开发出来的未被使用的突破，并试图通过行使专利权和提供技术许可的方式来获得收益。尽管如此，在许多情况下，新的知识产权的潜在价值仍旧是难以估计的，如何监督这些新技术的使用仍然是非常困难的。这些不确定性和协商以及法律安排的高费用导致了知识产权成为一个无效市场。市场的失灵呼唤新的创新策略的出现。

开放式创新模式存在的第二条理由是，这种模式可以帮助企业更好地利用合作伙伴开发的技术，通过获得这些技术的收益来加强合作伙伴的优势。而在旧的创新模式中，拥有

[1] IBM 试图通过开发一种新的专有的操作系统 OS/2 来与微软竞争。但是OS/2 出现的太迟了。在单一处理器的支持下，计算机产业已经从一种由公司向顾客提供一切产品和服务的垂直整合的业务模式，向相互竞争的企业在各自的领域为顾客提供处理器、计算机、操作系统和应用程序的水平整合的业务模式进行转变。竞争使得价格下跌，计算机产业已经无法回到以前的道路上了。

技术的公司往往会通过放大自己技术的影响以取得市场的主导地位。在极端的形式下，它会使其成为专利，在开发和营销产品时独自使用。

这种方法有几项根本性的缺陷。几乎没有产品仅仅依赖于一项技术。如果一项技术是有用的，但是被人为地提高了价格，创造性思维将会集中寻找其他替代性技术，从而避开专利。开发和利用一项新技术的资源常常不是一个公司所独有的。更进一步地说，如果一项新的技术处于一个组织的主流业务之外，人们往往发现在开发这样的非主流技术的时候，在本企业内部也很难获得开发所需要的技能、愿望以及其他资源。

开放式创新有若干战略因素。首先，企业要成为知识产权的积极的买方和卖方。利用专利许可合作伙伴，在自身的主流业务之外，企业可以积极设立技术许可项目。IBM和德州仪器公司已经通过对技术的专利许可，找到了重要的商业机会，例如，IBM的数据储存专利技术。

对于许多正在考虑从封闭式创新向开放式创新转变的公司，切斯布罗建议采取如下一系列步骤："在过去几年里，对于贵产业最重要的创意是从哪里得来的？新兴公司扮演的是什么角色呢？和贵公司的投资相比，风险资本家的投资效果如何？"

对于风险资本家和新兴公司的关注，不仅反映了小公司更快的商业循环周期，而且反映了开拓新产品和新市场的创新性。风险资本家从项目建议书中获得信息。他们能够把同时涌现的很多新想法和技术加以整合。因此，风险投资家获得了一般封闭式创新公司得不到的知识，在这一点上，风险投资家处于优势地位。

开放式创新策略包含着有关创造市场的创意。与其妒忌和批评风险投资公司做事如何与众不同，这些策略可以使公司探寻合作伙伴，并从他们的事例中学到东西。目标是制造协作的机会，理解公司战略中的盲点，以便于为未来的业务勾勒出更为有效的路线图。

新兴公司到底做了些什么 开放式创新正在开创有效的市场。在20世纪90年代，尤其是在网络公司兴起的运动中，有好多创造新市场的试验。在某种程度上，开放式创新是在模仿风险投资实践，重要的是，我们不仅要关注什么是已经发挥作用的，同时也要关注什么东西没有发挥作用。

网络公司热潮以后，像"新经济"公司、"旧经济"公司这样的语言看起来有点古怪和幼稚。在20世纪90年代，许多人希望新经济模式的公司能够占主导地位，旧经济模式的公司尽快消失。但是这并没有发生。当泡沫破裂的时候，相反的事情也没有发生。许多新经济模式的公司倒闭了；然而，另外一些幸存下来，而许多所谓的旧经济模式的公司也倒闭了。我们不禁要问："网络公司到底给了我们什么启示？"为了反思这个问题，约翰·西利·布朗区分了技术领域的实验和市场领域的实验，他说：[1]

我认为，网络公司是一种**市场的创新**，而不应该看作技术创新。网络公司采用的技术大部分早已存在了。他们要做的是设想和试图使用因特网开发新型的市场。[2]全新市场的创建有不可预知的不稳定性和市场风险，而结果主要是由是否流行来决定。当新的市场开始流行时，社会活动也开始改变。

风险资本家并不知道如何思考这一点。他们的口头禅就是："狗将会吃狗食吗？"[3]我们真正讨论的不是狗会不会吃狗食，而是什么会终止社会活动的改变。

现在，网络公司已经出现了8年了。Amazon、Google、Yahoo已经在如何获取信息和处理信息方面，从根本上改变了人们的社会活动。一想到8年前的样子，那时我们还不能在网上搜索，我们便会感到震惊万分。今天，如果你已经成为数字文化的一部分的话，那么，在你手指之间的信息是无法想像的。

[1] 约翰·西利·布朗的意见引自2002年9月17日的访谈。

[2] 新型的市场的例子之一是"网络货车"，这是一种定购杂货并且把它们运送到你家里的网络服务。网络货车在那些不想花费时间买东西的人群中十分流行，但是它扩张得太快而缺少可支撑的收入模式。

[3] 换句话说，对于这种产品真有市场吗？关于狗食的隐喻的另一个变体是开发新的技术的开发者使用的口号－"吃你自己的狗食"或者简单说"吃狗食"。这意味着创新者直接使用他们生活中的新技术，因此对某缺点有着第一手的体验，并因此受到激励去改进它。

布朗的分析简明扼要地指出了网络公司时代的主要经验。网络并没有制造新的技术。从技术的观点看，他们做的大多数事情，只是一种渐进式的技术增长模式，与产品开发组织在技术增长周期的后期所做的类似。他们是新市场试验的先行者。简而言之，他们关注“什么是需要的？”，但是没有关心“什么是可能的？”

硅谷和其他地方的风险资本和创业的文化已经有几十年的历史了。风险资本家集中在斯坦福大学附近的帕洛·阿尔托，以及门罗公园的沙山路上。他们成立新公司。他们的角色不仅是投资提供资金，而且要为羽翼未丰的公司招募和组织管理团队，帮助这些小公司进行有效的早期决策。❶

风险投资文化已经成了创新生态的一个重要因素，它们在已经成熟的公司之外，利用实验室和大学的资源创造新的业务方向。这个团体不仅在网络公司兴衰的过程中表现活跃，而且在硅谷的电脑公司和刚刚兴起的生物技术领域发挥着积极作用。总之，风险资本家的模式是开放式创新策略的一种模式。

网络公司的兴起与衰败　21世纪的经济状况始于20世纪90年代经济泡沫的破裂。贝蒂·斯泰格是一名曾在华盛顿特区和硅谷工作过的商业咨询顾问。她把20世纪90年代描述为一个充满不切实际的幻想的时代，那时的人们总是幻想在短期内持续获得高额的利润。她说：❷

---

❶ 对使用投机资本建立公司的文化和步骤的描述参见卡普兰的《新兴公司（Startup）》。

❷ 贝蒂·斯泰格的意见引自2002年9月20的访谈。在《创新者的解决方案》中，克里斯滕森和雷诺反思了网络业的兴衰。他们在书中的一个主题是公司希望成长，大约10%的增长率就需要很多的利润来支撑。在网络周期之前，在资助新兴企业方面，风险资本家比企业更有声誉。为什么那些如此有经验的人会投到那些既没有顾客又没有产品的新兴企业之中去呢？答案在于投资者投入大量的资本作为资金是希望赢得高额的回报。当资金增长的时候，依靠那些200万到300万美元的早期投资不能支撑它的成长，也没有很好的合作者和可以选择的方法。像公司一样，他们变得越来越大，并且必须进行大的投资以快速成长。结果，他们对市场投入了通常在后期阶段才有的投资规模。

20世纪90年代，所有的公司都希望年利润增长达到15%的水平。这种期望反映到了股票市场和金融分析市场。达不到这一绩效的公司就会在评估时遭到降级。

考虑到金融市场对短期业绩表现的要求，管理层很难说服股东投资长期项目。不幸的是，要是没有获得持续投资的话，就很难得到持续性的增长。更深层次地说，我们必须对于投资者要求快速得到回报的想法进行反思。我不是为管理层创新的会计制度进行辩解，但是，确实存在要求他们实现无法完成的绩效的压力。当企业不能实现15%～18%的增长率时，他们就会发挥创造性，把未来的销售记录在账目上当作现在的收益。并且**减少**他们用在创新上的投入，以便增加短期收益而不是成本。

网络公司走下坡路的另一个原因是风险资本家设定了不切实际的目标。他们希望三年内就能获得200%的收益。在20世纪90年代，风险资本家被看作救国救民的白衣骑士，或者是价值的制造者。[1] 不幸的是，他们绝大多数时间内是通过肥皂泡制造幻想。而在其后面没有实质性的东西。

什么给了这些企业家和伪企业家勇气来制造这些没有价值的公司呢？人们从肥皂泡中创立了网络公司，我们又投资于肥皂泡。但是我们为什么这么做呢？一夜之间，市场上涨了，标准的股票对于投资者来说也不再有神圣的光环。人们在寻找短期的巨大收益。在天花乱坠的宣传中，投资于长期收益的想法消失了。

人们相信因特网是“赢者通吃”的市场，而且首先进入市场的公司将会得到最大的利润。企业的未来价值将由其在因特网市场的角逐决定，而不是被技术优势或可持续的商业优势所决定。更多的情况下，他们是在角逐一个没有物质化的市场。

[1] 到2003年1月，创新资本的投资的回报达到了30年来的最低点。正如马特·马歇尔（Matt Marshall）于2003年1月15日在《圣何塞新闻使者》上发表的文章中所报道的一样，年平均回报率已经掉到14.5%。到2000年12月30日为止，风险投资公司的回报率已经跌到22.3%。与之形成鲜明对比，许多最好的公司在过去的5年或20世纪90年代中期时平均每年有50%的回报。风险投资公司每三年的回报数据是：1996年420%；到1998年降至53%；到1999年降到负的32%。

在20世纪90年代，公司有时被分为“新经济”模式和“旧经济”模式两种类型。新经济模式或因特网公司会问“当我们的估价增长如此之快的时候，谁还需要创新？新的创新只会让我们减慢步伐。”旧经济模式的公司则问：“当我们必须削减创新成本来使得我们的收益看起来好看的时候，谁还能花得起钱来搞研究呢？”

在开放式创新策略之外，网络公司蓬勃发展时期的若干经验教训可以给我们提供指导。在新的市场进行实验是个很好的想法，但是要寻求快速获利却是不现实和不能持久的。为获得一项新技术而创造市场也是好主意，为开发内部成长的技术而创造市场也很不错。然而这些策略——开放式创新的核心——是不够的。网络公司的策略最后只是短期改变了我们，因为在长远看来它们使获利逐渐减少。这把我们带到了等式的另一半：创造能够解决新问题和创造可持续增长的突破的新策略。

开放式发明

开放式发明是开放式创新中的一部分，它关注的是如何产生突破。没有人曾经从开放创新中取得突破。在开放式创新的极端形式中，每一件事情都是外包的，产品是获利微薄的消费品。这将导致技术活动的终结。下一次浪潮将由拥有突破性技术的公司所引导。

开放式发明试图理解未来顾客所面临的未来问题。它认识到有两件事情是困难的：其一，弄清世界上什么问题是**需要解决的**？（什么是需要的?）；其二，创造技术解决方案和突破来满足这些需要（什么是可能的?）。因此，开放式发明不仅要探索需要什么，而且要探索什么是可能的。开放式发明的策略可以应对那样的挑战。

业务和未来的顾客　沿着一个熟悉的方向前进，并不一定就会把公司带到它们要去的地方，这是很平常的。目前在微软工作的查克·塔克一直在担心，这家公司的未来需要一个新的方向，他说：

我现在担心的是，行业正在忙于制造那些顾客不想要的产品，因为我们已经让他们对技术厌倦了。对微软来说，这是真正令人担忧的地方。个人电脑的销售量已经不再增加了。销售的曲线已经扁平，人们已经开始关注另外的事情了。当我在微软开始工作的时候……，我与纳森·梅尔沃德（Nathan Myhrrold）讨论了这个问题：把产品变得更可靠是否有价值？他说："没有人会为此掏一个子的。尽快投放市场，不要过分担心bug的比率。它们会在下一次发布后被解决的，人们也会适应的。"我不信这样的话，因为我是从UNIX[1]文化出来的。但是当时他是绝对正确的。人们觉得每天5次重启电脑是可以接受的。重启花不了多长时间，耽误这么一会儿工夫，电脑就能提供满意的服务了。现在人们的态度已经变了。

我所关心的其他一些事情是，人们对于技术变得消极了。当我年轻的时候，人们十分担心计算机会给世界带来巨大破坏，是反人性的。当时，乔治·奥威尔写了一个名为1984的剧本。那些事情没有发生，实际上电脑在很大程度上解放了人们，尤其是个人电脑。但是现在，我们有几代人不知道其中的区别，而且，现在的计算机不像以前计算机对人的改变和帮助那么大。所以他们的反应并不积极。大多数人不是技术爱好者（technophiles）。他们只是得过且过。

塔克的想法反映了电脑企业已经处在S曲线顶端。一些能够让公司在S曲线的某一段区间内经营得很好的假设也许会导致公司在下一区间遇到危险。例如，公司在技术采用曲线的高增长区间掌握的某种技术也许会在市场饱和的时候使公司陷入困境。

[1] UNIX作为操作系统因为简单可靠而获得了声誉。新版本中的错误很快就会被确定并修正。

在公司盈利最丰厚的快速增值阶段，大多数公司的一句格言就是聆听顾客。公司开拓新途径以仔细追寻顾客的需求，以便于它们的产品在市场中处于较有利的位置从而击败竞争对手。

但是你如何聆听未来顾客的需求呢？今天的顾客有时会设想他们将要喜欢的事情。他们难以理解利用全新的技术能造出什么。发明家也许创造了无人需要的技术，或者解决了无人需要解决的问题。发明未来的艺术不仅仅在于聆听。它也包括想像和克服障碍。这是与新的方向和新的突破相关的。

指向下一个新事物的方向　当我们为一个难题寻求解决办法时，我们需要等待很长时间才能找到解决办法。在具体应用被人们了解之前，科学家和其他人就已经在有潜力的领域开始工作了。先开始行动的国家和公司往往会具有优势。研究者通过在许多领域投入研究，期望某一天，他们的研究在**某些**应用领域获得回报。

在本书写作的时候，科学界中有许多关于纳米－生物－信息－认知科学［NIBC（Nano–Bio–Info–Cogno [1]）］的讨论，这是当今四大前沿科学技术领域的集中。保罗·萨弗在门罗公园的未来研究所工作，站在他的立场上，他观察着正在兴起的信息技术、材料科学、生物技术和能源科学等交叉领域研究的技术潮流，他说：[2]

关于技术预测，我们关注正在融合的和相互联系的领域。四大科技领域是：信息技术、能源、材料和生物技术。基本上说，信息技术是成熟的。这个领域已经发展了几十年了，但是它仍然有很多值得期待的地方。生物技术是下一个较大的领域。

---

[1] 四个 NBIC 领域是纳米技术（超小规模的材料和设备）、生物技术（包括基因和蛋白质分析）、信息技术和认知科学。参看罗格和贝恩布里格，《提升人类能力的会聚技术》。

[2] 保罗·萨弗的事迹引自 2002 年 10 月 10 日的访谈。

如果你关注过去100年的创新，这里存在一个模式。大约每三十年一项新的科学学科会转变成技术并成为企业活动的平台。在上一个世纪之交，大科学是化学。化学家是科学之王，小孩子都能很快掌握吉尔伯特（Gilbert）的化学装置。第一次世界大战是化学家的战争。

20世纪中间的三分之一是物理学和物理学家的时代。物理学的进步使每个人都感到振奋。第二次世界大战是随着雷达和原子能等的发展被物理学家终结的。20世纪最后的三分之一时间是被信息技术所驱动的，这引发了信息共享、逻辑学和通信的发展。

每一次革命都建立在此前的革命的基础之上。在20世纪中叶，正是像居里夫人这样的化学家的科学实验，才架起了爱因斯坦的物理发现和产业发展之间的联系渠道。是肖克利、巴丁和布拉顿三名科学家用晶体管激发了电子学革命。现在我们正处在信息技术向生物技术转变的浪尖，生物技术正在变成创新和企业家精神的主要源泉。这并不意味着信息技术的创新已经结束，但是实际上我认为信息技术的巨大创新将会受到生物学的启发。

即使每一个人注意到基因和蛋白质层面的生物技术，短期的影响是生物学启发了我们该如何考虑信息技术。我们将要面临信息的大爆炸，但是传统的客户和服务器数据系统不能应付这样的局面。我们需要关于计算的架构和类似的东西的全新的想法，我认为那意味着我们将要从生物技术领域的结构获得这样的借鉴。

在像微电子机械系统（MEMS）[1]以及充满争议的分子计算这样的新技术领域里，材料科学和信息技术相互交叉。当你关注能源领域的时候会觉得很有意思，因为任何东西都与能源相互影响。你可以用信息技术来控制，用材料科学来提供新种类的光伏技术，[2]用生物技术与能源相互作用制造工程

[1] MEMS：微电子机械系统。大多数MEMS的研究是由美国国防高级研究计划署资助的，其目标是开发结合了传感、驱动和计算的高技术。MEMS目前的构造来自于半导体方面的技术。由美国国防高级研究计划署资助的微电子机械系统的项目包括的领域有：流体传感与控制，大规模数据存储，光学和成像，惯性仪器，射频元件，传感器和驱动器组件和网络。

[2] 光伏技术可以用来制造光伏电池。

化的生物资源以及类似的东西。

当科学变得产业化的时候，单个的研究者要想凭借个人的努力在很小的领域里建立很大的声望就变得很难了。在物理学上很久以来就是这样了，很多年来，昂贵的设施和使用团队业操作设备已经成为通行的准则。在生命科学的前沿领域，向大科学的转变已经处于主导地位。这种转变对于研究实验室有重要的意义，也对由联邦政府资助的研究有影响。当科学产业化以后，同行评议的研究与由调研者驱动的研究就越来越不相关了。当科学越来越大，科学前沿的研究需要由拥有相当多研究者和设备的机构来进行。

大学研究机构　当研究中心创造条件把科学家和工程师的力量结合起来的时候，结果往往是不可思议的。科学家的目的在于增长知识。他们发表论文来填补人类知识的空白。工程师的兴趣则是造东西和解决问题。实际上工程师通过制造出人工制品来"发表"看法。约翰·亨内希见证了将生物技术和工程技术结合起来的研究中心的创建过程，他认为这为未来10年的前沿研究开启了机会之门[1]，他说：

在大多数正在兴起的多学科研究机构中，包括那些涉及工程和生物学研究的最新机构，工程学都担当了一个主要的角色。工程师既是问题的解决者，也是风险的承担者，因为他们经常提出一个概念，并且努力工作以说明那个概念或者洞见可以解决问题。

我认为，在医药领域每一个研究者的伟大使命就是将研究成果从实验室转变成临床的产品。这意味着我们对人体和生物系统有着深刻的理解，无论从从最基本的DNA蛋白质分子层面还是到器官层面的分析。我们现在可以理解肾脏是怎样工作的，肝脏的功能是什么了，我

---

[1] 约翰·亨内希的观察引自2002年10月10日的访谈。

们把这种理解应用到了对病人的关心上。

在这方面要想成功需要**将研究转化**，也就是说需要“工程学”。工程师全都是转化研究的人。他们把基本的科学理解应用到世界上的实际问题中。在克拉克中心（Clark Center），当我们推进Bio-X[1]的时候，工程学是一个关键的角色。从现在起20年，你会看到许多工程师,当你问他们的核心科学时,他们会说是生物学,他们把生物学看成同以前的物理学、化学以及工程学建立时所依赖的其他学科一样。这样就会导致大量的创新,因为这些人将会从工程学角度思考问题。我们怎样从A点走到B点？我们如何从基本的科学理解得到理想的结果呢?

为了独立完成项目创新,我们设计了一个系统为跨学科工作的研究团队提供种子基金。它的规则很简单。你必须有个多学科团体，一旦最初的研究和协作成功了，必须有计划把它做大。

当你试图在研究型大学启动某个项目的时候,全体教员很自然地想要做的第一件事就是开一个研究学术研讨会。接下来，他们开始合作研究项目。然后，他们考虑课堂环境应该是什么样的，以及应该教给研究生什么东西。最后，他们才想到本科生的需要。

选择问题是很关键的。我在化学领域的同事迪克·扎尔（Dick Zare）曾对我说，有很多好的研究正在进行着，但是它们中间很少有**重要的研究**。你设计的问题在科学领域和在工程学领域是有区别的。自然科学主要关注增进理解，很明显在很多领域里，新的理解可以体现出向前的飞跃，在其他的领域，新的理解可能只是渐进性的。在渐进研究中，你在基础上添加新的事实，但是那不等于建立了一个全新的基

[1] 克拉克研究中心是2003年10月在斯坦福大学正式建立的新研究机构。它在斯坦福大学开创的基础广泛的多学科研究（Bio-X）中处在核心位置。Bio-X把生物学、物理学和工程学的学者组织在一起关注多学科的生物医学的研究。克拉克中心主要由詹姆斯·克拉克资助，他曾经是斯坦福大学的教授以及SGI和网景公司的创始人之一。作为一种象征，克拉克中心坐落在斯坦福医院和西校区的科学与工程楼群之间。研究中心大约有25个学术部门。

础。我认为我们可以很容易地在工程学里评估这些区别，因为在那里你会关注问题的范围和潜在的影响是什么。

科学家试图添加新知识。很明显，在科学中有一些理念认为哪一些知识可能会更重要或者会有更大的影响。但是因为科学中时间跨度是比较长的，我们很难知道到科学最后的影响是什么。在科学中，你需要较长的时间来评估工作。

亨内希关注科学和工程的结合，强调了根本性研究的两个方面。工程学部分关注解决重要的问题。多学科的科学部分则创造那些用来克服障碍的新知识。根本性研究的文化在寻根刨底的创新过程中不仅需要科学也需要工程。

有时，新领域的开放意味着研究需要从大学中走出来进入到新的公司里面。约舒亚·莱德伯格引用了他在洛克菲勒大学担任校长时的一个例子，[1] 他说：

[自从20世纪90年代中叶以来]在每一个层面，私营部门提供的机会一直有一个戏剧性的转变，它远远超出了填补空白角色的范围。这也包括为开发应用而对设备进行的投资等方面。洛克菲勒大学的一位有才华的教师认为，他为圣迭戈的结构基因公司（Structural Genomics）工作，比在大学当一个老师要强。我知道为什么，因为在那里，他所拥有的科研预算可能比他在大学要多10倍到20倍。我们正在面临越来越多的类似的竞争。

他在大学的研究以及在结构基因公司里的工作有很大的重叠之处。在这些地方，他所做的工作的科学内容是很难区分的，区别只在于，他的工作效率更高了，而且以产生现金流的方式工作。他正在将蛋白质结构产业化，并且每年可以制成1 000个结构，而不是两个或者三个。为了得到资助资金使项目得以实行，他不得不建立一个商业模式，把自己的成果卖给

[1] 约舒亚·莱德伯格的事迹引自2002年8月26日的访谈。

制药企业。当然，这里会存在一些妥协，但是整个的生产效率是大大提高了。

最近，结构鉴定是制药工业发展的中心内容。在世界上，让研究成果被弃置不理是无法被人接受的。这件事情是对大学的领导地位的挑战：还有多少这种研究我们还在继续坚持呢？

在莱德伯格的例子中，鉴定蛋白质的结构从一个困难的长期研究项目，变成制药产业中例行的技术步骤。这种某一领域的研究向产业转移的案例反映了在规模和资金方面，向大科学转变的趋势。创新生态的一个含义就是，多学科交叉的大科学机构，例如斯坦福的克拉克研究中心或者洛克菲勒大学和企业研究实验室的边界正在变得逐渐模糊起来。如何寻找一种有效和公平的方式来合作研究、做一些联合课题，并且避免在有关知识产权的所有权谈判和争执中陷入困境是我们面临的主要挑战。

开放式发明的机构　像SRI International、贝尔实验室和PARC这样的研究组织正在转向一种开放的模式，它们既与大量的公司伙伴合作，也与美国政府合作。拥有大量的长期合作者可以通过共享课题成果来减少研究费用。这样就能方便地接近制造组织和市场渠道。

与跨学科学术机构相比，这样的安排有很多潜在的优势。作为研究的所有者和长期赞助者，企业伙伴会有更强的责任感和参与意识。组织的意图简单明了，因为它没有与教育的使命掺合在一起。它的主要目标是开发创新，特别是突破性的创新。当从事不同的业务合作者共享信息，为了共同的事业而一起发展时，这样的组织会更稳定，风险更低。每一个公司对所要发明的东西都有不同的用途和权利。有关知识产权的接触方式和权利是可以提前预知和协商的。

在成立和管理开放式研究机构时会发生很多事情。最主要的挑战就是如何服务于众多的上级。如果合作者间的意见分歧导致研究组织的分裂，那么这个模式就会失败。这样将打破那种把资源和研究结合起来的协作关系，大家都不会获益。解决这个问题需要选择能共处的合作者。第一个合作者必须深入参与对第二个合作者的选择和决策之中。因为协作要求中心的运作应该是一种开放的模式，所以这种意图应该反映在组织的管理结构中，以防合作者因为利益划分而分裂。

一个研究型的公司也可以利用政府资助创造一些发明。不同资助者的资金聚合在一起，共同承担成本费用，创造柔性的环境。它也为打入新领域提供了独一无二的坚实基础，在这些领域突破和根本性的创新很可能会发生。当一种创新不能符合当前的任意一个资助人的要求的时候，这种方式为发明和筹集资金提供了坚实的基础。

开放式发明的实际做法不仅要处理好突破性研究和创造知识产权的成本方面的事务，而且要能够应付它们带来的收益。它们可以帮助公司更有效地转变策略，摆脱进行高风险或高收益的赌博。例如，公司可以通过分摊共同研究成本的合作研究来降低开发新技术的成本和风险。这种研究方式带来了一些有用的平衡。在这里，成果必须共享，独占发明成果的方式被排除了。当不同企业在不同市场上拥有共同的技术时候，这种共享没有什么缺点。因为，通过这种方式，企业研发费用降低了，而且有时候，企业只是投入一些补充性的资产。

与那些在知识产权和和专利许可费方面要价越来越高的大学不同，研究机构与他们的企业伙伴建立了长期的合作关系，以便在很多项目上都可以不断地合作。在不断合作中，有一些条款已经约定成俗，降低了双方在价值和市场等方面的谈判成本。对于参与的企业而言，这种方式降低了它们的研发费用，并且有可能获得补充性的资产。这使他们有可能以较低的投入而拥有更多的创新选择。

当企业伙伴对研究成果的应用不感兴趣的时候，研究机构还可以与风险投资商合作，将这些成果通过创新企业的形式实现。合作伙伴可以选择参与项目资助，或者入股新兴企业获得收益。

多企业资助和风险资金参与这两种转变使得研究者更容易从他们研究的积极成果中看到机会。戴维·福克是这类研究者的代表，当他们的研究成果与资助组织的营销能力不匹配时，他们就会激发兴趣，在研究组织之外将创新成果加以转化扩散[1]。戴维说：

一个创新公司的力量来自于它能促使人们有动机花时间去把一件事情做成。创业者把所有的精力都放到创业事业之中去，把一切都投了进去。你可以用这项技术创业，利用风险资本体系的资助。在恍然大悟的见解出现以后，需要投入很多的资本并进行后续的开发。而在研究中心内部，我们很难通过这种方式大规模开展工作。

研究所导致的应用通常不是发明者和单一资助者所能预期的。新技术的应用有潜在的价值，但是企业资助者也许没有能力把它们商业化。研究者和管理者希望自己创业，或者进行技术许可，这样可以使得不在计划范围内的发明能够获得发展的机会。从那些希望他们的发明可以走向世界的研究者的视角来看，当资助组织效率低下，或对技术不感兴趣的时候，出去创业可以绕过组织内部的障碍。

公司决定是否与研究机构合作时，必须考虑如下几个关键问题：

- 我们是否已经从我们公司内部的研究组织得到所需的技术和突破？

[1] 戴维·福克的意见引自2002年8月25日的访谈。

- 要合作的研究组织是否拥有创新所需要的基本能力或者创新文化，而这些恰好是我们自己所缺失的？
- 这个研究机构有突破性创新的记录吗？
- 对于我们的业务来讲，该研究机构的其他合作者的业务是互补性的还是竞争性的？
- 各个合作者的业务之间是否有相同的技术需要？能否为共享的战略研究共同承担研究开支呢？

我们可以有多种方式评估与一个研究机构合作的潜在价值。一个公司的技术与业务部门希望互相合作。我们如何把本公司的能力与研究机构的资产和能力结合起来以创造价值呢？如果建议作为所有者去投资，那么从另外一视角也值得公司内部的投资小组考虑。公司内部的投资部门习惯于投资相对独立的业务，根据这个业务的收益、成本和预期的市场增长来评价它们的价值。但是，这些投资方法不能用来理解和评估研究机构。研究机构的收益来自项目资助、政府投资以及许可权，而不是来自实际产品的营销。研究机构的创新企业偶尔也会在长期带来收益增长。把常用的投资逻辑应用到企业与研究机构的合作之上意味着没有考虑双方合作的目的。例如，当企业内的投资部门意识到研究机构的部分收益来自合作者必须支付的项目年费时，它就可能逡巡不前。没有事先预期和解决这些问题会使公司难于理解价值主张，或者难于决定是否可以作为合作者与研究机构合作。

开放式研究组织能够利用它们的关系在发明周期的一开始就与多个合作者进行信息的交流。这些交流与封闭式创新不同，不止是传统的“与顾客交流”的模式。在这里，研究者与来自资助公司不同部门的人坐在一起应对市场的挑战，探讨最难解决的问题、趋势和正在出现的需求。他们从不同的观点来关注一个问题。企业会临时派出自己的专家到研究组织开展工作，通过这样的项目，深层次沟通的桥梁和长期的联系就会建立起来了。

寻找合适的风险水平

创新要冒风险，因为它需要与未知事务打交道。根据保罗·萨弗的观点，创新生态需要找到风险和回报的恰当水平，他说：

有一句古话叫作“良好的判断来自于经验。经验来自于错误判断的教训。”如果我们不为人们失败时想出安全着陆的办法，我们就有麻烦了。这是我看到的困难。它不仅仅是“失败时安全着陆”那么简单。

创新发生在“金凤花姑娘”区[1]。这个区域既不能危险到让你不敢试一试，也不能安逸到不把创新当回事。如果你处在金凤花姑娘区的下方，你可以沿着旧的方式努力工作。这根本没有失败的代价，也就因此没有动力去创新。这就是为什么许多公司的内部创业者计划不管用（intrapreneurship）[2]，因为弄得一团糟也没什么事。另一方面，如果你处在一旦失败就会带来大麻烦的环境里，你也不会去创新。对我来说，培育创新的艺术是创造一类环境，在这里，人们即使失败了也有安全保障，但是他们也能感受到失败的后果，并且推动自己走向成功。

我们需要彻底考虑风险的水平。每一个机构，从最小的创新公司到联邦政府，都必须问一问：你们怎样建构你们的金凤花姑娘区呢？如果你没有问，创新公司就不会有下一个想法来帮助它再度过一周了。政府需要刺激经济使之变得有竞争力。如果联邦政府没有调整好它的政策和教育投资，我们的子孙就会发现他们只是世界经济的旁观者。

认认真真接受“金凤花姑娘区”这个说法，不仅仅意味着类似从风险中获益，以及承担失败后果的制度性政策。这对于机构组织也有重要意义。在突破区中，突破的大量出现

[1] “金凤花姑娘区”的术语来自童话“金凤花姑娘和三只熊（Goldilocks and Three Bears）”。在童话里，金凤花姑娘尝了三碗麦片粥，一碗太烫，一碗太凉，只有一碗“正合适”。在金凤花姑娘风险区，回报和惩罚结构“正合适”用来鼓励创新。

[2] “Intrapreneurship”是指大公司的内部计划，用以鼓励创新和创业。

是创新文化和公司研究实验室环境的结果。因为研究实验室处于关注开发（什么是需要的？）和关注基础研究（什么是可能的？）的中间位置，这两个障碍都不高。他们处于更多的人可以成功跃过两道障碍的金凤花姑娘区。在创新生态中创造和保持这样的区域是在新世纪取得成功的主要因素。

反思

经济的兴衰已经促使公众和投资者偏向短期思考，尽管现在已经非常清楚20世纪90年代的短期增长是不可持续的。我们现在需要培养一种长远的眼光，并培养一种监护人的态度。

最终，处理未来的新事物需要新的创新。培育创新会帮助我们理解创新是如何起作用的。

挑战并不轻松。开放式创新的策略专注于解决获得技术和经营技术的挑战。开放式发明的策略既用于应对预测未来需要的挑战，也用于应对如何创造突破以满足这些需求的挑战。在未来处于领导地位的公司应该使用开放式创新和开放式发明两种策略。

后记

马克 · 斯特菲克

本书的写作

2000年12月，PARC的研究生活即将发生转变。硅谷的繁荣加速了新商业的诞生，但是PARC内部的生活并没有多少改变。PARC把自身看成了变化的**工具**。这是个人电脑、以太网和激光打印机的发明地。无处不在的计算时代由此开始。从PARC剥离出去了许多在类似激光技术和信息可视化这样的领域的公司。PARC因为“无意催生了”苹果、Adobe以及3COM这样的公司而闻名于世。施乐PARC总是习惯于唤起外部世界的变化，而不去改变自身。

硅谷里充斥着因特网的热潮，研究界正在试图做出调整。经济泡沫达到了顶峰。有的人离开研究而去开公司。每个人都有在新兴公司工作而发财的朋友。同时，从事研究这个行当就显得更靠不住了。湾区的一些研究机构已经关闭，其中包括Iterval、Atari实验室、苹果的高级技术组、Schlumberger实验室和朗讯实验室。

施乐PARC的母公司已经越来越明显地陷入了困境。这时离NASDAQ崩盘还有几个月，很多其他的技术公司也是同样的命运，施乐的股价从每股65美元狂跌到每股低于10美元。施乐PARC被看作是衰败的公司中的一个奢侈的机构。

施乐PARC开始从一个企业研究中心转变为一家研究公司——PARC（去掉了施乐这个前

缀)。PARC需要重新定义它的关系，并且要为支持自己的活动而开发新的财务基础。在PARC工作的研究者和管理者开始担心，那些曾使PARC如此多产而富有激情的品质可能会在机构的转变中消失。

我奉命领导帕克6个实验室中的一个。与其他实验室的管理者和中心负责人一起，我突然成为设计机构新路线的一员。但是，很快PARC和施乐就明显陷入了混乱之中。有很多时候我觉得自己不很清楚自己在做什么。

PARC内的大部分人都在思考上述的转变。大家关心的不仅是公司需要转变从而有助于未来的繁荣，而且关心它不应该突然地破坏那些使公司有如此创新能力的文化。

在学术界，学习一个题目的一个久经考验的方法，就是讲授有关它的一门课程或者写本专著。虽然在不熟悉这种方法的人看来很奇怪，也很陌生，但是基本的想法是合理的。写作可以作为深思熟虑的实践活动。当想法被写下之后，它们可以接受检验、争论和批评。写作和检讨可以让我们把事情说清楚。

这本书的写作不是学者练笔，而是一部下决心弄明白工业研究中所发生的事情和还需要什么工作的注重实效的作品。改变正在进行中。围绕发明和创新而展开的新的经济现实正在到来，新的政策正在尝试，PARC的转型也正在进行。

在PARC转型的过程中，我继续着自己的日常工作，参与研究项目，并且指导信息科学与技术实验室的工作。我生活的节奏也随之改变，白天是进行研究管理工作，有时会处理紧急事务，晚上和周末则在主要工作允许的情况下进行写作和思考。在本书写作的过程中碰到了许多危机和困难时期。经济正在停滞不前。尽管PARC受到施乐的保护，但是预算仍在萎缩，PARC只好做出让一些优秀的人员离开的痛苦选择。PARC究竟将变成什么？目前结果还不清楚。研究中心还会幸存吗？它会发生根本的转变吗？经济状况能够允许一种善于创造突破的文化存在吗？

写作和工作互相借鉴，像PARC内部管理存在的问题、做研究、与同事交流以及访谈都与书中出现的主题一一对应。写书为反思和明确自己要做什么创造了一些宁静的空间。在这个过程中，我不仅是坐在图书馆里，也好像是坐在热锅上。

在写作过程中，我的妻子也加入了进来。作为一名超个人心理学家，巴巴拉有自己的决窍去发掘更深层的意义。她有努力挖掘一条线索直到它露出本来面目为止的习惯。她是即将得出的结论正确与否的试金石。她从独立为本书进行访谈开始，找出我所遗漏的主题，而我之所以会出现遗漏，也许是因为我与这些主题过于接近。

到第三稿时，我们意识到如果我们一开始就清楚地知道我们想说什么的话，那么本书的写作应该更容易一些。我们很清楚地认识到研究和创新的许多方面正在进行根本的改变。PARC是一个变革的熔炉。

创新和对它的研究

我们的工作始于对PARC创新文化和方法的详细清点。随着我们写作的进展，我们很快认识到把我们的调查仅仅局限在PARC内部是不够的。我们在探求发明家是怎样工作的，以及创新是如何产生的——进而寻找如何应对新世纪挑战的启示。PARC是创新生态的典范，但是我们的故事不会局限于它。我们大多数的采访对象来自信息技术行业。我们拓展我们的访谈网络，加入对其他领先（研究）机构的访谈。

随着全球化把相距遥远的国家的经济联系在一起，创新本身以及它与繁荣和商业之间的关系越来越受到国际范围的关注。欧盟的经济和治理方面的深刻转变仅仅是范围更广的变化趋势的一部分。人才流失和反向人才流失促进了技术决窍以及跨文化商业理念的传播。无论何时，国际商业的漩涡在不同的地方有着不同的影响。作为作者，尽管我们努力使得研究框架更加普适化，但是，我们主要的经验还是来自于美国，我们只能从我们最了解的角度开始写作。

随着我们在创新、创造性和技术史方面兴趣的逐渐扩大，我们不得不为了保证研究的可操作性而限制我们的调查范围。我们继续关注技术创新，特别是突破和根本性创新。已经有许多针对关于一般意义上的创造性，或者是工程和设计领域产品创新的著作。例如，汤姆·凯利的著作《创新的艺术（The Art of Innovation）》对于IDEO这个领先的工业设计公司的创造工作做出了令人振奋的介绍。IDEO以其创造性的、以用户为中心的产品设计而闻名。然而，它对于短期项目的关注阻碍了根本性的和“大观念”的创新，而且没有考虑这种创新工作所需要的准备和实践。一些最先进的和最有创新的技术进步已经在工程和科学的对话中出现了，二者相互促进，相互使对方成为可能。我们尤其对于处在学科边缘的发明和拓展知识极限以及创造重要的新事物的创新感兴趣。

另一种对创新的有力关注针对的是商业过程的重构。例如，沃马克、琼斯和卢斯的著作《改变世界的机器（The Machine That Change the World）》，描述了通过重塑供应链、库存以及质量控制从而改变汽车产业的创新和技术。这种创新在很大程度上关注的是商业和制造的过程。精益生产改变了100年前发明的大规模生产方式。最近，外包的广泛使用也有类似的影响。这类创新很明显引发了重大突破。但是，这些是在我们直接经验的范围之外。我们集中注意力关注那些被科学和工程中的洞见所推动的发明。

在选择采访对象方面，我们关注多产的发明者和创新者，并且相信他们最可能拥有能够不断创新的方法。我们寻找那些积极的实践者，因为他们的经验更鲜活。任何持续而深入的实践，如果没有直接参与者的经验，都会存在某些难以获得的部分。经过深思熟虑，我们决定引用部分从我们的个人经历中提取出来的故事以说明这些方面。

我们不去集中关注著名的科学家，发明家和管理者，因为我们想更深入地了解创新的一线工作情况。沿着网络，我们从PARC谈起，进而以螺旋方式向外扩展。我们一共采访了30个人。其中大约一半是PARC的发明家和科学家，另一半则来自其他机构。

由于我们也寻找研究管理方面的启示，我们也采访了那些在管理研究、科学政策决定方面拥有权力，或者管理商业，教育和创新投资方面的人员。在我们的采访中，我们寻求故事和案例，而不是推测和理论。

当访谈被记录下来以后，我们得到了超过500页的打印材料和200页的手写便条。阅读这些记录就好像处在一个由许多杰出人士参加的讨论会上，大家在讨论创新的许多方面。当我们消化了原始材料后，就开始从人们告诉我们的故事和他们的工作实践中辨别其中的。一个合理的条理分明的画面开始展现在我们面前。我们对事情的描述开始聚焦。

我们也大范围地关注有关创造性、发明、发明家生活、商业周期、科学政策和技术史等方面的研究成果和著作。创新是富有激情和挑战性的主题，我们发现道路的某些部分已经得到了充分的研究。我们发现一些先行者的研究成果，特别是梅格·格雷汉姆、克莱顿·克里斯滕森和亨利·切斯布罗等人的成果非常有用，我希望我可以勾勒出更好的画面。我们认为最可信服的、最可接受的材料都写在参考文献中了。

最后，我想指出我无法穷尽有关创新的所有方面。我们希望对准创新的核心主题和问题，而不仅仅是调查它的各种不同形式。我们试图识别和理解创新和研究组织所遇到的主要问题。我们想了解什么样的选择是可能的，以及在某种意义上，哪些问题是永恒的，而哪些问题是创新生态演变过程中新出现的。我们希望本书中表述的这些观念能够点燃那些希望在创新领域寻求事业成就的人心中的热情，我们希望本书可以引导人们加深对社会的理解，我们的社会可以依靠自身的创造力拥有一个美好的未来。

参考文献

出版物

Allen,Thomas J.*Managing the Flow of Technology:Technology Transfer and the Dissemination of Technological Information within the R & D Organization*.MIT Press,1977 and 1984.

How research and technology transfer work in large organizations.

Bennis,Warren,and Patricia Ward Biederman.*Organizing Genius*.Perseus Books,1977.

A collection of stories about high-functioning teams.

Berliner,Paul F.*Thinking in Jazz*:*The Infinite Art of Improvisation*.University of Chicago Press,1994.

An evocative and insightful book based on interviews with jazz musicians.Although not about high technology,it is about the direct experience of improvisation,the rich process of preparing the mind for creative performances,and mentoring and apprenticeship.

Blonder,Greg."*Q&A*:*The Innovation Machine Needs Fixing*" Business Week online,August 5,2002.

A short piece arguing that America's innovation engine is broken and has become stuck in a climate of short-term thinking.

Bok, Derek Curtis.*Universities in the Marketplace:The Commercialization of Higher Education*.Princeton University Press,2003.

A look at the conflicts of interest that arise when universities become involved in commercialization of their research.A fundamental message is that having goals beyond those of the educational mission can undermine trust between faculty and students.

Brand,Stewart.*The Media Lab:Inventing the Future at MIT*.Viking Penguin,1987.

Stories about the people,their methods,and their vision at MIT's Media Lab shortly after its founding.

Brown,John Seely.*Seeing Differently:Insights on Innovation*. Harvard Business School Press,1997.

An edited volume of articles from the Harvard Business Review exploring the "seeing differently" metaphor and arguing that new strategies for continuous innovation in business require constant reexamination of assumptions and new ways of gathering information.

Brown,John Seely."Seeing Differently:A Role for Pioneering Research." *Technology Management* 41(1998), No.3:24 ~ 33.

How breakthrough or pioneering research explores the "white space" between disciplines and creates options for the future.

Chesbrough,Henry.*Open Innovation:The New Imperative for Creating and Profiting from Technology*. Harvard Business School Press, 2003.

A very readable book,based on case studies,that explains the logic and history of "closed innovation" and why it is no longer the right kind of strategy.

Christensen,Clayton.*The Innovator's Dilemma*.Harper,2000.

Case studies of why companies focus their attention and priorities on short-term development of current products and resist or squelch disruptive innovation and why this hurts them in the long term.

Christensen, Clayton, and Michael Raynor. *The Innovator's Solution*.Harvard Business School Press,2003.

A follow-up to Christensen's earlier work,this book addresses how the imperative for growth leads businesses towards strategies that maxmize present profits at the expense of future growth.This book is an accounting of the business logic of innovation.It provides strategic guidance for identifying customers and kinds of markets in which growth is possible,and also an analysis of strategies for sustaining growth and profitability when products become commodities.

Csikszentmihalyi,Mihaly.*Creativity:Flow and the Psychology of Discovery and Inventon*.Harper Collins, 1996.

A wide-ranging book based on interviews of 91creative individuals.

Engardio,Pete,Aaron Bernstein,and Manjeet Kripalani.“The New Global Job Shift.” *Business Week*, February 3,2003.

A comprehensive collection of articles about globalization and its impact on U.S.companies and U.S.jobs.

Feder,Stanley A.“Overcoming ‘Mindsets’:What Corporations Can Learn from Government Intelligence Failures.” *Competitive Intelligence Review* 11(2000), No.3:28 ~ 36.

Intelligence failures in the United States and other countries have been a subject of retrospective analysis for decades.Feder believes that “mindsets” are the major source for government intelligence analysis.A mindset is a “fixed attitude or state of mind that provides a (sometimes wrong) context for the interpretation of data or events or for making decisions.”

Feynman,Richard P.*The Pleasure of Finding Things Out*.Helix/Perseus,1999.

A famous physicist discusses his experiences growing up,as a graduate student,and as a teacher and a scientist.The emphasis is on the playful side of creativity.

Goldstein,Harry.“They Might Be Giants.” *IEEE Spectrum*,September 2002:43 ~ 48.

Every year,*IEEE Spectrum*(a journal of the Institute of Electrical and Electronics Engineers)publishes a special report summarizing the state of the R&D.This one includes tables on R&D spending by the 100 largest corporations and descriptions of emerging and leading-edge technologies.

Gomory,Ralph E.,and Roland W.Schmitt."Science and Product." *Science* 240(1988):1131 ~ 1204.

A widely circulated article about what is needed beyond"science" in order to translate leadership in scientific discoveries into industrial or product leadership,written at a time when Japanese dominance in electronics was first being felt in the U.S.electronics industry(which had historically spent more on R&D).It emphasizes several lessons in product-deveopment time,design for manufacturability,and sustained incremental improvement.

Graham,Margaret B.W."Industrial Research in the Age of Big Science." *Research on technological Innovation,Management,and Policy* 2(1985):47 ~ 79.

A historian's perspective on the evolution of industrial research organizations in the 20th century.

Graham,Margaret B.W.*The Business of Research:RCA and the VideoDisc*.Cambridge University Press,1986.

From the editor's preface:"RCA,as Graham shows,was for many decades a remarkably successful,high-tech business.Under the leadership of David Sarnoff,the relationship between the R&D organizations and the rest of the corporation was managed with great skill.When for a variety of reason that Graham describes,the managerial task was no longer performed successfully,the firm experienced serious problems translating sophisticated technological concepts into profitable products." This monograph,written over a 10-year period,was based on extensive interviews and documentation from RCA.

Graham,Margaret B.W.,and Bettye H.Pruitt.*R&D for Industry:A Century of Technical Innovation at Alcoa*.Cambridge University Press, 1990.

This in-depth historical perspective on the evolution of industrial research in the aluminum industry from 1888 to 1983 shows how periods of mismatch occurred in the cultures of innovation as the businesses matured and as international competition became significant.

Graham,Margaret B.W.,and Alec T.Shuldiner.*Corning and the Craft of Innovation*.Oxford University Press,2001.

Adetailed account of innovation in a technology company that has sustained investment in R&D for 150 years.

Grove,Andrew S.*Only the Paranoid Survive:How to Exploit the Crisis Points That Challenge Every Company*.Bantam Doubleday Dell,1996.

A very readable book,by one of the founders of Intel,on the subject of responding when the basics of a business change drastically.Grove cites six forces that affect the well-being of a business.

Hadamard,Jacques.*The Psychology of Invention in the Mathematical Field*.Dover,1945.

An exploration of the thought processes of several creative mathematicians and scientists,including Dalton, Pascal,Descartes,and Einstein.

Hardy,G.H.*A Mathematician' s Apology*.Cambridge University Press,1940.

An account of a life in mathematics as the life of a creative artist.

Hiltzik,Michael.*Dealers of Lightning:Xerox PARC and the Dawn Of The Computer Age*.Harper Business, 1999.

The story of the invention and the inventors of the personal computer at PARC in 1973.

Judson,Horace Freeland. *The Search for Solutions*.Holt,Rinehart,and Winston,1980.

This well-illustrated book for young readers on what doing science is like contains many quotations from interviews of scientists.

Kaplan,Jerry.Startup:*A Silicon Valley Adventure*.Penguin,1994 and 2002.

This fast-paced book on the founding of a company in silicon Valley goes through the steps of attacting venture capital funding,assembling a management team,hiring a staff,refining products,surviving multiple rounds of funding,and so on.

Kelley,Tom,with Jonathan Littman.*The Art of Innovation.Lessons in Creativity from IDEO,America ' s Leading Design Firm*.Doubleday, 2000.

The story of how innovation works at IDEO.

Kohn,alfie.*No Contest.The Case Against Competition*.Houghton Mifflin,1986 and 1992.

How the competitive reward structures put in place for teams influences their ability to be creative and innovate.

Lakatos, Imre *Proofs and Refutations:The Logic of Mathematical Discovery*.Cambridge University Press,1976.

An exploration of how an attempt to prove theorems leads to insights into how they are wrong and what the more subtle mathematical truths might be.

Moore,Geoffrey A.*Crossing the Chasm:Marketing and Selling Technology Products to Mainstream Customers*.HarperBusiness,1991.

This exposition of business strategies and the marketing of technology contains a particularly accessible characterization of the technology-adoption curve.

Morita,Akio.*Made in Japan:Akio Morita and Sony*.Penguin,1988.

The story of the founding,struggles,and amazing success of the Sony Corporation.

National Commission on Excellence in Education. *A Nation at Risk: The Inperative for Educatonal Reform*.1983.

A special commission' s report on education in the United States.

National Research Council.*National Collaboratories:Applying Information Technology for Scientific Research*.National Academy Press, 1993.

A report on several experiments in linking researchers and institutions with information technology to enable sharing and remote use of research equipment.

National Science Board.*Science and Enginerring Indicators* — 2002.NationalScience Foundation,2002.

The fifteenth such report prepared since 1950,this provides a broad base of quantitative information about U.S.science,engineering,and technology for use by the public and private policy makers.It analyzes the scope, quality,and vitality of the U.S.science and engineering enterprise.

Platt,John Rader *The Excitement of Science*.Houghton Mifflin,1962.

A wide-ranging analysis of the methods and challenges of the most productive scientists,their social values, and how creativity is motivated.The chapters on the working styles of different scientists are particularly interesing.

Pretzer,William S.,ed.*Working at Invevting:Thomas A.Edison and the Menlo Park Experience*.Johns Hopkins University Press,1989 and 2001.

The history of Edison's "invention factory" between 1976 and 1882.

Roco,Mihail C.,and William Sims Bainbridge.*Converging Technologies for Improving Human Performance: Nanotechnology,Biotechnology,Information Technology and Cognitive Science*.Kluwer,2003.

Roco and Bainbridge argue that the technologies of the four previously separate fields mentioned in the title are converging.They discuss how this will affect working,learning,aging,group interaction,and human evolution.

Root-Bernstein,Robert,and Michèle Root-Bernstein.*Sparks of Genius:The Thirteen Thinking Tools of the World's Most Creaive People*.Houghton Mifflin,1999.

A delightful and readable account of how creative people work,with emphases on the use of imagination and the value of play.

Rosenbloom,Richard S.,and William J.Spencer,eds.*Engines of Innovation:U.S.Industrial Research at the*

End of an Era.Harvard Business School Press,1996.

An edited collection of essays by technical managers from leading technical companies and scholars of history and economics exploring the implications of downsizing and redirecting of corporate research laboratories in the 1990s.

Saffo,paul."Untangling the Future." *Business* 2.0,June 2002.

A look at four major areas of rapid advances in technology: information technology,materials science,bioscience,and energy.

Smith,Douglas K.,and Robert C.Alexander.*Fumbling the Future: How Xerox Invented,Then Ignored,The First Personal Computer*. Morrow,1988.

A journalistic account of the business decisions and the people behind Xerox's decision not to develop the personal computer.

Stefik,Mark.*The Internet Edge:Social,Technical,and Legal Challenges for a Networked World*.MIT Press,1999.

How het Internet created possibilities for change and greater connectivity when legal systems,social attitudes,economic systems,and technology were not yet ready for the changes.

Stefik,Mark and John Seely Brown."Toward Portable Ideas." *In Technological Support for Work Group Collaboration*,ed.M.Olson. Erlbaum,1989.

An article on the use of whiteboards in public spaces at PARC,and on a proposal for creating electronic whiteboards to promote idea generation and persisent conversations in a research organization.

Stokes,Donald E.Pasteur's Quadrant:*Basic Science and Technological Innovation*.Brookings Institution,1997.

How a linear model of basic research and applied research misunderstands the nature of research and distorts public policy.

Waldroq,M.Mitchell *The Dream Machine*: *J.C.R.Licklider and the*

Revolution That Made Computing Personal.Viking,2001.

An account of the thinking that led to the personal computer and to the idea that computers should help people both to think and to communicate.

Womack,James P.,Daniel T.Jones,and Daniel Roos.*The Machine That Changed the World:The Story of Lean Production*.Harper,1990.

In the 1990s there was a resurgence of interest in the re-engineerion of business practices.This book,the product of a five-year strdy by MIT's International Motor Vehicle Program,analyzes a kind of breakthrough that is largely complementary to the stories in this book.

网址

inventors.about.com
americanheritage.com/it/index.shtml
si.edu/lemelson
web.mit.edu/invent
usfirst.org/robotics/index.html

汉译创新管理丛书

《创新的种子：解读创新魔方》 作者：[美]伊莱恩·丹敦

《创新的源泉：追循创新公司的足迹》 作者：[美]冯·希普尔

《创新高速公路：构筑知识创新与知识共享的平台》 作者：[美]戴布拉·艾米顿

《研发组织管理：用好天才团队》 作者：[美]杰恩 川迪斯

《破译创新的前端：构建创新的解释性维度》
作者：[美]理查德·莱斯特 迈克尔·派尔

《企业战略与技术创新决策：创造商业价值的战略和能力》
作者：欧洲技术与创新管理研究院

《文化 VS 技术创新：德美日三国创新经济的文化比较》
作者：[德]柏林科学技术研究院

《赢在创新：日本计算机与通信业成长之路》 作者：[英]马丁·弗朗斯曼

《创新之道：日本制造业的创新文化》 作者：[日]常盤文克

《创新的愿景》 作者：[英]马丁·弗朗斯曼

《突破性创新》 作者：[美]马克·斯特菲克 巴巴拉·斯特菲克

《民主化创新》 作者：[美]冯·希普尔

《产品创新》 作者：[美]戴维德·雷尼

《对技术流动的管理》 作者：[美]托马斯·艾伦

《变化中的北欧国家创新体系》 作者：[瑞典]霍刚·吉吉斯

《牛津创新手册》 作者：[美]纳尔逊

《创新的扩散》（第五版） 作者：[美]埃弗雷特·M.罗杰斯

汉译知识管理丛书

《创造知识的企业：日美企业持续创新的动力》
作者：[日]野中郁次郎 竹内弘高

《知识创造的螺旋：知识管理理论与案例研究》
作者：[日]竹内弘高 野中郁次郎

《创新的本质：日本名企最新知识管理案例》 作者：[日]野中郁次郎 胜见明

汉译企业知识产权战略丛书

《智力资本管理：企业价值萃取的核心能力》 作者：[美]帕特里克·沙利文

《技术许可战略：企业经营战略的利剑》
作者：[美]罗塞尔·帕拉 帕特里克·沙利文

《技术性知识产权的估价与定价：破解技术价值之谜的六把金钥匙》
作者：[美]R.拉兹盖提斯

《无形资产的有形战略：管理公司六大无形资产的制胜法宝》
作者：[美]J.贝利

汉译创新管理丛书

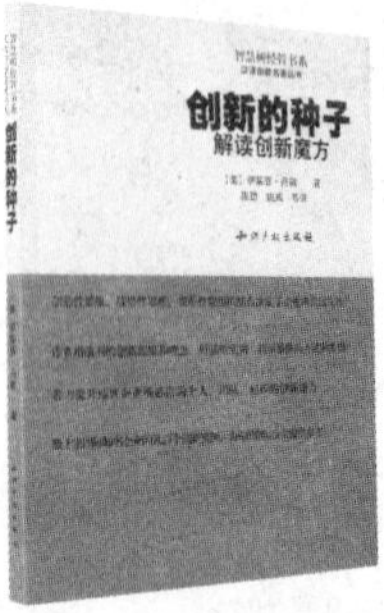

创新的种子——解读创新魔方

[美] 伊莱恩·丹敦　著

陈劲　姚威　等译

这是一本既适合企业、组织专业人员，也适合普通读者阅读的创新管理著作。作者为创新团体咨询公司的创立者和首席战略专家，本书第一次提出创新思维不单包含创造性思维，而是创造性思维、战略性思维和变革性思维三者的结合。书中还提出了创新九步走、十种创新组合工具、统揽全局六大准则等简单而又行之有效的方法，以此提高个人、团队和组织的创新能力。

创新高速公路——构筑知识创新与知识共享的平台

[美] 戴布拉·艾米顿 著

陈劲 朱朝晖　译

本书把驱动21世纪经济的两个主要因素——创新和知识管理进行了综合，首创"创新高速公路"这一新构架，目的在于消除交流创新知识和能力的地理界限，为技术、管理、等方面创新提供知识平台和政策指南。 本书勾画了21世纪知识经济的路线图，堪称知识经济的"第四次浪潮"、 21世纪的《大趋势》，有人预言，作者戴布拉·艾米顿"很可能成为下一个德鲁克"。

创新的源泉——追循创新公司的足迹

[美] 埃里克·冯·希普尔 著

柳卸林 陈道斌 等译

这是一部管理学名著。传统认为，技术创新主要由制造商完成，本书对这一传统观念发起了挑战，认为技术创新在不同的产业有着不同的主体，在许多产业，用户和供应商才是创新者。这是管理界的一次思想革命！在国外，包括美国3M在内的一些大公司都将此书理论视为创新指针。

研发组织管理——用好天才团队

[美] 杰恩　川迪斯　著

柳卸林 杨艳芳 等译

作者探讨了改善研发组织生产力和促进业绩的各种途径，对如何制定研发组织战略、如何建立高效的研究开发机构、如何进行针对科学家的职业设计、如何领导研发组织、如何对待组织中的冲突、如何实现技术转移等问题作了分析。科研院所、大学科研机构、企业及其研发机构管理者将从本书中获益匪浅。

汉译创新管理丛书

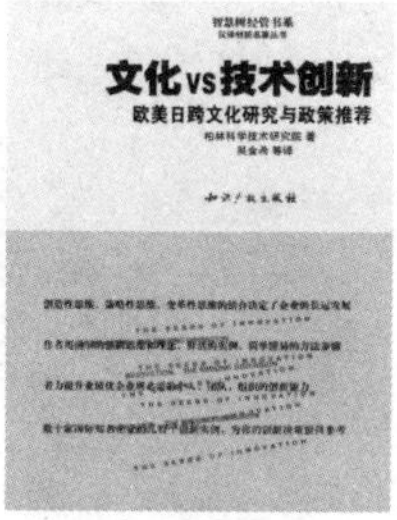

文化VS技术创新——德美日三国创新经济的文化比较

[德] 柏林科学技术研究院 著

吴金希 等译

这是一本关于"文化因素在技术创新中的作用"的经典著作，作者通过比较德美日三国文化的异同，探讨了文化因素对个人、团队、企业乃至创新济成败的影响。

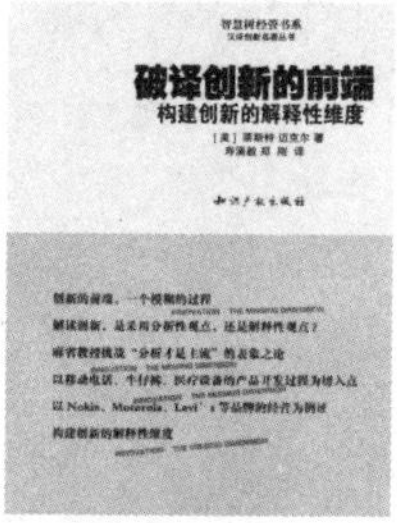

破译创新的前端——构建创新的解释性维度

[美] 理查德·莱斯特 迈克尔·派尔 著

寿涌毅 郑刚 译

这是一本关于产品研发前期管理的著作，就产品研发以及科研创新的方向、步骤、原则等问题，作者对两种传统方法进行了细致的对照和剖析，并以手机、牛仔裤、医疗器械等产业为例，解译了创新管理中常被人们忽视的一面：创新前期的模糊、混沌。

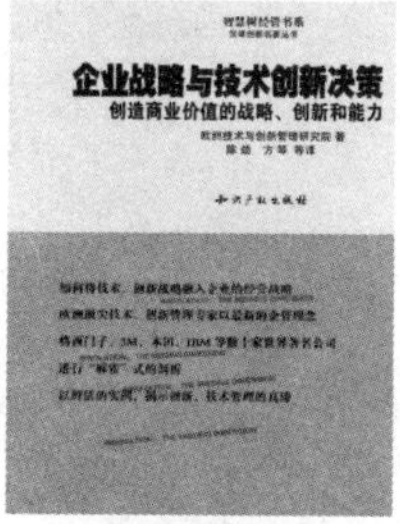

企业战略与技术创新决策——创造商业价值的战略和能力

欧洲技术与创新管理研究院 著

陈劲 方琴 译

这是一本如何将创新管理带入企业经营管理决策的著作。本书的特色在于，它将最新的实践、研究结果和思想融合起来，针对企业高层管理者的需要，提供了将创新决策有机融入到企业战略和经营管理之中的切实可行的良方。

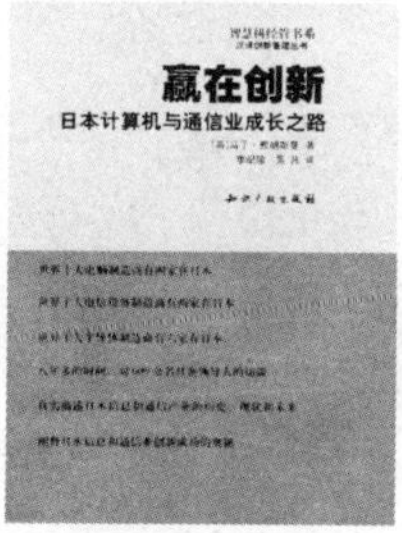

赢在创新——日本计算机与通信业成长之路

[英]马丁·弗朗斯曼 著

李纪珍 吴凡 译

本书分析了日本计算机和通信产业的崛起过程、全球地位以及这些产业巨人的优势和不足。作者用了8年多的时间，对600余名日本企业领导人进行访谈，通过富士通、NEC、日立、东芝等众多成功企业的案例，真实描述了日本计算机和通信产业的历史、现状和未来。

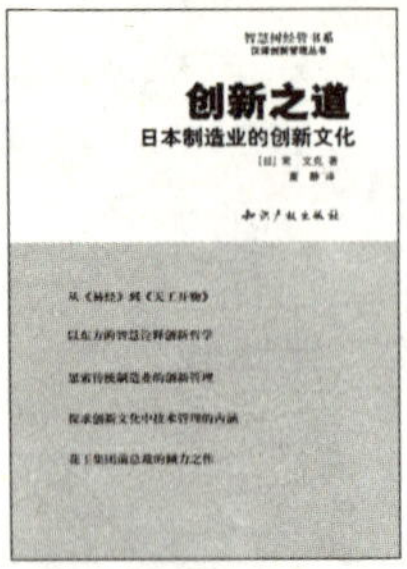

创新之道——日本制造业的创新文化

[日] 常盘文克 著

董旻静 译

本书作者提出制造企业应该将追求"独创的品质"作为经营中的基本战略，并充分贯彻。本书整理日本的文化传统，反思东方博大精深的智慧，在思想层面上重新审视制造业的生态环境。

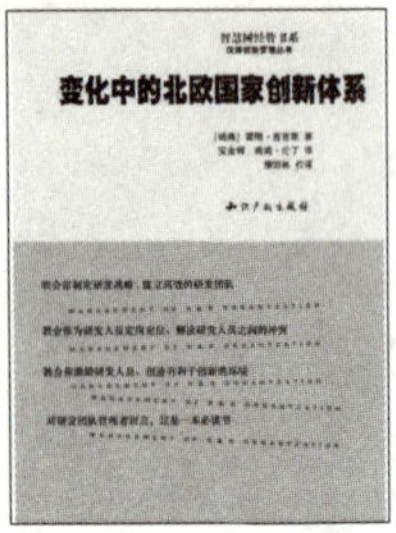

变化中的北欧国家创新体系

[瑞典]霍刚 · 吉吉斯 著

安金辉 南南 · 伦丁 译

本书对北欧国家的创新体系与创新政策进行了全面的描述与分析，对创新最重要的参与者及其活动、研发投入，以及各国政府的战略与规划进行了详细的描述，同时也对北欧五国的创新体系进行了评论与比较。

汉译知识管理丛书

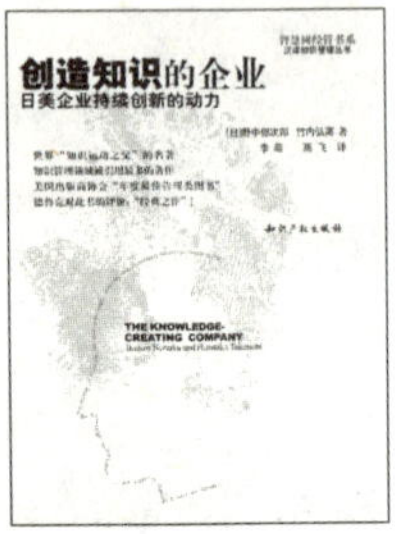

创造知识的企业——日美企业持续创新的动力

[日]野中郁次郎 竹内弘高 著

李萌 高飞 译

这是世界"知识运动之父"的理论名著，曾获美国出版社协会"年度最佳管理类图书"大奖，全球知识管理领域被引用最多的著作。彼得 · 德鲁克曾评价此书："这确实是一部经典！"

知识创造的螺旋——知识管理理论与案例研究

[日]竹内弘高 野中郁次郎 著

李萌 译

这是汇集知识管理众多案例的著作，从知识的视角对管理学进行反思，以IBM、佳能、索尼、本田等十几个世界知名企业的实例，讲述知识在创造中的螺旋上升过程。

创新的本质——日本名企最新知识管理案例

[日]野中郁次郎 胜见明 著

林忠鹏 谢群 译 李萌 校译

本书选取了13个企业，详述了13种产品的研发过程，并通过"故事篇"与"解说篇"就每一个创新过程的本质进行了深度解析。两位作者一位是著名知识管理学者，一位是资深记者，不同领域的两个顶尖人物通力合作，用最直观的方式阐释创新的本质所在。

汉译企业知识产权战略丛书

智力资本管理——企业价值萃取的核心能力

[美]帕特里克·沙利文 著

陈劲 等译

本书核心价值在于，它阐释了21世纪知识经济的经营之道，从智力资本中萃取价值。就企业如何才能从无形财产中获得经济收益以及从其智力资本中获取更多的价值，分别通过施乐、惠普等十几家企业在实践中行之有效的案例进行了细致的阐释。

技术许可战略——企业经营战略的利剑

[美]罗塞尔·帕拉 帕特里克·沙利文 著

陈劲 贺丹 黄芹 译

技术许可战略是实现公司价值最大化的最佳战略之一。本书从这一角度出发，对世界十几家知名企业的技术许可案例进行总结，介绍了各种行之有效的许可方法、专利组合以及专利使用费率，为企业开发出了成功的技术许可程序。对技术型企业来讲，这是一本技术许可战略的完全指南。

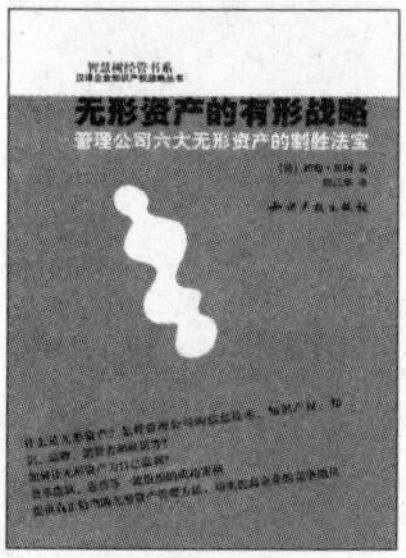

无形资产的有形战略——管理公司六大无形资产的制胜法宝

[美] J.贝利 著

陈江华 译

本书介绍了微软、惠普等一流企业如何创造并精确衡量和管理无形资产的体制和方法，是迄今为止对无形资产的最合理、最具操作性的研究。

技术性知识产权的估价与定价——破解技术价值之谜的六把金钥匙

[美] R.拉兹盖提斯 著

金珺 傅年峰 陈劲 译

如何对交易的技术进行估价与定价是困扰许多技术型企业的棘手问题。本书从专业的角度对技术的估价与定价问题进行了深入的研究，具有很强的可操作性的，便于企业进行实际应用。

创新研究文丛

地缘科技学

作者：赵刚

本书第一次提出“地缘科技学”的概念，并厘定了其内涵及研究框架，“地缘科技学”以民族国家为基本单元和基本战略主体，研究国际体系结构中科技与国际政治和世界经济的关系。它集中关注的是科技与一国综合国力的关系、科技对国际政治经济格局的影响、科技在国家大战略中的地位和作用、国际科技竞争的基本格局以及科技安全在国家综合安全中的核心功能。

模块化创新——定制化时代复杂产品系统创新机理与路径

作者：陈劲　桂彬旺

本书将模块化方法应用于复杂产品系统创新管理中，通过模块化方法改善CoPS创新流程与组织管理，以解决复杂产品系统创新投入大、绩效低、过程管理困难等问题，结合复杂产品系统创新实践调研提出了包含系统功能分析、架构设计与模块分解、模块外包与模块开发、系统集成与完善等六个阶段的复杂产品系统模块化创新模式。

企业创新网络——进化与治理

作者：王大洲

本书通过案例研究和理论分析，阐明了企业创新网络进化的趋向、过程、陷阱和动力机制；归纳并分析比较了政府主导型、政府引导型、联邦型、旗舰型、企业家主导型与自组织型共六类典型的企业创新网络治理模式；探讨了基于创新网络的企业技术学习机制。

中国科技发展前沿与仪器保障

作者：李新男　周元　张杰军

本书分析了我国各学科领域、中期面临的主要科技问题，需要开展的科研工作，所学的技术支撑系统和仪器设备，在此基础上提出了我国大型科研仪器设备装备布局的初步建议。

中国创新管理前沿（第三辑）

作者：王兴元　魏江　主编

本书是第三届中国青年创新管理论坛成果的结晶。本书内容围绕“中国企业自主创新”这一主题，对创新政策、企业技术创新能力理论与方法、技术管理战略、企业自主创新与自主品牌建设、复杂产品与复杂系统创新、突破性创新、区域与国家创新体系、创新文化与创新网络、知识密集型服务业创新能力以及高技术产业发展战略等专题内容进行了深入探讨，成果代表了我国创新管理领域新的进展。

自主创新读本

激扬创新精神——中宣部科技部自主创新报告团演讲录

作者：张景安 胡钰

本书系中宣部、科技部联合组织的自主创新报告团的巡回演讲集，收录了深圳常务副市长刘应力、北京大学教授路风、吉利集团董事长李书福、海信集团董事长周厚健等十人的精彩演讲，既包括学者对自主创新理论的深入阐释，也有各行业自主创新的业绩和感人故事，同时也介绍了国家自主创新的重大部署和宏观政策。

自主创新 300 问

作者：刘忠 董海龙 田小飞

本书系自主创新的普及读本，以问答形式汇集了与自主创新相关的近300个知识点，如什么是创新、创新与发明有何区别、自主创新是否有负面效应等等，集阅读、引用、学习于一体，可以让读者用最短时间全方位了解自主创新。

自主创新公务员读本

作者：柳卸林 游光荣 王春法

这是一本系统阐述自主创新政策和理论的读本，侧重于对国家宏观创新政策的解读。全书从自主创新、创新型国家、国家创新体系的内涵阐释入手，分别介绍了企业、科研、教育等机构在自主创新建设中的重要地位，并对技术创新体系、知识创新体系、国防科技创新体系、区域创新体系以及科技中介服务体系进行了深入浅出的解读。

中国区域创新能力报告

作者：中国科技发展战略研究小组

本书按年度对中国各省、自治区、直辖市的创新能力作客观、动态和全面的评价。利用大量的科技统计数据，通过本小组多年形成的评价方法，给出了各省、自治区、直辖市的创新能力排名和分析，是一本研究中国技术创新国情，了解中国区域创新能力的多样性，进行区域创新能力比较的重要著作，为地方政府了解本地区的创新能力提供了一个很好的平台。作者均为我国创新研究领域的著名中青年专家。

中国科技发展研究报告

作者：中国科技发展战略研究小组

本书对中国科技工作进行及时、客观和全面的总结与评估，关注科技发展的重大事件，探讨热点问题，展望未来动向。本书对我国高技术产业情况、产业创新系统的构建等进行了分析和阐述。作者均为我国创新研究领域的著名中青年专家。

中国区域自主创新研究报告

作者：周元 王海燕 赵刚

本书是以区域自主创新理论与实践为主要内容的连续性年度研究报告，本报告以创新理论为指导，以区域自主创新研究课题组趁观在创新领域的研究积累为基础，通过对若干典型区域进行了总结，对我国区域自主创新的具体实践进行了总结，并对区域自主创新的相关问题进行了探讨。

自主创新：海尔之魂

作者：刘进先

本书是"自主创新企业案例丛书"的第一本。系统介绍了海尔在技术研发、市场营销、队伍建设等方面所走过的创新之路，同时分析了海尔创新的特点、存在的问题，并针对我国企业技术创新进行了深度思考和分析。

决胜管理——美国海军陆战队 30 条军规

[美] 戴维·弗里曼 著

马保新 张逸宫 译

本书在陆战队精彩故事的讲述中，精要地阐释了 30 条军规，并列举这些军规适用的管理领域。一些管理专家称之为"美国最好的管理培训项目"。从计划和决策的拍板，到组织机构的设定，从任务导向型组织到能力导向型组织，从组织的文化定位到知识管理等等，该书均作了精当的分析，这些既是陆战队成功的秘诀，也是现代经理人们受益无穷的治家宝典。

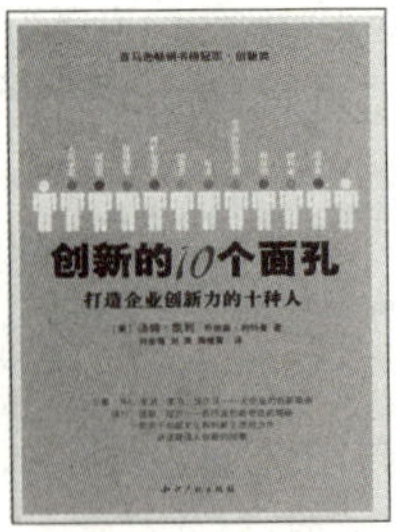

创新的 10 个面孔

[美]汤姆·凯利 乔纳森·利特曼 著

刘金海 刘爽 周惟菁 译

当今时代，创新引领发展。如何培育创新能力和创新文化？每个职场人士都渴望得到答案，进而提升自身及企业的创新力。身为创新企业的灵魂人物，本书作者曾与无数世界级企业并肩作战，参与了众多成功产品的设计咨询以及企业创新文化的建构。他以自身的经验和视角对前述问题一一阐释，使读者理解创新、理解创新文化，进而开拓思维，提升自自创新能力。